前　言

随着市场经济的深入发展，我国日益成为"世界工厂"，随之而来的劳动关系问题愈加突出，劳动关系与劳动法的理论建设越来越受学术理论界及社会各界人士的关注，也初步形成了一些基础理论；但面对实际生活中出现的大量问题，这些理论知识仍然显得不足。

本书作者长期从事劳动关系与劳动法的理论研究和教学工作，并在关注和参与处理劳动关系领域大量事件的基础上，运用理论与实践相结合的研究方法形成了自己独特的观点。这些观点体现在本书的各章节之中，必将丰富我国的劳动关系与劳动法理论。纵观全书的内容，读者可以发现以下几个主要特点：

第一，突出劳动关系与劳动法的并行关系。一些教材和著作认为劳动法是劳动关系理论中的一个组成部分；但本书认为劳动关系与劳动法是一种并行关系，二者互相联系，互相依赖。从劳动关系的角度来讲，劳动法是其重要组成部分和内容支撑；而从劳动法的角度来看，劳动关系是其调整对象和理论发展的必要前提。

第二，理论部分和实际部分结合得相得益彰。劳动关系与劳动法的理论发展离不开实践的发展，这些理论知识又需要在实践中得以检验。本书通过对大量典型案例的研究和分析去解释理论问题，同时运用理论知识解析这些案例的处理依据和结果。

第三，体现劳动关系与劳动法在我国的发展阶段和发展状况。劳动关系与劳动法理论在国外的发展已经相当成熟和完善，因为劳动关系问题是伴随着西方市场经济的发展而形成和发展的。而我国的市场经济只是随着改革开放政策而出现的，发展历程只有短短几十年；相应地，我国的劳动关系问题必然和西方社会有所不同，表现出一定的历史性特点。有鉴于此，提出的相关理论必然符合和体现了劳动关系与劳动法在我国的发展阶段和状况。

　　本书以高等学校管理学各专业学生为主要对象，在介绍劳动关系与劳动法领域基础知识的基础上，通过介绍和剖析大量典型案例，不仅有助于提高学生学习的积极性和主动性，使劳动关系与劳动法理论变得亲切而生动，而且有利于培养、提高学生运用相关理论知识分析和处理实际问题的意识和能力。

　　本书第一章、第三章、第四章由王少波编著，第二章、第七章由李晓晖编著，第五章由兰花编著，第六章由左春玲编著。全书由王少波统稿。

　　本书借鉴、引用了其他学者的一些研究成果，在此表示衷心感谢。

　　由于时间仓促以及作者的理论修养与实践经验所限，本书难免存在错误和疏漏，敬请各位读者批评指正。

2009年北京市精品教材立项项目

北京市属市管高等学校人才强教计划（PHR）项目

劳动关系与劳动法

王少波 主编

中国劳动社会保障出版社

图书在版编目(CIP)数据

劳动关系与劳动法/王少波主编. —北京：中国劳动社会保障出版社，2011
ISBN 978-7-5045-9153-1

Ⅰ.①劳… Ⅱ.①王… Ⅲ.①劳动关系-研究-中国②劳动法-研究-中国
Ⅳ.①F249.26②D922.504

中国版本图书馆CIP数据核字(2011)第152143号

中国劳动社会保障出版社出版发行

（北京市惠新东街1号 邮政编码：100029）
出 版 人：张梦欣

*

北京隆昌伟业印刷有限公司印刷装订 新华书店经销
787毫米×960毫米 16开本 17印张 297千字
2011年8月第1版 2022年1月第13次印刷
定价：29.00元

读者服务部电话：(010)64929211/84209101/64921644
营销中心电话：(010)64962347
出版社网址：http://www.class.com.cn

版权专有 侵权必究

如有印装差错，请与本社联系调换：(010)81211666
我社将与版权执法机关配合，大力打击盗印、销售和使用盗版图书活动，敬请广大读者协助举报，经查实将给予举报者奖励。
举报电话：(010)64954652

目 录

第一章 劳动关系概论 …………………………………… （1）

第一节 劳动关系的概念与特征 …………………………… （1）
一、劳动关系的概念 ………………………………………… （1）
二、劳动关系的特征 ………………………………………… （3）

第二节 劳动关系的性质与类型 …………………………… （6）
一、劳动关系的性质 ………………………………………… （6）
二、劳动关系的类型 ………………………………………… （10）

第三节 劳动关系的外部因素及内部因素 ………………… （31）
一、外部因素对劳动关系的影响 …………………………… （31）
二、内部因素对劳动关系的影响 …………………………… （41）

第四节 劳动关系运行的表现形式及其根源 ……………… （50）
一、劳动关系的冲突及其根源 ……………………………… （50）
二、劳动关系的合作及其根源 ……………………………… （54）

第五节 与劳动关系相关的几个概念 ……………………… （55）
一、劳动法律关系 …………………………………………… （55）
二、劳务关系 ………………………………………………… （57）
三、事实劳动关系 …………………………………………… （62）

第二章 劳动关系的主体 ………………………………… （69）

第一节 劳动者 ……………………………………………… （69）
一、劳动者的概念 …………………………………………… （69）
二、劳动者的法律含义 ……………………………………… （70）

三、劳动者的劳动权利与劳动义务 …………………………（71）
第二节 工会 ……………………………………………………（75）
　一、工会的概念 ……………………………………………（75）
　二、工会的发展历程 ………………………………………（77）
　三、工会的行为方式和主要职能 …………………………（78）
　四、工会的权利和义务 ……………………………………（80）
第三节 雇主和雇主组织 ………………………………………（84）
　一、雇主的含义 ……………………………………………（84）
　二、雇主的劳动权利能力和劳动行为能力 ………………（86）
　三、雇主的权利与义务 ……………………………………（87）
　四、雇主组织的含义 ………………………………………（88）
　五、雇主组织的行为方式和任务 …………………………（90）
第四节 政府 ……………………………………………………（92）
　一、政府在劳动关系协调中所起的作用 …………………（92）
　二、政府在劳动关系协调中所扮演的角色 ………………（92）
　三、劳动行政部门在劳动关系协调中的作用 ……………（95）

第三章 劳动法律制度 ……………………………………………（98）
第一节 劳动法的发展历程 ……………………………………（98）
　一、世界劳动法律制度的起源 ……………………………（98）
　二、我国劳动法律制度的发展 ……………………………(100)
第二节 劳动法的概念与作用 …………………………………(102)
　一、劳动法的概念 …………………………………………(102)
　二、劳动法适用的范围 ……………………………………(103)
　三、劳动法的内容 …………………………………………(104)
　四、劳动法的作用与功能 …………………………………(106)
第三节 劳动法的基本原则 ……………………………………(108)
　一、劳动既是权利又是义务的原则 ………………………(108)
　二、保护劳动者合法权益的原则 …………………………(109)

三、劳动力资源合理配置的原则 …………………………………… (110)

第四章　劳动合同制度 ………………………………………………… (112)

第一节　劳动合同的订立 …………………………………………… (112)
　　一、合同的特点 …………………………………………………… (112)
　　二、劳动合同的性质 ……………………………………………… (112)
　　三、订立劳动合同的原则 ………………………………………… (114)
　　四、劳动合同订立时的知情权 …………………………………… (117)
　　五、劳动合同的内容与条款 ……………………………………… (117)
　　六、订立劳动合同应注意的事项 ………………………………… (135)
　　七、劳动合同的无效 ……………………………………………… (138)

第二节　劳动合同的履行与变更 …………………………………… (143)
　　一、劳动合同的履行 ……………………………………………… (143)
　　二、劳动合同的变更 ……………………………………………… (146)

第三节　劳动合同的解除与终止 …………………………………… (151)
　　一、劳动合同的解除 ……………………………………………… (151)
　　二、劳动合同的终止 ……………………………………………… (171)
　　三、经济补偿金的支付与核算 …………………………………… (175)

第五章　灵活用工制度 …………………………………………………… (187)

第一节　劳务派遣制度 ……………………………………………… (187)
　　一、劳务派遣的含义、起源及三方关系 ………………………… (187)
　　二、劳务派遣的运行规则 ………………………………………… (196)

第二节　非全日制用工 ……………………………………………… (203)
　　一、非全日制用工的概念 ………………………………………… (203)
　　二、非全日制用工的有关规定 …………………………………… (204)

第三节　弹性工作制 ………………………………………………… (205)
　　一、弹性工作制的概念和分类 …………………………………… (206)
　　二、实行弹性工作制的优点及限制 ……………………………… (206)

三、关于弹性工作制的法律规定 …………………………………… (208)

第六章 集体谈判与集体合同制度 ……………………………………… (210)
第一节 集体谈判和集体合同制度概述 ………………………………… (210)
一、集体谈判 ……………………………………………………… (210)
二、集体合同制度 ………………………………………………… (218)
第二节 集体谈判制度的社会功能和集体合同制度的作用 …………… (224)
一、集体谈判制度的社会功能 …………………………………… (224)
二、集体合同制度的作用 ………………………………………… (225)
第三节 西方国家的集体谈判和集体合同制度 ………………………… (227)
一、西方国家集体谈判和集体合同制度的发展概况 …………… (227)
二、西方国家集体谈判和集体合同制度发展的特点 …………… (229)
三、西方集体谈判制度的发展趋势 ……………………………… (229)
四、西方集体谈判制度经验对我国的启示 ……………………… (230)
第四节 我国集体谈判和集体合同制度 ………………………………… (232)
一、我国集体谈判和集体合同制度的发展历程 ………………… (232)
二、我国集体谈判和集体合同制度现状及存在的问题 ………… (233)
三、我国集体谈判和集体合同制度建设的基本思路 …………… (235)

第七章 劳动争议处理制度 …………………………………………… (238)
第一节 劳动争议处理制度概况 ………………………………………… (238)
一、劳动争议的概念 ……………………………………………… (238)
二、劳动争议的类型 ……………………………………………… (239)
三、劳动争议的范围 ……………………………………………… (240)
四、劳动争议处理的基本原则 …………………………………… (240)
五、劳动争议的处理方式 ………………………………………… (241)
第二节 劳动争议调解制度 ……………………………………………… (245)
一、劳动争议调解的概念 ………………………………………… (245)
二、劳动争议的调解机构 ………………………………………… (245)

三、劳动争议调解的原则 …………………………………………（246）
　　四、劳动争议调解的程序 …………………………………………（247）
  第三节　劳动争议仲裁制度 …………………………………………（249）
　　一、劳动争议仲裁的概念 …………………………………………（249）
　　二、劳动争议仲裁机构 ……………………………………………（249）
　　三、劳动争议仲裁的管辖和受案范围 ……………………………（250）
　　四、劳动争议仲裁的程序 …………………………………………（251）
  第四节　劳动争议诉讼制度 …………………………………………（255）
　　一、劳动争议诉讼的概念 …………………………………………（255）
　　二、劳动争议诉讼案件的受理范围 ………………………………（256）
　　三、劳动争议诉讼的管辖 …………………………………………（257）
　　四、劳动争议诉讼的程序 …………………………………………（258）

参考文献 ……………………………………………………………（262）

第一章 劳动关系概论

第一节 劳动关系的概念与特征

一、劳动关系的概念

一般意义上，关于劳动关系的定义有广义和狭义之分。从广义上说，劳动关系是人们在劳动中结成的相互关系。从法律研究的角度来看，这一定义并没有揭示劳动法学所要研究的对象的特点，与经济学上对劳动关系的定义差别不大。从狭义上说，劳动关系是劳动者与劳动力使用者在劳动过程中发生的社会关系。这一定义从劳动法学研究的角度出发，揭示了所要研究的劳动关系的主体为劳动者、劳动力使用者，劳动关系的性质为社会关系，而且是劳动过程中的社会关系。本文主要从狭义的角度研究劳动关系。

由于劳动关系主要是以劳动为内涵的概念，因此，要认识和理解劳动关系，首先必须从认识和理解劳动入手。劳动是一个使用范围十分广泛的概念，其含义往往因使用范围不同而有所差异。马克思在分析劳动过程时，对劳动的一般含义做过精辟的揭示，即：劳动是制造使用价值的有目的的活动，是人以自身的活动来引起、调整和控制人与自然之间的物质变换的过程。据此，一般意义上的劳动，是指人们在物质生产和精神生产过程中，使用劳动力，运用劳动资料，改变劳动对象，创造使用价值，以满足人们需要的有意识、有目的的活动。它是人类生存的首要和最基本的条件。正如马克思所言，任何一个民族，如果停止劳动，不用1年，就是几个星期，也要灭亡。

劳动关系中的劳动，除了有一般的含义外，还有其特定的内涵，主要包括：

第一，从主体上看，这种劳动是劳动者以职工（雇工）身份所从事的劳动，凡不在职工之列的人员所从事的劳动或虽在职工之列却以职工以外的身份所从事的劳动，如现役军人的军工劳动，罪犯、劳教人员和战俘的劳役劳动，家庭成员的家务劳动，个体劳动者和合伙人的劳动，职工以公民身份从事的社会义务劳动，都不属于劳动关系中所指的劳动。

第二，从目的上看，对于劳动者来讲，它是作为一种谋生手段的职业劳动，即以获取报酬作为其主要生活来源，而相对固定在一定劳动岗位上所从事的劳动。社会义务劳动和其他无偿劳动，以及虽有一定报酬但目的不在于谋生的劳动，都不属于劳动关系中所指的劳动。

第三，从性质上看，它是履行劳动法律义务的劳动，也就是说，它是劳动者为了向用人单位（雇佣者）履行以法定形式确定的义务而进行的劳动。从形式上看，它是用人单位内部有组织的集体劳动。这是指各个职工由用人单位组织起来并在其指挥或指派下，以用人单位的名义共同从事的劳动。在这里，职工的劳动受用人单位内部劳动规章制度的约束，受用人单位经营者或管理者意志的支配。仅从此意义上看，这种劳动对职工而言，是一种被动的从属劳动。

结合上述关于劳动概念的分析，我们可以对劳动关系下一个定义：所谓劳动关系，是劳动者与用人单位在实现劳动的过程中建立的社会经济关系。从该定义中主体的角度分析，一般来讲，劳动关系的主体是指劳动者与用人单位，但这只是个别劳动关系中的主体；围绕着个别劳动关系，还存在着集体劳动关系与产业劳动关系，后两者劳动关系的主体还包括：

（1）工会：劳动关系主体间的双重性关系也决定了劳动者必须组建自己的组织——工会。工会是劳动者自己的组织，是维护劳动者权利、利益的组织。工会将劳动关系主体一方组织起来，减少劳动力供给方的内部竞争，使得劳动力供求关系发生有利于劳动力供给方的变化。工会通过集体活动、集体谈判、集体参与等活动，使得劳动关系主体双方得以沟通、协商，进而各自调整、相互协调，因而形成较和谐的劳动关系，从而保障劳动者权益，促进劳动生产率的提高。

（2）雇主组织：维护雇主利益、建立协调的劳资关系、促进社会合作，是雇主组织建立的宗旨和目标。也就是说，雇主组织推动雇主提高企业的竞争力，改善雇员工作、生活质量，实现对股东、雇员、客户和国家的义务。一般来说，雇主组织职能的发挥主要作用于以下两个层次：一是为保持和谐的劳动关系在国家及地方一级建立三方机制，加强政府、工会和雇主组织在劳动关系问题上的协调和合作；二是在企业一级以提高企业的竞争力并改善劳动者的素质为目标，通过企业发展创造良好的就业条件，减少企业与员工之间的摩擦，促进和谐。

（3）政府：在劳动立法方面，政府部门应当积极加强法制建设，建立一整套与社会主义市场经济发展及企业的现状相适应的法律体系，以规范企业的劳动关系，解决我国目前存在的劳动关系法律约束机制缺失的问题。在劳动执法与监察方面，政府应当加大人员、资金的投入，解决限制我国劳动执法与监察发挥作用的瓶颈问题；加强劳动执法与劳动监察力度，全面落实相关劳动法律法规，实现政府对企业劳动关系运行的有效干预及对劳动者权益的维护。

二、劳动关系的特征

劳动关系作为当代社会一种重要的社会关系，其表现出不同于其他社会关系的特征，主要体现在以下几个方面。

（一）劳动关系发生在劳动者提供劳动力与用人单位提供的生产资料相结合的实现劳动过程中

劳动关系的目的就在于实现劳动过程，而劳动过程的实现，必须以劳动力和生产资料两个要素的结合为前提，也可以说，劳动过程就是劳动力和生产资料两种要素的动态结合过程。在劳动力和生产资料分别归属于不同主体的社会条件下，只有这两种主体之间形成劳动力和生产资料相结合的社会关系，劳动过程才能实现。

劳动关系以劳动力的使用为核心，形成了二元权利结构。一方面，劳动者个人对劳动力拥有占有权和使用权，用人单位在使用劳动力的过程中，应当为劳动者提供保障劳动力再生产所需要的时间、物质、技术、教育等方面的条件，不得损害劳动力本身及其再生产机制，也不得侵犯劳动者转让劳动力使用权的自由和在劳动力被合法使用之外支配自己劳动力的自由；另一方面，劳动者将其劳动力使用权让渡给用人单位，由用人单位根据生产劳动的需要对劳动力进行分配和安排，同生产资料相结合。所以，劳动关系是体现和表达劳动过程的一种社会关系，而相应的劳动成果仅是其内容的一个部分。

根据这一特征，律师与客户之间所形成的关系、洗衣店老板与顾客的关系等与劳动关系表面上有些相似的社会关系就不是劳动关系。虽然这些社会关系中也有一方提供劳动（比如律师和洗衣店老板），另一方提供报酬（比如律师的客户、洗衣服的顾客），但在这些社会关系中提供劳动的一方不仅仅提供劳动，同时还提供有关的生产资料（包括生产工具和设备、工作场地、劳动条件等），而另一方仅提供报酬并接受相应的劳动成果。双方的关系主要体现在最终劳动成果的实现上。

（二）劳动关系是在用人单位录用劳动者以后所形成的关系

从劳动关系形成的阶段上来看，劳动关系是在用人单位录用劳动者以后所形成的关系。一般而言，劳动者与用人单位的关系分为三个阶段：第一阶段为求职招聘阶段，双方在此阶段形成的是就业关系。它是劳动关系形成的必要前提阶段，主要体现在围绕着是否建立劳动关系而进行的了解、谈判活动方面。双方发生争议主要集中在就业歧视、是否如实披露属于知情权范围内的事项以及是否泄漏在招聘过程中所知悉的对方的知识产权等方面。第二阶段是劳动关系的形成以及履行阶段。该阶段形成的标志就是用人单位正式录用了劳动者，表现形式是双方签订了劳动合同或者因劳动者开始提供劳动而形成事实劳动关系。此时双方发生的争议便是劳动争议。第三阶段是劳动关系终止后所形成的关系。劳动关系终止的标志是劳动合同的解除、终止、劳动者退休、用人单位因各种原因（自行解散、破产、被撤销、被责令关闭等）而导致的主体消失。比如退休职工接受用人单位的返聘而形成的关系。

【案例导读】 四川大学法学院学生蒋韬因身高而受歧视案

【案情简介】 2001年12月23日，原告蒋韬看到《成都商报》上刊登《中国人民银行成都分行招录行员启事》，其中第一条"招录对象"规定："2002年普通高等院校全日制应届毕业生具有大学本科及以上学历的经济、金融、计算机、法律、人力资源管理、外语等专业的学生。男性身高在168厘米、女性身高在155厘米以上，生源地不限。"原告是四川大学法学院1998级学生，认为成都分行的上述规定，是对包括自己在内的仅因身高不符合上述条件的报名者的身高歧视，侵犯了原告享有的宪法赋予的担任国家公职的平等权。虽然被告在法院受理此案以后，改变了被诉行为，取消了身高限制规定，但与原告诉请法院审查的行为无关，更不能改变被诉行为的违法、侵权性质。综上所述，请求法院依法确认被告的被诉具体行政行为违法、被告停止发布该内容的广告等。此案于2002年1月7日由成都市武侯区人民法院受理。同年4月25日，此案在武侯区人民法院开庭审理，控辩双方在庭上围绕"原告宪法所赋平等权"等焦点展开激烈辩论，庭审历时3小时，法庭宣布"择日公布再审或宣判日期"。同年5月5日，成都市武侯区人民法院作出判决：驳回蒋韬的诉讼请求。法院作出驳回原告起诉裁定的理由有二：一是中国人民银行成都分行招录行员行为不是其作为金融行政管理机关行使金融管理职权、实施金融行政管理的行为，因此，不属于被告的行政行为范畴，依法不属于人民法院行政诉讼的主管范围；二是被告的这一行为在作出时并未对外产生拘束力或公定力。该行为的效力只有在招录行员的报名期间即"2002年1月11日至17日"才产生。而被告成都分行在该行为产生效力之前就已自行修改了启事的内容，撤销了对招录对象的身高条件规定，消除了该行为对外部可能产生的法律后果和对相关人的权利义务产生的实际影响。因此，被告的行为实际上并未给原告及其他相关人报名应试的权利造成损害。原告蒋韬所称的侵权事实尚未发生，不具有可诉性。此案被蒋韬的代理人周伟教授称为"中国法院受理的宪法平等权利的第一案"。①

【案例解析】在本案中，原告的平等权不能适用《劳动法》获得救济。因为《劳动法》第2条规定的调整对象是已经与单位形成劳动关系的劳动者，蒋韬与成都分行显然还没有形成劳动关系，不属于《劳动法》所调整的劳动关系。

（三）劳动关系是职业的、有偿的关系

劳动法上的劳动关系，是指用人单位向劳动者给付劳动报酬，而由劳动者提供职业性的劳动所形成的法律关系。劳动法上的劳动关系源于民法中的雇佣关系，所以与民法中的承揽、承包、代理等关系，并不是很容易区分。劳动法对劳动者实行特别保护，用人单位对劳动者承担的责任要高于一般的民事关系，所以，现实生活中有的用人单位往往以双方之间是承揽、承包、代理关系为由来推卸劳动法上的责任。区分劳动关系与这些社会关系的标准之一就是劳动关系中的劳动者提供的劳动是职业性的劳动。

所谓职业性的劳动，是指在用人单位内部形成的稳定的业务岗位上，劳动者在用人单位的指挥和支配下所从事的劳动，是一种从属性的劳动。在这种劳动中，用人单位可以对劳动者实行管理和监督，可以制定一系列规章和制度来约束劳动者；用人单位可以随时对工作进行修正，劳动者工作过程中必须听从用人单位的指挥与安排，其提供劳动的时间和方式往往不能由自己决定。一般来讲，该类劳动具有长期性、重复性的特点。而承揽关系中，定做人与承揽人地位平等。承揽人在完成工作中具有独立性：如何完成工作，由承揽人自己决定，不受定做人的监督；承揽人一般以自己的设备、技术和劳力完成工作，他有权根据自己的经验、知识和技能，选择他认为完成工作的最好方法。承揽人的劳动系一种"独立劳动"。

由此可以判定，现实生活中的大学生勤工助学活动形成的关系不是劳动关系。

劳动关系也是有偿性的关系。因为劳动者提供劳动的目的是为了获取劳动报酬，这是劳动者生存的保障。奥运会志愿者的志愿服务以及现役军人服从部队的指挥所从事的劳动而形成的关系就不属于劳动关系。

---

① 参见：李忠夏. 试评析"宪法平等权"第一案. http://www.148com.com/html/506/100871.html

第二节 劳动关系的性质与类型

一、劳动关系的性质

(一) 平等性

平等性是由劳动力市场的等价交换的原则决定的。这种平等性，表现在劳动关系双方各是独立的财产所有者，所以他们之间有可能建立一种以双方合意为基础的等价有偿的社会经济关系。

在实行市场经济的国家，劳动者作为自身劳动力的所有者，可以自由选择自己所满意的用人单位。而用人单位在选择应聘者时，也可不受干预地做出选择。因此，从这一角度看，双方是平等的。但这种平等是相对的。从总体上看，劳动者和用人单位在经济利益上是不平等的。但作为个体的劳动者，尽管其在经济利益上弱于用人单位，但由于用人单位的数量很多，因而他可以选择一个相对平等的用人单位。因此，这种平等性是在总体上的不平等前提下而给予的部分平等，或者说是受限制的平等。正是因为这种平等是有限制的，而劳动者真正要享受到这种有限的平等，还需具备一定的外部条件。在劳动关系中，如果所有的用人单位达成一致，以非常刻薄的待遇对待劳动者，则无论劳动者做出何种选择，其结果显然是不公平的。那么，用人单位是否有可能达成如此广泛的一致呢？历史与现实均证明，这是可能的。由于用人单位追求的是利润最大化，而给予劳动者的待遇越低则越能实现这一目标，于是，用人单位在市场经济中很容易达成这种默契。这种情况类似于消费者在选购商品时的平等选择权：商家与消费者在地位上是天然不平等的，如果任由双方采取貌似平等的方式进行交易，则商家为了获取利益，必然会出现标准合同、除外责任等损害消费者的做法。因此，为了保证劳动者有限制的平等，国家必须以法律的形式予以干预，以确保任何用人单位提供的条件不低于劳动者的生活底线，以此确保劳动者选择就业时的相对公平。

(二) 从属性

一旦劳动关系建立起来，作为劳动者个人与雇主之间的平等关系即告结束，劳动者必须服从雇主的支配或指挥，完成一定的工作任务。在劳动关系的实际运行中，劳动者与雇主之间的关系并无平等性，只有从属性。这种从属关系具体表现为劳动过程中的行政管理关系，命令与服从是这种关系的原则。① 这种特点反映了劳动关系的建立实际上是确立了劳动力的有偿让渡。一旦关系确立，雇主便取得了劳动力的支配权，从属关系由此形成。这种从属性还可以从生产关系的各个环节中体现出来：在生产过程中，个体劳动者作为整个用人单位的一部分，必须服从于用人单位的生产需要；在分配过程中，个体劳动者必须依赖于用人单位整体的分配制度，而不能自行决定。只要劳动者还是用人单位的一员，这种从属性就会保持下去，直至劳动者脱离用人单位，与用人单位解除劳动关系。

劳动关系的这种实际的不平等，是由劳动关系中的劳动是一种"从属劳动"，劳动关系的本质是一种"从属关系"所决定的。

马克思最早提出市场条件下工人与资本的关系是"从属关系"②，揭示了以资本为中心的市场化的劳动关系中劳动的从属性或从属劳动的特质。

这种从属劳动可以从以下两点体现出来：

第一，从劳动关系的特征上体现出来。在现阶段，对于劳动者而言，劳动仍然是谋生的手段，而不是可有可无的活动。因此，劳动者只能通过与生产资料相结合，以获得生活的条件。而对于生产资料的所有者而言，其不存在谋生的问题，而存在获利与否的问题。因此，两者从一开始就存在着地位上的差别，可以说这种差别是先天的，同时又渗透在劳动关系的每一个方面。此外，这种不平等的地位决定了劳动者依附于生产资料所有者，而不是生产资料所有者依附于劳动者；同时，这也决定了劳动力依附于生产资料和劳动对象，而不是生产资料和劳动对象依附于劳动力。

第二，直接体现在确定劳动关系的劳动合同中。在从计划经济向市场经济的过渡中，随着市场化劳动关系的形成，人们注重了劳动者可以以劳动力所有者的身份自由签订劳动合同，却忽视了劳动者作为劳动力所有者在劳动力市场上只能从属于资本。市场化的劳动和劳动关系，即雇佣劳动和雇佣关系；而劳动的从属性，则是雇佣劳动最本质的特征。在市场条件下，劳动者对于劳动力的处置，只能屈从于劳动力市场的需求和价格；劳动者的劳动，也并不是真正自主的劳动，而是在经济上、人格上和组织上都必须从属于雇主的雇佣劳动。③ 劳动的从属性或从属劳动，

---

① 梁慧星，王利明. 经济法的理论问题. 北京：中国政法大学出版社，1986. 207～211
② 马克思恩格斯全集（第3卷）. 北京：人民出版社，1957. 673
③ 关于中国的劳动关系是否具有阶级的从属性，是个更加复杂的问题。国有企业的劳动关系另当别论，但私有企业的劳动关系，作为私有制的雇佣劳动关系，其性质就是劳资关系。这种劳资关系是否是阶级关系，并不在于人们主观如何认定，而在于这一关系是否存在着剩余价值的无偿占有。

是决定和影响劳动者权利以及权利实现方式的基本因素。如果忽略这一因素，就无法把握劳动关系的基本特征。劳动合同从形式上看是一种平等契约，即由劳雇双方自主签订，但在实际中，由于劳雇双方地位和身份方面的差别，劳动合同从签订到实施，根本无法做到对等。劳动合同实际上是一种不对等的从属性契约。[①] 劳动合同从订立开始到实施，劳动者始终处于一种从属的地位。这不仅表现为劳动者签订劳动合同只是对于雇主招募工人之"应募"，而且，以劳动合同订立为标志的劳动关系的成立，其意义也在于劳动者被纳入雇主的经济组织和生产结构中，成为这一组织的隶属者。劳动合同实际上是对于这一从属关系的法律认可。

一方面，劳动合同的从属性表现在劳动合同的内容一般都是由雇主单方面确定的。对于劳动合同的内容，劳动者根本无法提出自己的意见，有时甚至无法了解合同的内容。劳动者的权利，只是签与不签的选择。按照中国劳动法的规定，劳动合同规定的劳动标准不得低于国家劳动标准，为保证这一标准的实施和节省成本，劳动合同有定型化和格式化的趋向。这一趋向尽管有促进劳动标准实施并降低合同成本的积极意义，许多雇主却利用这一规定，将劳动合同中的劳动标准压至最低，而对于劳动者的义务，则规定得详尽之至。

另一方面，劳动合同的从属性还表现在劳动合同所特有的"附件规则"上。劳动合同的"附件规则"有各种称谓，如所谓"工作规则""工厂规则"或"就业规则"等，在中国一般称"企业规章制度"。"附件规则"的具体内容一般不在劳动合同中明列，劳动者在劳动合同签订之时，也并不清楚"工作规则"或企业规章制度的具体要求；但在劳动合同签订之后，"工作规则"便成为规范劳动者和企业之间行为的基本依据。特别需要指出的是，就所谓"工作规则"或"就业规则"的内容而言，劳动法学理论通常认为应该包括两个方面：一是维持企业正常运行的工作纪律的规定；二是关于劳动者的劳动条件保障的规定。[②]

尽管劳动法律对于劳动合同作了诸多规定，如劳动标准不得低于国家标准、订立劳动合同不得采用欺诈手段等，但由于劳动从属性的特点所决定，劳动者在劳动关系构成和运行中，始终处于被动的、从属的地位。在劳动合同的签订和实施中，劳动者与雇主不可能达到权利对等，劳动者的权利也不可能仅仅通过劳动合同得到保障。要实现劳动关系中的劳动者的权益，并进而实现劳动关系双方的力量平衡，更需要集体劳动关系的法律调整。

---

① 黄越钦. 劳动法论. 台北：台湾政治大学劳工研究所，1994. 90
② 常凯. 劳权论——当代中国劳动关系的法律调整研究. 北京：中国劳动社会保障出版社，2004. 79

由此看来，理解劳动关系的平等性与从属性需要从不同的时点上进行把握。劳动关系的平等性，一般只体现在劳动关系建立前；而且这种平等性具有触发性，即一旦劳动关系正式建立，劳动关系的平等性即为从属性所替代。当然，这种替代是一个量变的过程。以劳动合同的签订为例，劳动者与用人单位可以对劳动条件和劳动合同中的权利、义务进行商榷，这一过程主要体现了劳动关系的平等性，但也存在一定的从属关系（这是由双方的经济差别所决定的）。在劳动合同签订的一瞬间，劳动者与用人单位之间的劳动关系转变为从属性为主、平等性为辅。劳动者必须接受用人单位的管理，成为被管理者。

劳动关系的平等性与从属性也可以看做是劳动契约与心理契约的关系。首先，劳动关系主体间的平等性解释了用劳动契约调节劳动关系的可行性。在市场经济条件下劳动关系双方是平等的，都具有选择的自由：劳动者根据自己意愿自主地决定是否与企业建立劳动关系，而企业也可根据劳动合同建立、解除与劳动者的劳动关系。由此产生的劳动关系必然是劳动者和企业之间的契约关系，即通过劳动契约来确定劳动关系，明确双方的权利和义务。劳动契约是一种交易性契约。这种契约以经济内容为核心，将雇主与劳动者之间的关系看成是一种交易。它是以制度的形式体现出来：劳动合同和集体合同。劳动契约通过明确规范的语言在契约文本上表述劳资双方当事人的权利和义务关系，在符合法律、法规的前提下，契约条款对劳动者和雇主产生法律约束力，可以作为解决劳资纠纷的依据。由此可见，劳动契约对劳动关系起着调节作用，有利于促进企业劳动关系的和谐发展。其次，主体间存在从属性的关系。劳动者一旦与企业签订劳动合同，就同时让渡了劳动力的使用权，必须服从用人单位的管理、支配。劳动者本来是劳动力所有者，但是与企业建立劳动契约的时候就已经丧失了劳动力的支配权，此时，劳动者会对企业产生无形的心理期望，以权衡自己的付出与未来的回报是否平等，这样就出现了劳动者与企业的心理契约。与劳动契约不同，心理契约是一种关系性契约，是组织和个人之间对付出与回报的一种主观心理约定。这种心理约定包含着双方之间相互的责任。随着劳动关系建立，劳动者与雇主之间的心理契约也随之建立。在促进劳动关系和谐发展的过程中，雇主用一定的激励手段来满足劳动者的心理需求，劳动者则以一定的工作绩效作出回报，并随着心理契约的动态变化作出相应的调整。心理契约能满足不同层次劳动者的需求，所起的激励作用更明显，从而对促进劳动关系的协调发挥着更大的作用。

（三）经济利益或者财产性

从本质上讲，劳动关系是一种经济利益关系。也就是说，劳动者和用人单位建立劳动关系的目的是为了各自的利益需要，即劳动者是为了获取自己的劳动报酬（表现为工资、奖金以及各项福利等），用人单位雇佣劳动者的目的是为了获取劳动者提供的劳动并进而实现其商业利润。和政治关系、人身关系等非经济关系相比，劳动关系具备两个明显的特点：第一，双方的等价交换性。抛开劳动关系的从属性以及国家制定劳动标准予以干预的因素，劳动者和用人单位都追求各自从对方所获得利益的等价性。如果这种等价性不能实现，一方或者双方便会采取解除或终止劳动合同的手段结束劳动关系，这就表现为劳动者的辞职现象以及用人单位的解雇行为。这一性质在《劳动合同法》第38条、第39条以及第40条中均得以体现。第二，劳动关系的易解除性。由于劳动关系的等价交换性，一旦一方不能提供另一方期待或要求的交换标的，另一方便可以提出变更或解除这种劳动关系，这一点也在《劳动合同法》关于劳动者和用人单位单方解除劳动合同的理由方面得以体现。

（四）社会性

劳动关系的社会性指两个方面：一方面是指提供劳动力的劳动者要和用人单位的生产资料结合起来才能实现劳动过程，脱离这一结合便无法形成劳动关系；另一方面是指劳动关系的运行（尤其是集体劳动关系中所发生的对立、罢工事件）往往具有一定的社会影响。

二、劳动关系的类型

为了便于理解劳动关系，我们可以按照不同的标准对其进行分类。按实现劳动过程的方式来划分，将劳动关系分为两类：一类是直接实现劳动过程的劳动关系，即用人单位与劳动者建立劳动关系后，由用人单位直接组织劳动者进行生产劳动的形式（当前这一类劳动关系占绝大多数）；另一类是间接实现劳动过程的劳动关系，即劳动关系建立后，通过劳务输出、劳务派遣或借调等方式由劳动者为其他单位服务实现劳动过程的形式（这一类劳动关系目前居少数，国家法律也对这类劳动关系进行了限制。比如《劳动合同法》关于劳务派遣制度就设置了多种条件，其中第66条规定，劳务派遣一般在临时性、辅助性或者替代性的工作岗位上实施；第57条规定，劳务派遣单位应当依照公司法的有关规定设立，注册资本不得少于50万元；第67条要求用人单位不得设立劳务派遣单位，向本单位或者所属单位派遣劳动者）。按用人单位性质，将劳动关系分为国有企业劳动关系、集体企业劳动关系、三资企业劳动关系、私营企业劳动关系等类型。按劳动关系的规范程度，将劳动关系分为规范的劳动关系（即依法通过订立劳动合同建立的劳动关系）、事实劳动关系（是指未订立劳动合同，但劳动者事实上已经成为企业、个体经济组织的成员，并为其提供劳动）和非法的劳动关系（比如招用童工，已丧失用工主体资格而继续用工，一些用人单位因从事色情、赌博、买卖毒品等所形成的所谓的劳动关系）。从主导劳动关系的角度，将劳动关系分为均衡型、不均衡型和政府主导型。

（一）从劳资之间利益处理的角度分类

从劳资之间利益处理的角度分类，可以分为利益一致型劳动关系、利益协调型劳动关系和利益冲突型劳动关系。

1. 利益一致型

利益一致型劳动关系一般是以企业管理者或雇主为中心建立起来的，其理论基础是劳资利益一体论。它的基本精神是强调企业目标和组织机构的单一性原则，赋予管理者很高的权威。这种利益一体型的劳动关系通常也是在计划经济体制下存在的劳动关系的主要形态。由于该体制下实行生产资料的公有制原则，强调员工的服从意识及双方利益的共同性。

日本是实行利益一致型劳动关系比较典型的国家。由于历史、传统文化的影响，日本的企业强调劳资之间的团结、合作，要求员工服从资方的管理；同时也要求资方保证员工的工作稳定，所以形成了终身雇佣制度。我国计划经济时期的企业劳动关系类型也是利益一致型的劳动关系。由于当时国有企业占主体地位，国有企业的生产资料属于包括全体员工在内的全民所有，所以企业的利益和员工的利益是完全一致的。

2. 利益协调型（均衡型）

利益协调型劳动关系是指劳资之间的利益关系通过双方的协商或谈判并最终以签订契约的方式确定，强调劳资之间的地位平等和权利对等。其理论基础是劳资之间的利益对立性，同时也是基于多元化观点对劳动关系运行和利益调整的理论概括。多元化的观点认为，在企业组织内部，存在着相对离散的权利和权威，存在着所有权与经营权的分离，从而在企业内部存在着种种矛盾。企业由不同的群体组成，每个群体都有自己的利益、目标和有影响力的人物，因而，企业组织并不是单一结构而是多元结构。其中，占主导地位的是经营者和劳动者的矛盾。两者之间的矛盾源于双方在企业组织中的不同价值追求：经营者群体的目标是利润、效率、企业与外部环境的关系，劳动者的目标则是工资、工时、劳动条件以及职业的稳定性。因此，在同一问题上存在着相互对立的认识。多元化的观点认为，上述矛盾是合理的，同时也是可以协调的，协调的途径是集体协商或集体交涉，从而达成双方共同遵守的规则。集体协商的前提有二：一是不同群体在力量上维持均衡；二是各群体都应将各自的利益追求限定在双方继续合作的程度之内。与此相联系，多元化观点认为，劳动者有理由结成正式的团体以表达自己的意愿，寻求对经营者的影响。工会的存在根本不会造成企业内部的矛盾，工会只是有组织地、持续地并且负责任地反映劳动者的利益，即使没有工会组织，这些利益矛盾也会存在于企业之中。

　　利益协调型劳动关系的运行同时也是现代劳动立法原则的具体体现，是基于法律面前人人平等、契约自由、财产权神圣不可侵犯的原则构建的。劳动关系双方在人格上、法律地位上完全平等，作为劳动法律关系主体，劳动关系双方互为权利义务主体，在双方利益关系的调整上，以双方的对等协商交涉为确定劳动条件的基本原则，以权利义务的法律规定调节双方的利益关系。在近现代产业发展的进程中，劳动关系双方构成了生产过程的两大独立主体，在相互关系上互相独立、互为存在的前提。劳动者作为具有劳动产权的独立的主体，并不是资本的附属物。因而，在生产过程中，特别是在劳动问题的处理上，劳动者是主动参与决定的力量。这不仅涉及一般劳动条件方面，而且涉及企业经营管理的全过程。利益协调型的劳动关系强调劳动关系双方在利益差别基础上的合作，主张通过规范双方的权利义务和双方的平等协商谈判机制来保障各自的合法权益，并实现共同的利益。在利益均衡型劳动关系中，企业和工会组织均能独立而健全地存在并发挥作用，通过集体谈判和集体合同来协调劳动关系双方的利益、劳动条件的决定；贯彻"三方性原则"已经成为基本的形式，产业民主制度、工人的参与权利得到法律的保证，劳动关系和谐稳定，社会经济也能稳定发展。

　　这种利益协调型的劳动关系在欧美国家的企业里出现得比较多。我国自从改革开放以来也已经完成了从利益一致型劳动关系向利益协调型劳动关系的转变。在劳动关系类型的转变中，发展最突出、变化最重大的是劳动关系双方作为利益主体，被独立和区别开来。按照"产权清晰、权责明确、政企分开、管理科学"的原则推进企业改革。企业财产组织形式的变革，使得劳动关系的构成、运行都发生了深刻的变化，劳动关系双方的权利、地位、相互关系以及处理方式实现了重新调整。社会主义市场经济体制创造了物质利益原则得以发挥作用的条件，而物质利益原则则为建立利益协调型劳动关系奠定了基础。通过国企改革建立起来的利益协调型的劳动关系与西方市场经济国家存在的劳动关系，在劳动条件的决定方面有着共同的特点和形式，但也存在若干区别，主要体现在：(1)国有企业的劳动关系仍占主导地位，国有企业产权的终极所有者是全体劳动者，因而劳动者的总体利益仍然是一致的，所以仍要在肯定利益差别的前提下，坚持利益一致的价值取向。(2)劳动关系的转型具有过渡性。(3)集体主义的观念、"仁""和"的文化传统与西方国家自由主义、个人主义的价值取向的文化传统有巨大的差别。

3. 利益冲突型

利益冲突型劳动关系是以劳资双方矛盾和劳资阵营对峙为基础建立起来的，其理论基础是阶级斗争理论。在这种类型的劳动关系中，企业劳动者和管理者双方各自有自己的利益，彼此的阶级立场也不同。20 世纪 20 年代的一些国家的企业劳动关系即属此类。

(二) 从劳动关系的构成形态上进行划分

从劳动关系的构成形态上进行划分，可以分为个别劳动关系和集体劳动关系。

个别劳动关系，即劳动者个人与雇主之间的关系，又称狭义或直接意义上的劳动关系。个别劳动关系是基础层面的劳动关系，或劳动关系的基本形态。人们在社会生活中所说的劳动关系，诸如建立劳动关系或解除劳动关系等，都是指劳动者和雇主之间的个别劳动关系。个别劳动关系通常通过书面的或口头的劳动合同，来确定和规范其权利义务。

个别劳动关系的形成，不论是书面还是口头，明示还是默示，其基本的要求是当事人双方自愿形成合意，即劳动者自愿向雇主出卖或让渡劳动力，雇主向劳动者支付工资。从传统民法的视角来看，这完全是一起公平合理的劳动力买卖的双务有偿合同：劳动者履行提供劳动的义务，雇主履行支付工资的义务。而究竟以怎样的劳动条件——包括工资待遇、劳动环境、休息休假、社会保险等——缔结劳动合同，取决于双方当事人的自由合意。在劳动法诞生之前，民法所调整的劳动关系即是以"雇佣合同"的名义而适用民法规定和原则的。

集体劳动关系是在个别劳动关系存在和发展的基础上形成的，是劳动者通过行使团结权，组成工会来实现自我保护，并进而平衡和协调劳动关系。集体劳动关系的一方是工会组织，另一方为雇主或雇主组织，是团体对团体的关系。双方主要通过集体谈判和集体协议的形式来实现其构成和运行。在集体劳动关系中，劳动者的权利表现为团结权、谈判权、参与权和罢工权。目前，我国对于前三种权利有明确的规定，但对于罢工权没有明确的规定。

平等协商集体合同制度和以职工代表大会为基本形式的民主管理制度成为协调集体劳动关系的两个重要机制。但从整体上来看，集体合同形式化问题比较严重，集体合同文本不规范，内容缺乏可操作性。平等协商集体合同制度存在着协商不到位、作用不明显的问题。职工代表大会在我国实行了较长的时期，但随着国有企业的改革和改制，由于缺乏有效的监督保障体系，职工代表大会作为职工民主参与的渠道发挥的实际作用越来越有限。集体劳动关系的规范性不足，除了相关法律法规不够健全的原因外，其根本原因在于工会不具备与企业方对等的谈判能力和制约力量。

（三）按用人单位的性质对劳动关系进行分类

按用人单位的性质对劳动关系进行分类，可分为国有企业劳动关系、私营企业劳动关系以及外资企业劳动关系等类型。

1. 国有企业劳动关系

在计划经济时代，国有企业的劳动关系被赋予浓厚的政治色彩，企业内部没有劳方与资方的区别，只有生产者与管理者的区别，国家、企业与职工的利益是高度一致的。企业吃国家的大锅饭，职工吃企业的大锅饭，职工与企业之间签订的是完全保险的、长期的隐性合同（低工资、高福利、无下岗失业风险），外部竞争机制的缺乏和内部激励机制的扭曲带来企业经营的低效率或无效率。问题突出表现在以下几个方面：

（1）经济效益下降，亏损增加，亏损面积扩大。

（2）不少企业生产经营困难，处于停产、半停产状态。

（3）企业基本结构不合理，债务负担过重。

（4）技术、设备老化，改造创新能力不强。

（5）国有经济布局和结构不合理，战线过长。

（6）富余人员多，就业压力大。

（7）企业办社会，社会负担很重。

（8）管理呆板，管理问题突出。

这些问题的日益突出和国有企业面临困境的增多，才决定了国有企业改革的必要性。我国政府对国有企业改革十分重视，将国有企业改革视为整个经济体制改革的中心环节，甚至把搞好国有企业的改革与发展看做实现国家长治久安和保持社会稳定的基础工作。

伴随着市场经济的形成和发展，国有企业也必须进行改革。这种改革的目的在于通过产权关系重组、经营机制转换、劳动关系重构来建立企业间的竞争机制和企业内部的激励机制，进而提高国有资产的运营效率。国有企业改革后，国家、企业与职工成为独立的利益主体，国资委代表国家履行出资人职责，企业成为利润最大化的组织，企业经理层受国家委托经营国有资本，职工则作为劳动者参与企业利益分配。经营者作为雇佣主体、职工作为受雇主体的角色与地位逐渐明晰，二者既有分歧也有共识，既有冲突也有协调，激励与约束机制把他们紧紧地联系在一起。

进行国企改革的首要工作是对国有经济布局进行调整，目标是调整后的国有企业（包括国有独资和控股企业）主要集中于涉及国家安全、自然垄断、提供重要公共产品和服务、高新技术产业等领域，同时国有企业劳动关系由原来的利益一致型向利益协调型转变。这种转变的具体内容是：在计划经济时代，国有企业是政府的附属物，企业虽然作为用人单位但并不拥有自主配置劳动力资源的权力，劳动力的需求数量、岗位安排及调整，劳动者的工资与福利水平，劳动保护与社会保险等都由政府决定。政府确立了国家、企业、职工三方的权利义务关系，企业和职工没有讨论、协商、处理劳动关系的权利。由此，劳动关系归属国家化和调节行政化成为计划经济时代国有企业劳动关系的基本特征。国有企业改革后，企业拥有用人自主权，劳动者拥有自主择业权。随着劳动合同制与集体合同制的逐步推行，劳动关系归属企业化和劳动关系调节规范化的格局逐步形成。劳动关系归属企业化，是指劳动关系不再由国家全面控制，如何处理用人单位与劳动者的权利义务关系，由国家规范转变为用人单位和劳动者按照国家有关的劳动法律法规并通过个别的和集体的协商谈判自行处理。劳动关系调节规范化，主要是指劳动关系的确立通过规范的市场契约（劳动合同和集体合同）来实现，以及劳动争议解决方式的多元化（包括案外调解、仲裁裁决、法院判决，而不再是简单地依赖或者诉诸行政干预）和规范化（劳动争议的解决遵循严格的法定程序）。

近几年的实践表明，国有企业改革取得了很大的成绩，但也存在着一些问题：

第一，"老三会"与"新三会"的冲突。

"老三会"即党委会、工会和职工代表大会，"新三会"即股东大会、董事会、监事会。"老三会"作为改制重组后的国有独资企业和控股企业宝贵的制度遗产，在保障职工权益方面发挥了特有的作用。相对于其他类型企业的职工，国有企业职工享有更加完备的权益保护与社会保障。但在国有控股企业中，"老三会"与"新三会"成为企业内部两套不同的权力运作体系，二者既有协调与融合，也有某种程度的冲突。这里不妨以股东大会、董事会与职工代表大会之间的关系为例加以说明。股东大会是企业最高权力机构，代表股东的利益，职工代表大会作为职工民主自治组织，代表着广大职工的利益。股东大会、董事会与职工代表大会客观上存在利益不尽一致的地方。比如，有关职工切身利益的工资分配方案、职工奖惩办法、劳动保护、职工生活福利等，职工代表大会拥有对这些涉及职工权益重大事项的审议决定权；但这些都与企业人力成本密切相关，股东大会与董事会往往从利润最大化的动机出发进行决策，其决策可能会给职工利益带来损害。

第二，经营者与劳动者在利益与地位上的高度分化。

尽管要面对行政力量的干预，但经营者掌握了用人自主权，他们会根据利润最大化的原则来优化配置劳动力资源,比如根据生产需要招收和解雇工人,决定企业工人工资与福利水平。企业经营者掌握了法人财产权和用工自主权,享受年薪制和股份期权,他们与普通工人在企业利益分配方面的差距急剧扩大。

在允许职工持股的国有企业中,职工与企业存在双重关系,其一是劳动关系,其二是产权关系,劳动者所获得的报酬既有工资,也有来自企业利润部分的红利。职工持股计划强化了对普通员工的激励,调动和激发了广大职工的积极性和创造性,但经理层、中下层管理者与普通职工在股本与红利收益方面的巨大差异又会带来普通职工的不公平感。

第三,下岗职工福利状况急剧恶化,引发大量劳动争议。

国有企业以正规部门就业为绝对主体,但国有企业分流出来的下岗、失业人员则构成城镇非正规就业的重要主体,下岗职工福利状况的急剧恶化也引发了大量劳动争议。

在计划经济时代,国有企业对劳动力的需求取决于政府的指令计划,而不是企业基于收入最大化、利润最大化的劳动力需求,这种劳动力资源的配置方式必定带来企业冗员与生产效率低下的问题。随着国有企业自主经营、自负盈亏的市场主体地位的确立,以及国有经济从竞争性领域退出和战略性调整,国有企业逐步裁减冗员,造成大规模的职工下岗或失业。但是,这些下岗失业人员又因为人力资本水平较低或者人力资本的专用性而很难被正规部门接纳。人力资本或资产的专用性意味着资产只能适用于特定的用途,改作他用则价值低微甚至可能毫无价值。在计划经济时代甚至转轨初期,国有企业实际都在持续地与其职工签订一种提供完全保险的、长期的隐性合同:职工没有失业下岗的风险,但不能自由变换工作单位甚至是工作岗位。在这种长期隐性合同的预期下,国有企业及其职工都在进行着一种服务于这种合同甚至是某一具体岗位的专用性的人力资本投资。在这种制度安排下,企业及其职工可以顺利地收回人力资本投资。然而,制度环境的变迁(由计划经济向市场经济的转轨)以及国有企业经营管理制度的转变(由政府附属物向现代企业制度的转变)造成了这种长期隐性合同的突然中断,企业职工既无法及时调整这种人力资本投资,也无法从其他正规部门就业中收回这笔专用人力资本投资。尽管政府推出的下岗再就业培训能够让一部分下岗失业人员重新回到正规部门工作,但大批下岗失业人员不得不转向非正规部门。正规就业与非正规就业在工资福利方面差距悬殊,企业的改制重组使得部分下岗职工福利状况急剧恶化,大量有关解除或终止劳动合同的争议由此产生。

第一章 劳动关系概论

【案例导读】"通钢"事件和"林钢"事件

【案情简介】 2009年7月24日,位于吉林省通化市的吉林通化钢铁集团股份有限公司(以下简称"通钢")发生了一起因改制所引发的劳资冲突事件。通钢集团职工因不满总部位于北京的民营企业北京建龙重工集团有限公司(下称"建龙集团")对"通钢"的增资控股行动而当场将建龙集团派驻的总经理陈国君围殴致死。而此前在2008年12月27日的凌晨,同样在"通钢"也发生过炼轧厂厂长宋凯被一位姓张的职工捶杀的不幸事件,该张姓职工系通钢炼轧厂炉前工。事隔不久,河南省林州市于2009年8月11日上午也发生了一件类似的事件。位于濮阳市的林州钢铁有限责任公司(以下简称"林钢")的工人因对该企业改制过程存在诸多不满而将濮阳市国资委副主任董章印软禁了约90小时,直至8月15日上午才将其放出。事后,河南省委、省政府提出了尊重广大职工意愿、暂停改制工作等六条意见。[①]

【案例解析】 近年来,我国国有企业在改制过程中发生的类似的劳资冲突事件已有多起,最后走向暴力化并导致恶性后果的案例也时有发生。客观上讲,劳资之间存在矛盾是一种不可避免的现象,尤其市场经济劳资关系是一种利益协调型劳动关系的情况下更是如此。解决这些矛盾的手段很多,如果处置得当,不至于也不应该发生非理性的暴力事件,更不应该出现有关当事人被致死的恶性后果。这些事件应该引起人们思考:为什么劳资冲突会走向暴力化?应该采取什么手段和方式避免这样的事件再发生?笔者认为,国有企业在改制过程中出现暴力事件是一种不正常的现象,厘清其中的原因至关重要。应从以下几个方面分析其原因:

第一,社会转型以及企业改制所导致的人们观念上的差异。

改革开放以来,我国社会发生了巨大的变化,尤其是经济体制由原来的计划经济体制向市场经济体制转变,这两种不同的经济体制在运行模式、调整手段等方面存在着极大的差异。随着市场经济体制的建立,企业的所有制结构也发生了很大的变化,原来国有企业主导的所有制体系逐渐被多种所有制取代,而且很多民营企业由于在市场竞争的环境下成长起来而显现出一些经营方面的优势,于是民营企业入股国有企业便成为一种企业改制和发展的模式。这在"通钢"事件中就有所体现:早在2005年,吉林省国资委看到民营企业建龙集团在并购重组方面所取得的不错业绩,因而选择其入股通钢集团的。2009年,在吉林省国资委的主导下,作为成

---

① 资料来源:常凯. 国企改制当依法进行:不规范改制是引发工人集体行动的直接原因. 新华网, http://news.xinhuanet.com/banyt/2009-08/28/content_11958181.htm

功的民营企业建龙集团入股并控股通钢集团。这样,建龙集团便将其多年的经营理念以及企业文化带进了这家吉林省最大的钢铁企业。

通钢集团从1958年建厂以来逐渐形成了国有企业的经营理念,职工尤其是离退休职工对企业感情很深。这是属于利益一致型的劳动关系——职工以厂为家,职工是企业的主人翁,端的是铁饭碗,甚至全家人都是通钢的职工。当企业遇到困难的时候,职工会为企业着想,尽自己全部力量为企业排忧解难。与此同时,职工期待企业管理要人性化,自己的岗位和身份要稳定。从这次事件发展的脉络也可以看出,点燃职工激愤的正是建龙集团所推行的各种新措施。比如,满30年工龄要办理内退;一些职工要面临下岗;竞争上岗。这些举措虽然从提高效率以及国家政策的角度有一定的合理性,却让通钢职工产生了身份和岗位焦虑,认为自己被企业给抛弃了;即便有工作,有岗位也是暂时的,朝不保夕的。而建龙集团的管理理念追求的是效率至上,企业形成的是一种竞争文化。

当这两类观念迥异的企业因为并购重组而结合在一起时,不同的管理理念以及文化价值追求必然会发生碰撞,甚至出现剧烈撞击。在相互的接触和沟通过程中,人们很容易产生不信任、不理解、不配合,误会和怨恨便由是生成,如果再加上其他不利因素的诱导和参合,冲突便不可避免。"通钢"事件和"林钢"事件就典型地反映了这一点。

"通钢"事件和"林钢"事件所反映的两种不同观念和文化的碰撞现象具有普遍性,不论是国有企业兼并民营企业,还是民营企业通过改制入股并控股国有企业都会存在上述问题。但为了实现企业盈利以及经济发展,这种兼并或入股行为不会就此戛然而止,而会继续前行;这就亟须提出解决两种文化兼容问题的一些方法和策略。否则,类似的矛盾还会发生,类似的恶性事件还会出现。

第二,用人单位管理手段的苛刻、粗暴。

我国一些企业的管理者存在着管理手段苛刻、粗暴的情形。这些企业的管理者们认为服从是职工的第一要务,用人单位可以任意制定各种规章制度要求职工必须遵守,甚至不把职工当"人"看待,而是认为职工就是机器、就是"螺丝钉";他们认为只有这样,企业才能取得高效率,实现利润最大化。这种管理模式和手段在民营企业中更为普遍。"通钢"事件中,总经理陈国君和炼轧厂厂长宋凯都是推行这种管理手段的急先锋。

但这种管理手段有些陈旧,并且不一定给管理者带来期待的利润。这种严格管理的手段比较符合20世纪初泰勒等人的"古典管理理论",该理论强调以各项制度和严格的标准管理职工,用定额奖惩的办法(即"大棒"的办法)来刺激工人提高劳动生产率，在当时也收到了一定的效果。但该理论实际上是把工人看做机器的配件、会说话的工具，大大挫伤了工人的劳动积极性。尤其是第一次世界大战以后，职工们进一步认识到这一点，因而用更多的罢工、怠工等各种形式来进行斗争。于是，泰勒的所谓科学管理开始失灵了，这反而严重影响了劳动生产率的提高。在这种情况下，许多西方管理学者在总结泰勒理论缺陷的基础上，把西方的社会学和心理学引进企业管理的研究领域，提出"行为科学"管理理论。该理论提出者之一的梅奥等人通过在霍桑工厂的试验了解到，职工并不是把金钱当作刺激积极性的唯一动力的"经济人"，而是在物质之外还有社会的和心理的因素的"社会人"。所以，他们不是单纯追求金钱收入，还有社会、心理方面的需求，即追求人与人之间的友情、安全感、归属感和受人尊重等。因此，必须从社会、心理方面来鼓励工人提高劳动生产率。管理者的领导能力应该体现在通过对职工各方面满足度的提高而激励职工的士气，从而达到提高生产率的目的。

通钢事件最后发展的结果也证明了建龙集团管理手段的失败。这种不顾及职工内心感受、一味迷信严格管理制度的做法再一次被证明并非"灵丹妙药"！

第三，政府部门工作过程中存在着失误以及不作为现象。

从多家媒体报道的内容来看，"通钢"事件出现的不利结果是与吉林省人民政府以及国资委的工作失误分不开的。

失误之一：改制工作推进得太急、太快。2005年年初，吉林省国资委批复了"通钢"国有控股的总体改革方案后，"通钢"改制进入实质阶段。此后，"通钢"职工劳动关系的基本改制工作开始进行，"通钢"职工的国企职工身份被置换为合同制职工。所有职工按岗位、职务等分成不同层次发放经济补偿金，经济补偿金也可以转成企业股权。同时，"通钢"也找到了一位战略合作伙伴——河北德龙钢铁公司。这家外资身份的民营企业准备以现金形式收购"通钢"30%的股份，并签订了协议。但到了2005年年中，吉林省委省政府要求通钢集团改变方向，进行整体改制，并要求加快进行。2005年12月25日，"通钢"改制协议正式签署：建龙集团出资14亿元（其中现金8亿元，加上吉林建龙资产作价6亿元），拥有新通钢36.19%的股份；吉林省国资委拥有46.64%的股份，通钢的管理层为2.57%，华融资产管理公司拥有14.6%的股份。短短五个月内，改制完成，新通钢集团正式揭牌。建龙集团入驻后的两年，没有实现吉林省国资委当初的期望——新通钢成立两年内形成年产1 000万吨钢的生产规模。相反，随着国际金融危机的深化，从2008年6月开始，钢材价格暴跌，"通钢"陷入"生产越多就亏得越多"的怪圈。到2009年2月，亏损一度高达10亿元。3月份建龙集团宣布撤出通钢集团，职工们为此很高兴；但令他们想不到的是，7月份在国资委的支持和安排下，建龙集团又来个"回马枪"，并且这次不仅是回来了，还要控股！从以上改制的过程可以看出，推进的速度确实太快、太急了！结果反而是"欲速则不达"。

失误之二：完全政府主导，没有按照有关程序积极听取原通钢集团管理层以及职工代表大会的意见。通钢集团改制的过程完全是吉林省政府及国资委积极推动、主导进行的。当然，政府及国资委的初衷是为了企业的发展，但也应该并需要按照有关规定及程序进行。否则，极易造成"好心办坏事"的结果。我国《企业国有资产法》第37条及第41条明确规定，关于改制的重大决定应当听取企业工会的意见，并通过职工代表大会或者其他形式听取职工的意见和建议；涉及职工重新安置事项应当制定职工安置方案，并经职工代表大会或者职工大会审议通过。这些规定体现了在改制过程中职工应享有的权利，吉林省政府及国资委本应充分尊重职工的这些权利——毕竟这些职工（尤其是国有企业的职工）长期以来与所在的企业形成了休戚与共的关系，为企业的成长与发展作出过极大的贡献。在改制过程中忽略他们的要求与情感必然会引起他们的过激反应。

另外，政府有关部门的不作为也是导致"通钢"事件走向暴力结果的重要因素。从有关报道来看，对于改制过程中出现的问题，职工多次通过上访的方式表达不满，但这些行动并没有引起政府有关部门的重视和解决。结果矛盾越来越尖锐，怨恨越积越深，于是政府失去了将问题解决在萌芽状态的机会，使有关当事人以及社会付出了极其惨重的代价！

第四，职工利益表达渠道不畅通。

一般来讲，职工利益表达的渠道有这么几个：通过职工代表大会或者工会、上访、游行示威、罢工等，但在我国，这些渠道对于职工来讲存在着形式化、门槛极高甚至不可行等问题。

首先，职工代表大会或工会存在着形式化的问题。虽然职工代表大会是企业中一个极其重要的机构，根据我国相关法律规定本应成为职工参与企业重大决策、表达自己利益诉求的重要途径；但在现实生活中，它在经营管理者以及政府有关部门看来是一个可有可无的摆设。有的决策根本不经过职工代表大会讨论（通钢集团的改制就是如此）；有的决策虽然经过职工代表大会讨论，职工代表也代表职工提出了他们的意见，甚至一半以上的代表有不同意见，但最终仍然由管理层或政府有关部门拍板确定。职工代表大会仅仅是走走形式，不能有效发挥其应有的功能。

我国的工会由于体制上的原因也存在着类似的情况。中国人民大学劳动关系研究所所长常凯教授认为，尽管法律规定工会代表和维护劳动者的合法权益，但实际上,不少国有企业的工会基本上是企业行政的附庸,而私企工会大多容易为雇主所控制。这种工会组织的"行政化"和"老板化"的不正常状况,使得工会在企业层面,很难真正代表和维护劳动者的合法权益。在国有企业改制过程中,有些工会甚至连反映一下工人的意见和要求都做不到。在现实中,不少企业的工人实际上是无组织、无代表的。在"通钢"事件中,这一点就表现得较为突出。

其次,上访以及游行示威的途径对于职工来讲存在着门槛极高的问题。当职工们面临自己的利益诉求得不到所在企业管理层以及当地地方政府的接受和解决的情况时,有时会在万般无奈之下选择向上级政府甚至中央政府有关部门上访。但这种诉求方式成本很高,到省城以及北京的来往路费、住宿费是一笔不小的开支;另外,由于到省城和北京上访的人数较多,得到有关部门的接待以及处理也要耗费不少时日。

除此之外,游行示威也可以表达职工的利益诉求。根据我国于1989年制定的《集会游行示威法》,职工可以选择游行示威的方式向企业以及有关地方政府施加压力。但根据该法规定,游行示威之前需要向所在地的公安机关提出申请,而当地公安机关往往出于社会稳定以及一些其他事由不予批准这类申请。有的公安机关提出了一些较高的批准条件,比如要求这些职工必须以单位的名义申请,并且要提供本单位法定代表人签名同意的文件。很显然,职工们不可能拿到这样的文件。也有公安机关要求申请者必须更改游行示威的时间和地点,而更改后的时间和地点往往达不到游行示威的真正目的。

最后,罢工的方式存在着法律地位模糊的问题。新中国成立后的四部宪法中,1954年《宪法》关于公民的权利中没有罢工的规定。首次规定罢工是一项公民权利的宪法是1975年《宪法》,1978年《宪法》也有类似规定。但1982年宪法(也就是现行宪法)取消了"罢工自由"的规定。正是因为现行宪法对罢工权的取消,我国《工会法》第27条只是规定:"企业、事业单位发生停工、怠工事件,工会应当代表职工同企业、事业单位或者有关方面协商,反映职工的意见和要求并提出解决意见。对于职工的合理要求,企业、事业单位应当予以解决。工会协助企业、事业单位做好工作,尽快恢复生产、工作秩序。"

这里所谓的"停工、怠工事件"是否就是罢工,可谓仁者见仁,智者见智。有人认为这是我国法律对于罢工予以承认并加以保护的表现,只是为了与宪法保持一致而没有直接使用"罢工"一词,所以在发生罢工事件时应从正面角度予以对待,由工会或有关部门通过协调进行处理,对罢工过程中当事劳动者的行为给予民事或刑事责任的豁免。但也有人认为"停工、怠工事件"不等于罢工事件,《工会法》

中的"停工、怠工事件"是劳动者个体或群体自发的一种对资方表达不满的方式，没有组织性，而罢工必须具备基本的要件是：其一，罢工权的实施，必须是在雇主已经侵害了劳动者一方的利益或劳动者的利益将要被侵害，并且已经无法通过集体谈判的途径解决的；其二，罢工必须要经过大多数劳动者的同意并进行一致的集体行动。同时，一般国家对于合法罢工还要求必须由工会加以组织，否则便是"野猫罢工"、非法罢工。

正是由于我国对于罢工问题存在着以上所述的模糊性论述，导致实践中对于罢工现象的处理有着截然不同的态度和方式。有的地方承认罢工的合理性，理解劳动者的罢工行为，与之对话沟通，对其反映的问题和要求认真研究并迅速解决，弥补劳动者损失，罢免失职的管理者，以平息罢工事件。最典型的事件就是2008年11月份以来发生在重庆、海南三亚、广东汕头等城市的出租车司机所掀起的罢运活动。由于当地地方政府对于罢工行为的理解和干预，这些出租车司机最后都达到了降低"份儿钱"、政府加大打击黑车力度等罢工目标。但与之不同的是，有一些地方将罢工行动看做违法行为，甚至是犯罪行为，因而对罢工的发起者进行打击。比如郑州市，据2009年2月24日的《河南商报》报道，该市的出租车司机准备在2009年3月1日实行全城出租车罢运。发起这次罢运的5名司机却被当地公安部门以"涉嫌刑法第290条的聚众扰乱社会秩序罪"而抓捕。郑州警方在2009年2月23日召开的新闻通气会上认定：该5名"胆大妄为"的出租车司机，因不满偏低的收入状况，以发短信、印传单的方式，"煽动"其他司机集体罢运，据此认定该5名司机的行为已经触犯了我国的刑律，将其拘留。之后，由法院采取刑罚手段对他们予以处罚。

由此看来，职工利益表达的常规渠道是很不顺畅的，经常被堵塞。于是，职工只好用自发的集体行动来表达自己的诉求。一些职工在利益严重被侵害而又缺乏任何有效的解决渠道的情况下，甚至铤而走险地选择用要挟、围攻管理者的办法来解决问题。"通钢"事件就是按照上述逻辑逐步发展的。

国有企业改制过程中出现的暴力事件必然导致"多输"的结局。从已经发生的这两起事件的情况来看，地方政府和用人单位的有关负责人付出了健康甚至生命的代价；职工一方部分员工要为此承担法律责任；劳资双方的感情必然因这些事件受到一定程度的伤害；政府有关部门积极推动的改制工作必然停滞甚至搁浅。这对于社会稳定以及劳资和谐必然产生极大的破坏作用。因此，避免类似的事件再次发生就显得极其重要和突出。对此，笔者提出如下建议：

建议一，推进企业改制工作要遵循"依法、循序、缓慢"的原则进行。

第一章 劳动关系概论

为了企业以及地方经济的发展，企业改制是必要的，但推进企业改制工作的过程要遵循"依法、循序、缓慢"的原则进行。我国为改制也制定了不少规范性文件，改制工作要按照这些规定的内容和程序进行，一个环节也不应该少。尤其是涉及职工利益的时候，要充分发挥职工代表大会和工会的功能和作用，重大决定发布之前要让职工参与讨论，重要信息要保证职工知情，工作推进过程中时时处处要收集和了解职工的反馈意见并及时予以处理和解决。

同时，推进改制工作不要急于求成，急躁冒进必然导致事倍功半甚至无功而返的结果。因为改制工作也是不同企业文化的碰撞、融合过程，之前两家企业的文化和管理理念是在长期的过程中形成的，虽然进入一方拥有一定的优势，但也要现实地承认接受方的文化存在并尽量与之融合，而不是将之改造、打倒、抛弃。只有这样，再假以时日，改制才会顺利完成，最终实现"多赢"的局面。

建议二，赋予工会组织职工采取集体行动的权利。

从职工的各种利益表达渠道的有效性上分析，工会是首当其冲的一种渠道。这里的关键在于，要强化和提高工会的作用，并应赋予其组织职工采取集体行动的权利。国外的实践证明，罢工和游行示威不会导致社会混乱，不是"洪水猛兽"；相反，积压的各种矛盾和怨恨才最可怕！因为，这些矛盾和怨恨才是导致劳资冲突走向暴力化的真正"罪魁祸首"。当劳资出现矛盾和冲突时，职工在工会的有效组织下采取罢工或游行示威的方式反映他们的要求，并且劳方也只有联合起来并采取集体行动才能形成对抗资方的力量并引起管理层的足够重视，最后在公众的关注以及政府的介入之下解决职工们的问题。这样，暴力冲突便成了"无源之水"。

建议三，用人单位应改变不合理、不合适的管理理念和手段。

多起事件证明，职工的怨恨和管理者苛刻、粗暴的管理理念及手段是劳资冲突走向暴力化的两个重要因素。就像煤矿事故是由煤尘的过量积累以及明火的引燃两个因素导致的一样，很多情况下，用人单位中管理者的一句苛刻、粗暴的语言就会引燃职工的情绪。笔者希望并建议，用人单位应改变那种不合理、不合适、落后的管理理念和手段，尊重职工的意见和法律赋予的各项权利。企业中的劳动关系是由劳、资两个主体主导的，资方的管理权是有边界的、不是一种无限的权利，与劳方的劳动权在法律上是并行关系而不是主次关系。

总之，笔者始终认为，劳资冲突不是不可控的，暴力化的结局也不是不可避免的。改革开放以来，虽然我国由于社会转型以及企业改制所带来的劳动关系较为复杂，但只要采取有效的措施，劳资矛盾和冲突一定能够解决。当然，这需要全社会共同的努力才能实现。

2. 私营企业劳动关系

私营企业的劳动关系是指私营企业职工与私营企业主在劳动过程中建立的社会经济关系。它在本质上是一种雇佣关系。这是由建立在雇佣劳动基础之上的私营企业的本性所决定的。一方面，私营企业雇主以生产资料的占有者与支配者的身份出现，雇员以劳动力所有者的身份出现；另一方面，私营企业雇主不仅支配全部经营管理活动，而且也支配雇佣工人的劳动力。和国有企业劳动关系相比，投资经营者在私营企业的劳动关系中占据主导地位，享有完全决策和高度自主权，劳动者则处于从属、被支配的弱者地位，这就难免发生利益矛盾和冲突，出现不同程度的劳动关系紧张加剧的情况。

有的学者认为当前私营企业劳动关系紧张加剧，主要体现在以下几个方面：一是收入差距进一步拉大；二是劳动争议不断增加，群体事件居高不下；三是工业安全形势严峻；四是失业问题未有缓和。① 据《中国劳动统计年鉴2004》统计，2003年全国劳动争议案件结案数为223 503起，其中国有企业是49 528件，仅占总数的22.15%；而包括私营企业、个体工商户、有限责任公司和股份制联营等则是112 066起，占到了结案总数的50.14%。从统计数据看，2003年度较2002年度国有企业增加了5 918件，私营企业、个体工商户、有限责任公司和股份制联营等却增加了74 071件。私营企业劳动关系的紧张化，主要集中在劳动报酬、保险福利、工伤、解除劳动合同等关系劳动者基本权益方面，尤其是劳动报酬方面的冲突尤为明显和突出，而且多表现在拖欠工资和拒付相应的提成工资以及加班费方面。

【案例导读】 职工因讨薪而受到精神、身体伤害

【案情简介】 2010年1月9日，来自河北省景县留府镇高庄村的农民工高志强为讨要70元的日工资而遭到私营老板的拒绝，于是高志强便报了警，这样便遭到老板的报复。在警察走后，不仅被老板扇了一耳光，而且还被老板叫来的人捅成重伤，结果导致右侧肾脏主要血管破裂，并且在此后的手术过程中不得不切去了右侧肾脏。无独有偶，在美丽的杭州也发生了一件类似的事件：2009年11月1日，32岁的王鸿丽原是私营企业——杭州风格服饰有限公司业务主管。在过去的一年里，她为公司接了三笔业务，按约定可拿提成4.6万元。她万万没有想到，为拿报酬，她和丈夫郝刚遭遇了噩梦般的经历。王鸿丽声称，自己第一次前往讨薪，老板粟志

---

① 许基南. 私营企业劳动关系研究. 经济问题探索，2005（8）

宏就找人威胁她,还说:"我告诉你,老子有钱,花10万块钱剁你一只手""下次再来就剁了你"。她和丈夫郝刚第二次到风格服饰有限公司讨薪,竟被几名"江湖人士"围住殴打,并被刀刺伤。一名喝了酒的男子还威胁要强奸王鸿丽,并对其进行侮辱。最后王鸿丽被迫签下文书,承认出卖公司秘密,承认自动辞职,工资奖金都不要了,还承认威胁过老板娘。离开公司后,她还接到老板电话,说如果报警,就死定了。据杭州市中医院诊断,郝刚入院时伤势较重,头部外伤,严重呕吐,被诊断为脑震荡,全身另有多处挫裂伤;王鸿丽多处软组织挫伤,最严重的是脾脏挫裂伤。①

【案例解析】面对这些发生在私营企业的欠薪行为以及劳动者为讨薪所做出的无奈之举和付出的惨重代价,社会各界都对讨薪的劳动者寄予极大的同情和关注,甚至对因讨薪而连杀四人的宁夏民工王斌余希望能从宽处理,社会舆论并不是"不杀不足以平民愤"。同时,大量专家、政府部门人士提出要制定"恶意欠薪罪"以制裁那些"黑心"的管理者和用人单位。比如,早在2005年全国人大常委会劳动执法检查组赴深圳市检查《劳动法》贯彻实施情况时,深圳市有关部门就建议在刑法中增设"恶意欠薪罪"。之后有一些人大代表、劳动部门的官员以及相当数量的学者也提出这一想法。比如全国人大代表、中国民主建国会广西壮族自治区委员会副主任委员刘庆宁在2009年两会上的提案中建议《刑法》增设"欠薪罪",目的是为了解决企业拖欠职工的工资。在十一届全国人大二次会议上,来自广东的20多名代表也提交了类似议案,建议修改刑法,增加这一罪名,以追究恶性欠薪者的刑事责任,维护农民工等劳动者的权益。中国政法大学刑事司法学院教授洪道德也主张增设这一罪名,只是建议将名称改为"故意欠薪罪"。中华全国总工会介入了对杭州女工王鸿丽讨薪事件的处理,并且据中华全国总工会新闻发言人李守镇介绍,全总为力求从制度上保障职工工资的依法及时支付,对于少数用人单位的恶意欠薪行为,还积极建议立法机关适时修订刑法,增加相关罪名,以惩处并有效遏制恶意欠薪、欠薪逃匿、侵害职工合法权益的行为。但也有大量专家反对这一建议,认为将欠薪问题做犯罪化处理欠妥。笔者也认为,这一建议或观点欠妥。尽管从现实需要的角度其有一定的合理性,但解决拖欠工资问题的途径有多种,对拖欠工资行为进行处罚也有多种办法,动用刑罚处理这类经济行为实属下策。

---

① 资料来源:杭州讨薪女工王鸿丽遭暴力的背后. 中青网, http://gb.cri.cn/27824/2009/11/10/2165s2673067.htm

提倡使用刑罚手段打击欠薪行为的人士普遍认为，现有解决欠薪问题的行政和民事救济途径存在重大缺陷。比如，劳动行政部门的行政救济途径存在着处理手段单一、薄弱，缺乏刚性的不足。不论是《劳动法》还是《最高人民法院关于审理劳动争议案件适用法律若干问题的解释》，这些法律文件规定的内容都过于笼统，赋予劳动行政部门的监督职权仅为责令支付劳动报酬、经济补偿、责令支付赔偿金三种措施。而民事救济途径虽然有多种渠道（比如，一是与用人单位协商解决，二是由劳动争议调解机构调解，三是由劳动争议仲裁机构仲裁，四是向人民法院提起诉讼），也存在着种种局限。协商和调解是一种较为便捷的途径，周期短，成本低，但由于内置于用人单位的体制内，实际效果往往很不理想。仲裁和诉讼在裁决、判决生效后具有强制执行力，但程序较为烦琐，周期较长，费用较高，对于既缺乏经济基础又缺少相关法律知识的劳动者一方来说，执行裁决、判决更是困难；因而，很多劳动者对于通过这两种方式解决欠薪问题就望而却步了。而将恶意欠薪行为入罪，其实质就是把民事领域中的劳动争议纳入到刑法的调整之下，以公权来维护私权。从制度设计的角度看，原本由劳动者个人承担的时间、费用等诉讼成本转由国家与雇方承担，对于处于弱势地位的劳动者而言是非常经济的。

另外，他们还认为刑罚的威慑作用足以阻止大量欠薪行为的发生。刑法的威慑力是众所周知的，理性的管理者绝不会为了钱而甘愿忍受牢狱之苦；同时，在刑事附带民事诉讼制度下，恶意欠薪者不仅要承担刑事责任，民事责任也要一同承担，这种巨大的代价将会引起任何恶意欠薪者的认真考量。

不仅如此，"恶意欠薪罪"的设定有利于淘汰那些经营较差的用人单位。实践中大量的案例表明，在低工资甚至是欠薪状态下经营的企业，往往没有充足的动力进行生产技术革新，从而使产品生产长期处于高能耗、高投入、低附加值状态。这些企业在遭受刑罚的打击下会一蹶不振，甚至退出市场，从而杜绝欠薪现象。

针对上述提倡将欠薪行为施以刑罚的观点和理由，笔者表示坚决反对。笔者认为不宜将欠薪行为施以刑罚处理，主要从欠薪行为的性质、欠薪行为犯罪化的实效性以及自力救济方式缺乏法律的认可和规范等角度加以考虑。

（1）欠薪行为所反映的是劳资之间的经济利益关系

众所周知，劳动关系的本质是一种经济利益关系，用人单位拖欠劳动者工资的行为所反映的是劳资之间的经济纠纷；这类经济纠纷的社会危害性尚未达到严重的程度。虽然在前述的王鸿丽案和高志强案中出现了极其严重的后果，但这些后果的出现是涉案当事人的其他犯罪行为所导致的结果，并非欠薪行为直接导致的法律后果。正如人们在一般的商品买卖活动过程中也会出现诈骗、伤害等犯罪后果，没有人就此得出结论认为商品买卖过程中的一些行为应加以刑罚制裁。如果动辄将一般的社会经济纠纷以犯罪论处,那么我们的经济活动必然陷于缓慢甚至窒息的状态。早在1989年3月15日,我国公安部就发布了《关于公安机关不得非法越权干预经济纠纷案件处理的通知》([89]公(治)字30号),在这份通知文件中,公安部要求全国公安机关在办案过程中必须划清经济犯罪和经济纠纷的界限,严格依法办事,严禁非法干预经济纠纷问题的处理。对经济纠纷问题,应由有关企事业及其行政主管部门、仲裁机关和人民法院依法处理,公安机关不要去干预。

由上述分析可知,欠薪行为不具备严重的社会危害性,不需要动用刑罚手段对其加以惩治。

(2) 欠薪行为犯罪化的实效性较差

立法学中的法律实效性理论表明,国家制定一项法律要对其进行成本—效益分析。将欠薪行为定为犯罪行为后,在其后的执法和司法环节必然耗费大量的社会成本,为追究"恶意欠薪罪"犯罪人的刑事责任而需要投入的侦查、起诉、审判及执行所需的公检法人员成本和办案经费的总和也许会超过能够取得的社会效益。这样的立法实效性是较差的。正如英国的法学家彼德·斯坦所说:"法律所存在的价值,并不仅限于秩序、公平和个人自由三种,许多法律规范首先是以实用性、以获得最大效益为基础的"。美国学者罗伯特·考特和托马斯·尤伦通过对刑罚的经济分析后指出,最大化的威慑效应并不是消除所有的犯罪,因为这样做的代价很高,而且社会效益会不断下降。政策制定者需要对有限的资源加以配置,争取以最小成本实现威慑目标。也就是说,应力求有效率地实现这一目标。由此可以看出,刑罚不是解决欠薪问题的必要手段和首要目标。另外,刑罚不是万能的,并不能解决一切问题。我国春秋战国时期的法家曾梦想通过"严刑峻法"达到"以刑去刑"的社会目的,但其指导下的秦王朝的迅速倾覆说明这只是一种幻想。

(3) 现有救济手段的主要缺陷在于自力救济方式缺乏法律的认可和规范

我国现有解决欠薪问题的途径很多,尤其是2008年5月1日开始实施的《劳动争议调解仲裁法》强化了调解的功能、延长了申诉时效并新设了一裁终局制度等新规定,对于及时解决欠薪问题确实能起极大作用。但笔者认为这些还不够,从权利救济分类的角度来看,不论是行政机关的行政处罚手段,还是仲裁和诉讼程序都属于公力救济方式。这些公力救济方式无论如何改进,在解决欠薪问题时都面临着一定缺陷,需要一定的自力救济方式予以配合方能彻底解决问题。而长期以来,劳动者采取的自力救济方式无法得到现行法律的认可和规范。

劳动者的自力救济由于无法得到法律的认可,出于讨薪的迫切性,就出现了大量自发的、非规范的讨薪手段。这些讨薪手段的典型特征便是突发性、无组织性、非理性。例如,2008年广州广达鞋业有限公司约4 000名工人堵路讨薪的极端行动等,这些极端行动往往给当地社会生活和城市秩序带来不便和混乱。

基于上述分析,笔者认为,解决欠薪问题决不可动用刑罚手段,原因在于:一者不必要,二者不可行;在完善现有民事、行政等公力救济方式的基础上,当务之急应是对于劳动者的自力救济方式予以认可和规范。为此需要完善下列相应的法律制度:

第一,亟须制定《罢工法》而赋予劳动者罢工权。

罢工权是劳动者一项重要的集体行动权。笔者认为,应尽快制定《罢工法》,明确赋予劳动者这一权利。当用人单位拖欠工资达到一定程度时,劳动者可以合理合法地组织罢工,最后通过集体的力量讨回自己的薪金。从市场经济国家罢工权实施的情况来看,罢工不仅不会导致拖欠工资行为的发生,而且有利于预防拖欠工资的情形发生。原因是,劳动者享有罢工权这一法律武器后,可以威慑雇主,使其不敢利用其优势地位拖欠雇员的工资,从而有利于劳动关系的安定和社会的和谐。

第二,修改相关法律,促使工会完成从行政化向市场化的转型。

市场经济条件下的劳动关系是一种劳资双方利益协调型的劳动关系,而这种劳动关系需要劳资双方的力量均衡。尤其是当劳动者遇到欠薪这样的问题时,在一定程度上可以这样作出判断:能否讨回拖欠的工资取决于劳动者背后的工会是否强大。由于在现有的政策框架下,我国的工会组织不能发挥其应有的作用,所以劳动者形成"一盘散沙"的状态;对于资方的欠薪行为只能选择通过极端行动(包括违法行为)甚至自残的方式高风险地维权。如果按照市场经济的原则修改工会制度,工会就能真正代表劳动者的利益与资方进行协调、谈判,帮助劳动者讨回被拖欠的工资。笔者认为,应从以下几个方面修改并完善现有的工会制度:(1)斩断工会与资方的资金以及人事联系。工会要真正成为职工的利益代言人,必须与资方没有经济利益联系,它的活动经费以及专职工会成员的工资应由职工缴纳的会费支撑。另外,工会的专职主席以及副主席也必须脱离与资方的关系,应全部由职工按照一定程序选举产生。这样,工会在开展维权活动时就不会受制于资方,真正代表职工提出要求。(2)应完善工会的职能体系设计。应将工会的基本职能与其他职能合理区分。维护职工合法权益是工会的基本职能,也是第一位的职能,其他职能是第二位的职能。当两类职能发生矛盾时,其他职能应服从维权职能的行使。同时,不应要求工会承担过多的政治责任(比如:维护全国人民的总体利益),因为工会只是一个维护自己所代表的职工利益的社会团体,政治责任应由相应的政治组织承担。

(3) 应赋予工会组织罢工的权利。如上文所述，职工拥有罢工权是十分必要和合理的，在此基础上应赋予工会组织罢工的权利。不论在集体谈判还是在处理讨薪事件时，罢工应该是工会最有力也是最有效的手段。舍此，再强大的工会也是"没有牙齿的老虎"，本就强大的资方不会重视工会提出的要求，不会向工会以及职工方妥协，最终的结果必然是资方的"一口价"，工会处于无可奈何的境地。所以，与将要制定的《罢工法》相一致，我国的《宪法》《劳动法》以及《工会法》应该赋予工会组织罢工的权利。针对有人提出一旦这样修法会导致社会混乱的担心，笔者认为这种担心是不必要的，或者说这种认识没有抓住问题的实质。因为导致社会混乱的因素不是解决问题的手段，而是所存在的问题本身。如果劳资之间已经存在重大的利益冲突而缺乏合理的手段将之加以及时解决，等到引起社会动乱才开始想办法解决问题就太晚了。这才是应该引起我们高度重视的。

总之，对于拖欠工资这类经济纠纷不适宜动用刑罚手段解决。在此前提下，解决拖欠工资问题应用"两条腿"走路：公力救济和自力救济方式应并重！拖欠工资现象的普遍性和严重性表明，必须对自力救济方式给予法律的认可和规范；否则，拖欠工资的现象必然会越拖越多，边清边欠。

3. 外资企业的劳动关系

外资企业的雇主在尊重我国主权、利益原则和遵守国家有关法规政策的基础上，享有在劳动用工、工资分配和企业内部规章制度等方面的充分自主权，内部管理较为严格。比如在劳动合同的订立方面突出的特点是：一是成立的条件较宽，定性条款少，定量条款多，对职工的约束力强；二是权利义务明确，条款具体，文字表达准确。但是，对于企业在劳动合同的变更方面却富有弹性，劳动合同的解除较为灵活。这种状况致使职工处于被动服从地位，其参与权和知情权极为有限。涉及职工切身利益的重大问题，如劳动保护、奖惩、工资制度、生活福利和社会保险等等均由企业董事会研究决定。再加上从劳方情况看，职工及其组织力量发育欠成熟：职工普遍年龄较小，文化技术素质高于职工队伍的平均水平，工会在外资企业中的组建率和组织率较低。正是这种状况导致在分配方式上普遍存在着雇主对利润的独占和工人工资收入刚性的矛盾，职工对其工资收入的决定缺乏影响力。而且，职工与雇主的收入相差悬殊（包括中外管理人员和员工）。尤其是在出口加工型企业，压制职工的工资水平是企业发展和增强产品国际竞争力的重要支柱。这就必然导致劳资利益的严重对立。

当然，由于外资企业的雇主及其经营者来自不同国家，雇主的雇佣习惯差异明显，因而在处理劳资关系的方法上也各有差别。例如，欧美式雇佣模式注重"法治"管理,强调严格的监督管理,即通过各种制度,使企业内部管理规范化。也有倡导"以厂为家"的日本式雇佣模式。在中日合资企业里,一方面有严格的管理,企业对员工的要求近乎苛刻,厂纪厂规十分严厉,甚至动辄体罚。另一方面,企业又很注意培植"大家庭"的和谐氛围,要求员工具有"爱社精神"以及对企业的认同感和归属感。在港台企业中,"家长制"雇佣管理模式占主导地位,一般是要求员工绝对服从领导,工会被禁止,部分管理人员甚至采取各种非法手段,任意打骂、侮辱和体罚职工,其粗野和不文明的管理方式致使职工的人身权利和人格尊严得不到保障。这种管理模式不能适应社会化大生产的需要,也加剧了职工的离心和反抗情绪,由此产生的劳动纠纷、员工流动乃至罢工事件相当频繁。

由于雇主和劳动者双方力量对比极端不平衡,以及这类企业劳动关系运行不规范,这类企业中的劳动者利益被侵害成为一个普遍的问题。当劳动者权益不断受到侵害、又没有正规渠道和机制予以解决时,劳动者不得不用一些非规范手段来表达自己的不满和争取自己的利益。这些手段包括怠工、罢工、请愿、静坐和跳楼等。为寻求自我保护,有些劳动者还成立"同乡会""打工者协会"等自发团体与雇主对抗。劳资矛盾和劳资冲突的不断激化,劳动争议事件不断增长,是外资企业劳动关系现状的一个突出特点。

【案例导读】 本田汽车零部件制造有限公司罢工事件

【案情简介】 位于广东南海的本田汽车零部件制造有限公司(下称南海本田)从2010年5月17日起爆发持续性的罢工事件,致使本田在中国的四家组装工厂停产。受此影响,广州本田汽车有限公司(下称广州本田)5月25日起全面停产。南海本田是广州本田汽车零部件供应商,为日本本田公司在中国的全资子公司。

2010年5月17日上午7时,组装车间部分工人在谈及工资问题时纷纷抱怨,认为目前的待遇过低,100多名工人决定罢工。他们希望在原有基础上增加800元的基本工资。事件发生的背景是,佛山市从2010年5月1日起,将最低工资标准从770元/月调整为920元/月。此举对部分企业的成本控制产生压力,因为,以廉价劳动力为竞争优势的珠三角制造业通常将政府定下的最低工资标准当作最高工资标准,在此基础上,再根据情况发放加班费和各种补贴,构成员工的全部收入。据介绍,南海本田科长及以上级别管理人员均为日方人员,他们的收入要比普通车间工人高出许多。以部长为例,每月收入可达10万元人民币以上,为中方一线员工的50倍。2010年5月26日下午4点多,南海本田通过工厂广播宣布了新的加薪方案,正式员工工资和补贴将增加355元。南海本田公司工人表示对该方案并不满意，停工仍然继续。

2010年5月27日，此次劳工纠纷波及范围进一步扩大，除了广汽本田、东风本田整车厂受到影响外，东风本田发动机厂也同时停产。

2010年6月4日，劳资双方经过集体谈判最终结束了这一罢工事件。①

【案例解析】上述事件的发生表明了存在于外资（包括台资）企业的一些普遍性问题。这些问题主要是支付给员工尤其是一线员工的工资过低、加班时间过长、工作压力极大以及管理方式过于苛刻。导致这些问题的原因很多，包括地方政府为了完成招商引资的任务而对资方过于袒护、工会不能切实维护职工的利益等。除此之外，职工缺乏罢工权是一个重要原因。在当前"资强劳弱"的劳动力市场，这一权利的缺乏使得职工很难对资方形成压力，并得到在劳动合同订立、集体谈判过程中对劳方有利的结果。

第三节 劳动关系的外部因素及内部因素

一、外部因素对劳动关系的影响

任何企业劳动关系的存在和发展都是其主体之间矛盾运动的结果，而这种矛盾运动又受到诸多外部环境的影响和制约。一般来说，人们把能够对劳动关系系统产生影响的各种因素统称为劳动关系环境。作为社会经济系统的组成部分，劳动关系的运行环境可以分为内部环境和外部环境两种。外部环境是指一国的社会结构、社会文化、价值观念、经济发展情况、经济体制、技术水平、政治体制、法律制度等，是劳动关系组织的不可控因素或者间接控制因素，也称外部因素。内部环境即组织环境，是指劳动关系组织内的组织结构、管理模式、组织文化、员工素质、工作环境等，是劳动关系组织的直接可控因素，也称内部因素。组织环境中，组织的人力资源管理、心理契约、企业文化及社会责任状况对劳动关系的影响特别受关注。

影响劳动关系的外部因素很多，本书主要从经济因素、政治法律因素、社会文

---

① 资料来源："世界工厂"凸现劳工问题．中国评论新闻网，http://www.chinareviewnews.com/crn-webapp/doc/docDetailCNML.jsp? coluid=59&docid=101342096

化因素以及人口与劳动力因素等四个方面予以论述。

(一) 经济因素

从劳动关系的性质来看，劳动关系实质是一种经济利益关系，其必然受到外部各种经济因素的制约与影响。

首要的经济因素就是经济体制。经济体制是指在一定区域内（通常为一个国家）制定并执行经济决策的各种机制的总和。经济体制通常是一国国民经济的管理制度及运行方式，是一定经济制度下国家组织生产、流通和分配的具体形式，或者说就是一个国家经济制度的具体形式。社会的经济关系，即参与经济活动的各个方面、各个单位、各个个人的地位和他们之间的利益关系，就是通过这样的体系表现出来。经济体制除了指整个国民经济的管理体制外，还包括各行各业如农业、工业、商业、交通运输业等各自的管理体制。此外，各个不同企业的企业管理体制也属于经济体制的范围。经济体制的不同，体现在社会制度的不同，而社会制度的不同决定了经济体制不同。现有的经济体制包括计划经济体制与市场经济体制。前者又称指令型经济，是对生产、资源分配以及产品消费事先进行计划的经济体制。这种经济体制下，社会大部分的资源是由政府所拥有，并且由政府指令来分配，不受市场影响。企业生产什么、怎样生产和为谁生产，甚至员工的招聘、职务升迁、工资等都由政府决定。后者是指以市场机制作为配置社会资源基本手段的一种经济体制。它是高度发达的、与社会化大生产相联系的大商品经济，其最基本的特征是经济资源商品化、经济关系货币化、市场价格自由化和经济系统开放化。市场经济体制（主要是指现代市场经济体制）下的政府只能作为经济运行的调节者，对经济运行所起的作用只是宏观调控。在这种体制下，劳资双方的关系完全由市场进行调整：劳动关系的建立由劳方与资方通过劳动力市场加以解决；劳动力的价格（即工资）在一定程度上通过市场加以形成。

影响劳动关系的经济因素还有市场状况。在各种因素的影响下，不论是商品市场、资本市场还是劳动力市场都处于变动的状态。在经济衰退的时期，市场上对很多商品的需求会下降；而商品市场需求的下降会导致制造这些商品的劳动需求的下降；雇主或企业管理者为了提高自己的竞争力，就需要降低成本，而这就可能导致失业的增加或工资率的下降。

技术变革也是一个影响劳动关系的经济因素。人类历史上每一次重大的技术革命必将对劳动关系产生重大影响。技术变革从两个方面影响劳动关系：一方面造成部分工人失业，同时增加对员工进行培训的需要；另一方面使得企业对知识性、技术性员工的依赖性加强。

（二）政治法律因素

政治法律是影响劳动关系系统的一个重要的外部因素。政治法律环境主要指总的政治形势及立法和司法现状，包括政治制度、党派关系、法律法规以及国家产业关系政策等。不同的国家有不同的社会政治环境。这些环境因素，对企业来说是不可控的，带有强制性的约束力。企业必须适应这些环境，才能生存和发展。一般来说，政治法律不同，劳动关系的性质和特点在一定程度上也就有所不同。政府政策是否符合社会发展的规律，是否合乎人民的意愿和国情，政府机构是否廉洁高效；社会的政治体制、政治制度是否有利于社会生产力的发展，有利于国家的富强和人民生活水平的提高；社会法制是否健全，劳动关系主体各方特别是劳动者的权利地位是否得到保障，社会的民主政治建设是否在健康发展等，这一切构成了劳动关系的政治环境。

1. 政治因素

首要的政治因素便是政治体制。

政治体制一般是指国家的政治权力结构及其运行机制。政治体制从基本性质上分主要有两种：集权与民主。对应于民主化的政治体制，劳动关系的性质具有民主化倾向；对应于集权化的政治体制，劳动关系的性质则具有集权化的倾向。例如，利益协调型的劳动关系通常是建立在政治体制民主，尤其是产业民主基础之上的；而利益一致型的劳动关系一般是以政治体制集权为基础，尤其是以雇主或企业管理者为中心建立起来的。

政治环境是由参与决策的各派政治力量的主张（目标）和其鼓动手段构成的。各派政治力量通过较量所形成的力量对比决定了政治格局。因此，政治环境在很大程度上是由执政的政党（集团）的意识形态和作风决定的。

政党是阶级利益冲突发展到近代的产物。作为阶级利益的代表者和阶级力量的领导者，政党在当代政治生活中日益发挥着重要作用，主要体现在如下方面：凝聚阶级的利益要求和政治意识；集合和发展阶级政治力量；影响和领导社会政治生活；培养本阶级的政治骨干分子；影响国际政治和国际事务。在现代社会中，国家大多数是由一定的政党来执掌政权的，执政党的纲领往往决定了政府的纲领。不同的政党，其纲领一般是不同的，因此一国的政党制度在很大程度上决定了政府管理方式和方针政策的连续性。

政治制度和政府系统也影响着劳资关系。在民主体制中，劳方和资方的合作可通过工人参与的机制来实现；相反，一个专制的系统却往往孕育着劳资冲突和社会动乱。

我国的劳动关系目前正处于历史的转换时期。这种历史转换从体制上说是由计划经济的劳动关系转换为市场经济的劳动关系；从性质上说则是从利益一致型的劳动关系转换为利益协调型的劳动关系。如果要形成一种利益协调型的劳动关系，政治的民主化，特别是产业关系政策的民主化，应该是不可或缺的政治条件。

其次，国家政策是影响劳动关系的重要政治因素。

从政治学的角度看，治理是指政府管理的过程，它包括政治权威的规范基础、处理政治事务的方式和对公共资源的管理。治理的目的是在各种不同的制度关系中运用权力去引导、控制和规范公民的各种活动，以求最大限度地增进公共利益。政府的治理方式和方针政策，对劳动关系会产生多方面的影响。社会中的权力平衡是以权力为中心的形式存在（如工人组织、雇主和政府），权力平衡也影响劳动关系。在起始阶段，工人和雇主都表现为对各自目标的强烈要求，随着管理性权力的放弃，政府通过相关政策的调节和引导，对劳动关系的发展起关键性作用。

政策环境是指政府的各种政策方针，包括货币政策、财政政策、就业政策、教育和培训政策以及其他政策。

在诸多政策环境中，就业政策对劳动力市场以及就业组织中的劳动关系的影响最为直接。它往往通过劳动力市场供求状况的调整来改变供需双方的力量，以经济激励和惩罚措施来改变双方在就业组织内部的力量。

货币政策和财政政策也会通过宏观经济环境来影响各营利组织的劳动关系。另外，这两种政策还可以通过影响资本的价格，改变资本和劳动的价格比率来影响企业的雇佣政策和企业的劳动关系。

教育和培训政策主要作用于人力资本投资的供求，改变劳动者的知识技术结构，从而改变不同种类的劳动力市场供求和企业的资本/劳动比重。因此，教育和培训政策对于劳动关系具有更加长期的影响。

在经济转轨时期，我国的宏观调控可以是"双轨调控"，即对目前还依靠行政纽带维系的国有部门适当采用行政手段，对主要依靠市场生存的各类经济单位多采用经济手段。与发达市场经济国家相比，目前我国对劳动力市场的宏观调控要保留较大的行政控制力度。而完善政府的劳工政策，显然是我国劳动关系能否和谐发展的最重要的任务和基本的政治条件。

2. 法律因素

劳动关系实际上是一种权利义务关系，是受法律调整的利益交换关系。雇主主要以工资、劳动者主要以劳动进行交换，形成"工资—劳动"的对价关系。既然是由利益交换形成的权利义务关系，在近现代社会中，它必然受到法律的调整。因此，以国家制定法为代表的正式制度规则体系，构成了劳动关系的制度环境。这种法律制度环境，是近现代劳动关系得以存在和发展的基础条件。

影响劳动关系的法律环境主要是指法制尤其是与劳动相关的法制的健全与否、法律的普及程度以及法律的执行情况等。由于劳动法调整的对象是劳动关系，与劳动相关的法制环境对企业劳动关系管理的影响是十分明显的。与劳动相关的法律健全，可以使企业劳动关系的管理有法可依；与劳动相关的法律普及程度高，不但可以使全社会都来关注和监督企业劳动关系的管理，而且可以使劳动者依法维护自己的利益；与劳动相关的法律执行的情况好，最终可以保证企业劳动关系管理的和谐发展。

法律和制度环境是指规范雇佣关系双方行为的法律等约束机制，这些机制规定了双方的权利义务，并具有相对的稳定性。企业作为社会组织的一种重要存在形式，它在日常的经营活动中也必须遵守国家有关的法律法规，因此，法律对企业劳动关系活动的影响就主要体现在它的约束和规范上。但需要强调的是，法律的这种规范和约束只是一种下限，也就是说企业在进行劳动关系管理时绝对不能低于这些标准，但在标准之上，法律是不加以干涉的。

对于劳动关系进行调整的法律制度环境，是一个比较复杂的体系，包括多种因素、层次、关系。既有规定权利义务的实体性规则，也有规定为实现实体性权利义务而设定的程序性规则。既有层次较高的宪法、基本法律规范，又有中间层次的一般法律规范，也有层次相对较低的行政规章类的规则。这些规则以及依据规则设立的组织，形成了复杂的法律制度系统。在规范意义上，这个系统应当是内部统一的、有效率的。从实证意义上分析可以发现，这个体系往往存在诸多的缺陷和问题，特别是在经济、政治体制转型国家，其问题更加突出。

借用法学中的法律的形式渊源理论和方法，可以根据规范的形成机制、地位、效力等级等形式性特征，对劳动关系的法律规制因素或法律规则体系作如下分解：（1）宪法层次的规范。例如我国宪法关于劳动权利与义务的规定。（2）基本法律层次的规范。如基础性的民事法律、诉讼法等法律中与劳动关系有关的规范。（3）一般法律层次的规范。如《劳动法》《安全生产法》《职业病防治法》等法律中的规范。（4）最高行政机关制定的行政法规。（5）有地方立法权的地方立法机关制定的地方性法规。（6）国务院劳动行政机关和地方立法机关的执行机关（政府）所制定的行政规章。此外，国家参加或缔结的有关国际条约是调整劳动关系的国际法，虽然不直接对劳动关系及其主体发生法律效力，但能够约束国家的立法、行政和司法行为。

法律调整劳动关系的基本方法是：确定主体的法律资格；确认可以获得的实体性权利和可能承担的实体性义务；确立相应的程序性权利和义务；建立专门性的国家机关并确定其职权、职责；专门机关依职责主动处理有关法律问题或者受理案件、处理纠纷，等等。法律调整劳动关系在方法上还有比较显著的特征：（1）对于劳动关系当事人的基本权利，特别是劳动权利、基本劳动条件，以强制性规范的方式建立劳动基准，当事人必须遵守，不得规避。（2）在遵守法定的劳动基准的前提下，允许当事人根据"意思自治"的原则，平等、自由地协商，形成劳动关系的具体内容。

目前，世界上大多数国家都制定了相关的法律来对本国的劳动关系进行最基本的规范。市场经济国家在规范劳动关系、保护劳动者权益方面，制定了比较完善的法律体系，法律和制度是政府调整劳动关系的最基本形式。

我国仍处在体制和社会转型时期，与统一的劳动力市场相配套的法律体系还有待加强，《劳动法》在具体落实过程中还有很多环节需要进一步完善。目前与《劳动法》相衔接的《劳动合同法》和《就业促进法》也已经颁布实施。随着中国法制化的不断深入，法律将成为规制劳动关系最强有力的手段。

我国正处于向市场经济过渡时期，对于劳动关系也相应实行了法律调整，初步形成了调整我国劳动关系的法律规制体系。但是从总体上看，这一体系立法的层次偏低、权威不足，高层次立法较少，低层次的行政规章较多，且内容不尽合理。与刑事、民事等领域的法律体系相比，劳动关系领域的法律环境还存在严重的缺陷，亟待改进。

（三）社会文化因素

在劳动关系的演变过程中，社会和文化因素与经济和政治因素相互影响、相互作用，共同决定和影响着劳动关系的存在和发展。社会文化环境是影响企业劳动关系诸多变量中最复杂、最深刻、最重要的变量。它主要是指社会发展公平程度、社会阶层结构状况和社会文化状况、社会财富的分配和再分配、社会价值观念的改变、人与人之间的等级关系的变化等。其中的文化因素是某一特定人类社会在其长期发展的历史过程中形成的，是指企业所处的社会结构、社会风俗和习惯、信仰和价值观念、行为规范、生活方式、文化传统、人口规模与地理分布等因素。

1. **社会发展的公平程度**

在现代社会经济生活中，考察一个国家或地区的收入分配、财富分配，评价其社会公平程度时，常采用洛伦兹曲线、基尼系数和库兹涅茨指数等指标来测定。在市场经济制度下，收入和财富的分配是不平等的。亚当·斯密曾说过，社会上"有大财产的所在，就是有不平等的所在。有一个巨富的人，同时至少有500个穷人。少数人的富裕，是以多数人的贫穷为前提的"。按照经济学家康芒斯的说法，收入分配就是发生在国民收入领域中的分配主体分割占有分配对象的过程，是一种"人与物"之间的关系。

收入差距的扩大会对一国的经济发展、政治稳定等方面产生不良影响。在美国，收入差距扩大的现象始于20世纪70年代初期，并在80年代以后有加速发展的趋势。改革开放之后，我国的收入差距呈现不断扩大的趋势。1994年我国最贫困的20%的家庭占有全部收入的4.27%，最富有的20%的家庭占全部收入的50.24%。这一收入差距已经超过了美国。1994年美国最穷的20%的家庭占有全部收入的4.4%，而最富有的20%家庭占全部收入的44.6%。特别值得注意的是，随着下岗失业工人的大批出现，城镇居民的收入差距也有较为明显的扩大，城市中开始出现一个贫困阶层。而贫困阶层的出现，又极大地削弱了劳动者阶层的社会影响力，使得劳资双方的力量对比越加不平衡。

收入差距的影响因素包括：教育、能力、责任、劳动者偏好与职业的匹配、工会组织、市场结构、歧视等。我国处在二元经济发展阶段，收入分配的不平等主要源自劳动力要素的不平等。促进社会公平，一要促进劳动力市场的机会平等。这需要反垄断和打破城乡分割，建立全国范围的劳动力市场，促进劳动力流动，通过流动使得报酬平均化，发挥市场力量对收入差距的收敛作用。二要促进劳动力自身素质的提高和身份的平等。这里主要强调的应是普及教育。只有提高人的基本素质，劳动者的平等才有初步基础。城乡户籍制度导致的身份不平等也应逐步消除。三要完善社会政策和劳工政策，如个人所得税政策、社会保障政策、劳动力流动政策、教育政策（特别是增加基础教育的投入），这将有助于缩小收入差距。对于改革过程中形成的一些无序因素而造成的收入扩大问题，只有通过不断深化改革和完善市场体制来加以消除。

2. 社会阶层结构

社会结构是一个社会中人与人之间发生关系的方式。它主要包括家庭结构、社会等级结构、男女地位、共同利益群体等方面。在社会结构中，阶层结构用来表示人与人之间或群体与群体之间的等级或差别构成，它实际上反映了社会主体构成的特征。不同的社会发展阶段，有不同的社会阶层结构。

马克思用"阶级"来表示人们在生产关系中所处的不同地位，并指出由于该地位的不同导致了社会的不平等。马克思的阶级分析观点，对我们分析社会分层问题仍然具有现实的指导意义。马克斯·韦伯从阶级、身份、政党三个不同方面来进行社会分层，其中，阶级与经济秩序相联系，身份与社会秩序相联系，政党与法律秩序相联系。目前，学术界存在着两种不同的阶级阶层分析思路："冲突论"强调各个阶级阶层之间的利益冲突，强调对社会现实的批判；"功能论"则强调社会分化现象有其合理性，强调协调各个阶级阶层之间的利益关系和社会整合。

从世界各国的经验看，现代化必然造成社会分层结构的变迁，或者说，社会分层结构、群体结构、职业结构的变迁与现代化的发展是同步的。今天，世界上的发达国家都已形成了不同于传统社会的新的分层结构。由传统的身份分层制向阶级分层制的演变，是西方国家现代化中社会结构变迁的最主要特征。我国改革开放以来，社会分层结构发生重大变迁，主要表现为各种身份制的衰落与解体，新的分层体系的形成。中国目前依然是典型的二元结构社会，城市居民和农民是构成社会主体的两部分力量，工人阶级和农民阶级的集合是基本的阶级阶层结构，其社会分化刚刚开始。社会阶层结构的变化和重组，直接影响了劳动关系的构成和特点；劳动关系的直接构成主体——劳动者和雇主，也在这种社会结构变动中变动和重组。在这种变动和重组过程中，劳动者特别是其中产业工人社会地位的下降和社会权利的缺失，已经成为影响劳动关系和谐与社会和谐的突出社会问题。

有鉴于此，大力创造就业机会，保障劳动者尤其是产业工人阶层的合法权益，既是优化社会结构的重要举措，也是协调稳定劳动关系的关键所在。因而，相关制度的安排和政策选择，便成为一个特别需要研究和解决的问题。

3. 社会文化状况

文化是一个相当宽泛的概念，可以从广义和狭义两个层面去理解。从广义上讲，文化是指人类社会历史实践过程中所创造的物质财富和精神财富的总和；从狭义上讲，文化是指社会的意识形态，以及与之相适应的制度和组织结构。可见，广义的文化是相对自然而言的，指人们在社会实践过程中所创造的各种事物的总和，既包括物质的也包括精神的；狭义的文化则侧重于精神方面，主要指人们的观念形态，包括价值观念、伦理道德、风俗习惯以及宗教信仰等。本书所讲的文化主要是指狭义文化。

文化作为一定历史阶段中人类物质文明和精神文明的总和，包括人们的生产方式、生活方式、行为方式、组织制度、思想观念、传统习俗和价值取向等。因而，文化作为人类历史活动的方式、过程和结果，也可以看成是一种特定的社会关系的具体存在形式。从这一意义上讲，文化具有利益性、目的性、社会性、群体性的特点。利益性，即文化是一种利益的反映；目的性，即文化的创造、实施、传播都是人们有意识的活动，是为了实现一定的目的；社会性，即任何文化都是在一定的社会关系中并具体反映和代表这一社会关系；群体性，即文化的载体是人，但不是个体的人，而是代表一定社会利益和社会关系的群体的人，是不同阶级、不同阶层、民族、地区、国家等不同群体的人。由于文化能够影响人们的思维方式和行为方式，因此会对劳动关系管理产生重要的影响。不同的文化传统下，劳动关系管理的模式也是不同的。

社会文化环境由各国、各地区甚至各工种的主流传统习惯、价值观、信仰等组成。如果社会文化外部环境表现为笃信工会的重要性和积极作用，那么，政府和企业就会通过制定政策，提高工会的密度，扩大工会的影响力。文化的影响是潜在、不易察觉的，它通过社会舆论和媒介来产生影响，对于违反社会文化规则的个人和组织，虽然惩罚不像法律那样具有强制性，但其作用却是不可低估的。

社会文化环境对劳动关系的影响主要表现在两个方面：第一，一定的劳动关系是在一定的人们对人与人之间相互关系固有的态度和相关价值判断等社会文化背景基础上形成的。甚至可以说，某种类型的劳动关系与一定的社会文化背景有着某种必然联系。第二，社会文化环境对劳动关系还会产生一些具体而深入的影响。广泛的文化价值和意识形态实质上会形成对工作以及对从属性、依赖性和其他可变因素的关系的态度。

我国作为东方国家，"社稷为大"的生活观念与西方的"个人主义"的价值取向相差甚远。所谓"中国特色"的利益协调型的劳动关系，就利益关系而言，是利益分化的同时仍然以利益一致为价值取向；就运行机制而言，在市场机制的总要求下，政府干预、人际关系和社会传统仍然会起相当的作用；就文化特色而言，在开始注重个人和群体价值实现的情况下，仍然以追求社会和谐一致为主要的文化价值标准。社会主义的传统和市场经济规则的相互结合、东西方历史文化的互相交融，将是中国劳动关系的主要的文化特色。

由于各国社会文化差异较大，于是就形成了不同种类的劳动关系，下面以贺丙晨的微型小说——"招聘"为例加以说明。①

日本的一家公司要招聘10名职员，经过一段时间严格的面试笔试，公司从300多名应聘者中选出了10位佼佼者。

发榜这天，一个叫水原的青年见榜上没有自己的名字，悲痛欲绝，回到家中便要悬梁自尽，幸好亲人及时发现，水原没有死成。正当水原悲痛之时，从公司传来好消息：水原的成绩原是名列前茅的，只是由于计算机的错误，导致了水原的落

---

① 选自：读者，2001（12）：13

选。正当水原一家人大喜过望之时，从公司又传来消息：水原被公司除了名。原因很简单，公司的老板认为："如此小的挫折都经受不了，这样的人在公司是干不成什么大事的。"

美国的一家公司要招聘10名职员，经过一段时间严格的面试笔试，公司从300多名应聘者中选出了10位佼佼者。

发榜这天，一个叫汤姆的青年见榜上没有自己的名字，悲痛欲绝，回到家中便要悬梁自尽，幸好亲人及时发现，汤姆没有死成。正当汤姆悲痛之时，从公司传来好消息：汤姆的成绩原是名列前茅的，只是由于计算机的错误，导致了汤姆的落选。正当汤姆一家人大喜过望之时，美国各大州的知名律师纷纷来到汤姆的家中，他们千方百计地鼓动汤姆到法院告这家公司，让公司支付巨额的"精神赔偿费"，并自告奋勇地充当汤姆的辩护律师。

德国的一家公司要招聘10名职员，经过一段时间严格的面试笔试，公司从300多名应聘者中选出了10位佼佼者。

发榜这天，一个叫肖恩的青年见榜上没有自己的名字，悲痛欲绝，回到家中便要悬梁自尽，幸好亲人及时发现，肖恩没有死成。正当肖恩悲痛之时，从公司传来好消息：肖恩的成绩原是名列前茅的，只是由于计算机的错误，导致了肖恩的落选。正当肖恩大喜过望之时，肖恩的父母却坚决反对自己的儿子进入这家公司。他们的理由不容置疑：这家公司的工作作风如此差劲，进入这家公司对儿子的成长毫无益处。

中国的一家公司要招聘10名职员，经过一段时间严格的面试笔试，公司从300多名应聘者中选出了10位佼佼者。

发榜这天，一个叫晓东的青年见榜上没有自己的名字，悲痛欲绝，回到家中便要悬梁自尽，幸好亲人及时发现，晓东没有死成。正当晓东悲痛之时，从公司传来好消息：晓东的成绩原是名列前茅的，只是由于计算机的错误，导致了晓东的落选。正当晓东大喜过望之时，晓东的父母却从商店买来锦旗和礼物。他们来到公司，远远望见公司老板便跪了下来，他们满含热泪地说："多亏你们救了我的儿子，我们家世世代代铭记你们的大恩大德。"

（四）人口与劳动力因素

企业劳动关系的一方主体是劳动者。企业劳动者是全社会人口和劳动力人口中的一部分，全社会人口和劳动力人口状况的发展变化会对企业劳动者进而会对企业劳动关系产生重要的影响，因此，人口与劳动力因素是影响劳动关系的重要的外部环境。

作为影响劳动关系的外部环境，人口与劳动力状况对劳动关系的影响主要表现在三个方面：首先，人口与劳动力的数量状况所决定的劳动力市场数量供求状况，会对劳动关系产生明显的影响。其次，人口与劳动力的质量状况会对劳动关系的运作产生一定的影响，这里的质量状况主要是指居民的受教育水平。最后，人口与劳动力的结构尤其是就业结构状况会对劳动关系产生明显的影响。

二、内部因素对劳动关系的影响

除了外部因素对劳动关系产生较大影响以外，内部因素即劳动关系主体双方以及工作场所也会对劳动关系产生较大影响。

（一）工作场所因素

工作场所因素主要包括工作场所的技术、预算与市场力量、用人单位的管理以及所有制等方面。

1. 工作场所的技术

工作场所的技术因素是指用人单位的生产过程的属性以及生产设备的规模和工作强度的大小。研究表明，大规模流水线作业的制造企业劳动关系难于处理，劳动者容易与资方产生对立情绪，劳动者动辄发动罢工给资方施加压力；相反，生产规模较小和服务业的劳动关系较易处理，劳动者一般很少发动罢工。

2. 预算与市场力量

预算与市场力量是指用人单位产品盈利的可能性、产品市场的竞争状况以及商品或服务的可替代性等。一般来讲，那些在市场竞争中处于优势（包括其产品市场占有率较高或处于垄断地位）的企业往往利润较为丰厚，管理方对于员工提出的加薪、改善福利的要求能够满足；相反，那些处于竞争激烈、产品市场占有率较低、商品或服务的可替代性较高的企业利润较为微薄，管理方对于员工提出的要求很难满足。

3. 用人单位的管理

用人单位的管理因素包括管理者的管理思想、管理模式、管理制度或手段等方面，这些方面对劳动关系影响极大。

管理模式作为一套成文或不成文的指导原则，是管理者对待雇员和处理特殊问题的一种参考原则，是管理方的行动指南。一般情况下，管理模式可以分为三类：独裁/剥削型、权威/宽容型、自主/合作型。

独裁/剥削管理模式起源于19世纪晚期的"压迫运动"，这种模式最能体现新古典主义主张的成本最小化思想。由于缺乏制度与规程，独裁/剥削模式充满浓厚的主观主义色彩，因此相对说来比较简单。这种模式具有以下特点：强制性、专断性、独裁性、有限的忠诚性。独裁/剥削模式具有强烈的反工会思想。管理方的主要手段有：技术变革、灵活的就业安排、在集体谈判中采取强硬立场和破坏罢工、停工和迁厂。

权威/宽容管理模式的主要特征有：专业化、职位阶梯、忠诚感。该模式承认工人参加工会组织的合法权利。

自主/合作管理模式又称人力资源管理模式，起源于福利资本主义与家长制管理。这种模式的主要特征有：

(1) 自主型组织设计

自主/合作管理模式主张给予雇员更多决定权，提供富于变化的而不是高度专业化的工作，使员工具有广泛的技能。工作质量理论的核心是工作再设计，包括工作扩大化、工作轮换、工作丰富化、自主性工作团队等。

(2) 雇员参与计划

雇员参与计划这一术语首次出现在1979年福特公司与汽车工人联合会签订的一份协议中，它的出现标志着管理思想发展到了一个新的阶段。

雇员参与计划可以采用多种形式，主要包括质量圈、劳资联合委员会以及主要在欧洲国家实行的共同管理计划。

(3) 人事与就业政策

人事与就业政策旨在满足雇员的外在需求。雇主的人事与就业政策主要包括内部公平制度、薪酬体系和全面质量管理等。内部公平制度是非工会化企业的一项正式制度安排，是由雇主主动实施的、确保雇员在受到不公正待遇时能够表达不满的一种制度。薪酬体系则是雇主提供的不低于同行业其他雇主的薪酬与福利标准。此外还包括雇主推出的利润分享计划、雇员持股计划等。

全面质量管理有三个主要特征：一是降低组织的纵向变异；二是减少劳动分工；三是强调分权化的决策。

自主/合作管理模式改变了劳资双方"你我对立"的关系，使劳资双方能够以更加积极的态度看待集体谈判。

4. 所有制

我国现阶段存在着不同所有制的企业，由于管理者在这些企业中所处的地位不同，他们在处理劳动关系问题时就会出现不同的考虑。比如，国有企业的管理者更多考虑对上级单位尤其是国资委负责，避免承担法律及政治风险；私营企业的管理者则更强调和关注企业的利润，等等。

（二）劳动者的因素

劳动者个人的原因也是影响劳动关系的重要因素（比如，劳动者个人的性格、劳动者的家庭经济状况、劳动者的受教育程度、劳动者承担工作压力的能力等）。从心理学的角度分析，劳动者个人的因素还处于不断的变化之中。现以美国著名的社会心理学家、人格理论家和比较心理学家马斯洛的需求理论为指导加以说明。

马斯洛认为，人类的价值体系存在着两类不同的需要，一类是沿生物谱系上升方向逐渐变弱的本能或冲动，称为低级需要和生理需要；一类是随生物进化而逐渐显现的潜能或需要，称为高级需要。人都潜藏着不同层次的需要，但在不同的时期表现出来的各种需要的迫切程度是不同的。人的最迫切的需要才是激励人行动的主要原因和动力。人的需要是从外部得来的满足逐渐向内在得到的满足转化的。在高层次的需要充分出现之前，低层次的需要必须得到适当的满足。马斯洛还认为：在人自我实现的创造性过程中会产生出一种所谓的"高峰体验"的情感，这个时候是人处于最激荡人心的时刻，是人存在的最高、最完美、最和谐的状态。这时候的人具有一种欣喜若狂、如醉如痴、蚀骨销魂的感觉。

马斯洛理论把需求分成生理需求、安全需求、社交需求、尊重需求和自我实现需求五类，依次由较低层次到较高层次。各层次需要的基本含义如下。

1. 生理上的需要

这是人类维持自身生存的最基本要求，包括饥、渴、衣、住、行等方面的要求。如果这些需要得不到满足，人类的生存就成了问题。在这个意义上说，生理需要是推动人们行动的最强大的动力。马斯洛认为，只有这些最基本的需要满足到维持生存所必需的程度后，其他的需要才能成为新的激励因素。而到了此时，这些已相对满足的需要也就不再成为激励因素了。对于刚刚参加工作的劳动者来讲，这类需求是第一位的需求。

2. 安全上的需要

这是人类要求保障自身安全、摆脱事业和丧失财产威胁、避免职业病的侵袭、接触严酷的监督等方面的需要。马斯洛认为，整个有机体是一个追求安全的机制，人的感受器官、效应器官、智能和其他能量主要是寻求安全的工具，甚至可以把科学和人生观都看成是满足安全需要的一部分。当然，当这种需要相对满足后，也就不再成为激励因素了。近几年，劳动者为了索取被拖欠的工资不惜采取种种冒险的行动，即是这种需求的表现。因为对于大多数工薪阶层的人来讲，薪酬是保证自身安全的重要因素。

3. 社交上的需要

这一层次的需要包括两个方面的内容。一是友爱的需要,即人人都需要伙伴之间、同事之间的关系融洽或保持友谊和忠诚;人人都希望得到爱情,希望爱别人,也渴望接受别人的爱。二是归属的需要,即人都有一种归属于一个群体的感情,希望成为群体中的一员,并和群体内成员相互关心和照顾。感情上的需要比生理上的需要来得细致,它和一个人的生理特性、经历、教育、宗教信仰都有关系。这类需求也是劳动者在工作场所希望获得的重要内容。如果这类需求得不到满足,就会导致劳动者精神空虚、易感受工作压力、易患抑郁等疾病,甚至容易产生自杀的念头或事件。

4. 尊重的需要

人人都希望自己有稳定的社会地位,要求个人的能力和成就得到社会的承认。尊重的需要又可分为内部尊重和外部尊重两种。内部尊重是指一个人希望在各种不同情境中有实力、能胜任、充满信心、能独立自主。总之,内部尊重就是人的自尊。外部尊重是指一个人希望有地位、有威信,受到别人的尊重、信赖和高度评价。马斯洛认为,尊重需要得到满足,能使人对自己充满信心,对社会满腔热情,体会到自己活着的用处和价值。在一些单位,重要员工的离职很大一部分原因就在于其职务长期得不到升迁,而这一现象就是此类需求的反映。

5. 自我实现的需要

这是最高层次的需要,它是指人实现个人理想、抱负,发挥个人的能力到最大限度,完成与自己的能力相称的一切事情的需要。也就是说,人必须干称职的工作,这样才会使他们感到最大的快乐。马斯洛提出,为满足自我实现需要所采取的途径是因人而异的。自我实现的需要是在努力实现自己的潜力,使自己越来越成为自己所期望的人物的过程中得到满足的。满足这类需求是处理劳动关系的最高目标,也是衡量劳动关系是否和谐的重要指标。

【案例导读】富士康员工自杀事件

【案情简介】据《深圳晚报》报道,2010年4月6日15时,富士康观澜C8栋宿舍一名19岁女工从宿舍坠楼;4月7日6时,富士康观澜樟阁村一名22岁男员工被发现猝死;4月7日17时30分,富士康观澜分厂一宁姓18岁云南女工跳楼

第一章 劳动关系概论

身亡①。另据《中国经营报》于 2010 年 4 月 3 日报道，3 月 29 日凌晨 3 时许，深圳市宝安区龙华富士康科技园一名 23 岁湖南籍男性富士康员工从宿舍楼上坠下，当场死亡。这是三月份发生的第三起自杀事件。此前的 3 月 11 日晚 9 时许，一名 20 多岁的李姓富士康员工在富士康龙华基地"坠楼身亡"；3 月 17 日上午 8 时许，富士康女工田玉从宿舍楼跳下"坠伤"。除这几起事件外，《中国经营报》还报道了最近几年关于富士康员工不正常死亡的其他事件。②

【案例解析】富士康公司员工自杀这一列典型事件说明了影响劳动关系的各种外部和内部因素。具体分析如下：

第一，不利的社会经济环境使员工对工作产生了严重的依赖心理。

大量的员工自杀事件源于一个理由：担心失去自己的工作！失去工作便意味着失去收入；失去收入便会使生活陷入困顿。出现这一状况的根源是员工面临着一个极为不利的社会经济环境。具体表现在：

首先是有限的社会保障制度无法使员工避开对失业、生病等不利生活状态的恐惧。一些员工选择自杀的时间往往在被单位辞退、裁员的前后。比如，2007 年 9 月 1 日，21 岁的富士康员工刘兵辞工两小时后突然死亡；2010 年 1 月 23 日凌晨 4 时左右，富士康 19 岁员工马向前死亡，而他确定离职的时间是 2010 年 2 月 9 日。由此不难看出，这些员工选择自杀的最主要缘由还是担心失去目前的工作；而之所以有这种担心是与我国有限的社会保障制度相关联的。对大多数农民工来说，失业后没有任何社会保障制度可以倚仗！同样，员工们对于自己生大病、重病的担心也更加促使他们害怕失去眼前的工作。

其次是高昂的住房按揭贷款和孩子的学费等生活成本逼迫员工在工作方面只能前进，不能停滞和后退。城市的房价在年年攀高，孩子的教育成本也是与日俱增，这些生活成本强烈地要求着员工在工作中不能停歇，甚至为了多得些收入自愿加班。

---

① 参见：死亡事件频现富士康员工怎么了？深圳晚报，2010-04-09，http://news.sohu.com/20100409/n271404833.shtml

② 富士康近几年发生的员工不幸事件：第一起：2007 年 9 月 1 日，21 岁的刘兵辞工两小时后突然死亡。第二起：2007 年 6 月 18 日，侯姓女工在厕所上吊自杀。第三起：2008 年 3 月 16 日，烟台工业园 28 岁员工李某猝死在出租屋内。第四起：2009 年 7 月 15 日，25 岁员工孙丹勇跳楼自杀。第五起：2009 年 8 月 20 日，23 岁员工郑鑫崧在游泳池溺水身亡。第六起：2010 年 1 月 23 日凌晨 4 时左右，19 岁员工马向前死亡。参见：富士康员工曝保安整人手法：随时扣留质询用钢管狠打。中国经营报，2010-04-03，http://finance.sina.com.cn/leadership/case/20100403/10357688422_3.shtml

除此以外,还存在着其他社会因素对员工形成的各种压力,比如赡养父母、支持弟妹上学以及金融危机的影响等因素。

第二,用人单位管理不当所带来的直接压力。

随着经济的发展,我国产生了一大批企业,但其中一些企业的管理思想、制度还处于低级阶段,存在着大量缺陷和漏洞。正是这些缺陷和漏洞给员工带来了最直接、最主要的压力。主要表现有:

(1) 管理理念和制度过于严苛

随着经济全球化的发展,我国成了所谓的"世界工厂",很显然制造业成了我国产业结构的核心;尤其是我国一些工厂生产着处于全球产业链低端的"代工"产品。正是在这样的背景下,"泰勒"式的管理理念和模式大行其道。于是一些管理者便抛出封闭式管理、军事化管理、末位淘汰制等严苛的管理制度。公司内部奉行"狼文化",追求"鲇鱼效应"。据《中国经营报》报道,富士康公司就是这样的公司。公司内部有严格的等级制度,下级必须服从上级;有极度强调执行力的目标管理和绩效考核制度,对员工有严格的奖惩机制;尤其是对于生产线上工作的普通员工更是如此。有报道称,富士康普通员工有"三怕":一怕管理层,因为他们掌握着自己的绩效;二怕保安,因为可能会挨打;三怕"分流",因为可能无工可做或工作多得累死人。这样的管理方式为富士康创造了高效益的生产神话。但值得怀疑的是,这样的神话能持续多久?员工连续的自杀行为已经向这样的神话提出了严重的警告和挑战。

(2) 员工加班过多而休假较少

严苛的管理制度、重复而枯燥的工作已经让员工承受着极大的压力了,经常加班和休假较少更令员工的处境雪上加霜。长期以来,我国一些企业的员工常常加班。这种状况出于两个原因:一是管理者为了尽快完成订单而交货;二是员工希望通过加班而提高收入。对于员工来讲,欲提高自己的收入通常只有两个渠道,一是职务升迁,二是加班。前一渠道由于名额有限以及晋升的条件和门槛较高,致使大多数员工望"职"兴叹。比如在富士康公司,员工级别分为不铨叙、铨叙、员级和师级四种。不铨叙是临时工,铨叙是正式工,员级主要是普通生产线工人,师级则是各类主管。在富士康生产车间,普通员工依次向上有储备干部、全技员(可以考铨叙,分A、B、C、D四档,整体相当于副线长级别,其中全技员A相当于代理线长)、线长、组长,然后才是课长。一般而言,高中或中专毕业的普通员工三四年才可能提升为线长,而要提升至课长,可能需要十年甚至更长时间。而在这种金字塔式的职级模式中,最终得到升迁的毕竟是少数。另外,富士康公司于2009年订立了以工资报酬为主要内容的集体合同,该合同规定,在富士康实际工作时间满一年(含)以上且符合绩效考核要求的员工,工资年均增长幅度不低于3%,并将于每年12月定期进行集体协商。但这种涨薪在实际执行过程中存在一定的难度,因为涨薪有两个前提:公司在经营困难、效益大幅下降的情况下,可不安排增加员工工资;另外是绩效考核需要符合要求。由于绩效考核直接掌握在线长、组长等公司管理层手中,因此公司有很多办法可使涨薪落空,甚至明升暗降。这样一来,员工只有通过加班才能达到增加收入的目的。而且富士康公司的薪酬制度和管理制度也促使员工必须加班:一方面该公司规定的员工基本工资很低,甚至就是当地的最低工资标准,如果不加班,员工就只有基本工资的收入;另一方面,该公司实行分组合作生产的工作模式,同组中其他员工加班,个别员工也必须加班,否则不愿加班的员工便会遭到对己不利的"分流"。

同时我国企业员工的假期少也是一个不争的事实。由于加班过多,不仅很多员工每天工作时间大大超过法定标准,就是双休日、法定节假日也很少休息;带薪年休假更是员工们不可企及的奢望。还是以富士康公司为例,由于上述的加班制度,员工的休假时间就少得可怜,一般实行"13休1"(即上班2周放假一天)的工作制度。

(3)狭隘的培训制度,不关心员工的生活状态

很多用人单位的培训制度只是出于提高单位的经济效益目的而制定的,对于员工的生活状态、面临的工作以及生活压力不予关注。当然,从劳动关系是一种经济利益关系的性质来看,用人单位的培训制度也无可厚非。但不论从用人单位社会责任的角度还是从其长远利益的角度出发,用人单位都应该关注员工的生活状态,采取一些培训措施,预防、缓解员工所面临的压力。

第三,员工抗压心理的不成熟。

近年发生的员工自杀事件有一个共同的特点:自杀员工的年轻化。这些自杀的员工都是属于所谓"80后""90后"的年轻人,这些年轻人普遍没有在"苦难"这所学校里历练过,偶遇一些工作或生活中的挫折便感觉前途黯淡,表现出明显的抗压心理的不成熟。这里虽然不能排除家庭、学校以及社会培养、教育的失误这一因素,员工本身的性格缺陷(诸如工作中自以为是、对别人要求过高以及不善于在团队中与人合作等)也是重要原因。

随着社会经济的发展,工作压力的加大是一个不可回避的事实,社会各界及员工必须采取缓解和应对这些压力的措施。对此,笔者提出如下建议:

其一,国家应采取有效措施缓解劳动者的压力。

首先，国家应扩大社会保障制度的覆盖面，提高和完善社会保障制度的保障程度。为了实现这一点，笔者建议国家开征社会保障税，只有"费"改"税"，才能保证社会保障制度的资金供给；同时国家财政也应该给予必要的支持。

其次，国家应采取措施降低工薪阶层在购房、教育领域的支出成本。一些城市的房价已经飙升到了普通工薪阶层难以接受的程度了。国家应采取严厉措施打击那些投机炒房团；并使地方政府将收到的土地使用金大部分上缴国库，瓦解地方政府的"土地财政"。同时应清理教育领域的不合理收费。各国发展的历程表明，只有工薪阶层能够承受的房价、教育费用才是合理的，也只有这样的房价、教育费用水平才不会给员工过大的压力。

最后，国家应通过修订法规将自杀列入工伤的范畴。我国现行的《工伤保险条例》是将自杀排除在工伤范围以外的。但笔者认为，由于工作压力原因导致的自杀应该列入工伤的范围：一则因为这种情况符合工伤的实质内涵。荷兰的法律规定，员工因压力过大而引起的抑郁、忧虑、失眠等心理疾病都属工伤。二则也是为了促使用人单位关注员工的工作压力，积极采取措施缓解、预防员工的工作压力。

其二，用人单位应调整管理理念和制度以减轻员工的工作压力。

首先，应奉行以人为本的管理理念。"泰勒"式的管理理念已经不适应时代的发展和需求了，用人单位应摒弃这种落后的管理理念以及由此产生的种种不合理的管理制度和方式。多起事件证明，职工采取自杀的极端手段往往和管理者苛刻、粗暴的管理理念、手段是分不开的。用人单位中管理者的一句苛刻、粗暴的语言就会引燃职工的极端情绪。笔者希望并建议用人单位奉行以人为本的管理理念，尊重职工的意见和法律赋予的各项权利；管理者应认识到：企业中的劳动关系是由劳、资两个主体主导的，资方的管理权是有边界的，不是一种无限的权利，与劳方的劳动权在法律上是并行关系而不是主次关系。

其次，应尽量减少员工加班并给予相应的休假。多休假、少加班不论是对员工、对企业还是对社会都是有益而无害的，企业和社会应该从长远出发支持员工行使自己的休假权利。以带薪年休假为例，享受带薪年休假早已经成为西方人生活中极其重要的组成部分。比如德国政府机构的新员工每年可以带薪休假20天，此后休假天数随工龄的增加而增加，50岁以上员工每年可享受30天的带薪休假。很多企业也基本参照这一规定给予员工相应长度的带薪年休假。欧盟要求所有成员国要保证每年最少4周的带薪休假，包括全职职工和非全职职工。事实上，不少国家的休假天数高于4周。比如，法国是带薪休假制度的最初发起者，早在1936年，法国政府就明确提出所有法国人每年都应该有享受带薪假期的权利。工人以大罢工的方式保证这项权利的实施,同时也使职场文化发生了改变。现在,法国的带薪休假已经多达每年6周了,而且每周的工作时间也降到了40小时以下。法国人把休假看做是不可侵犯的权利。他们总能以最悠闲的方式度过假期。芬兰的工薪阶层每年有6周的法定带薪休假。工会确保职工不必担心因为休长假而丢掉工作。芬兰政府还要求雇主向休假的人提供额外的津贴,以保证他们有足够的钱外出旅行或消费,而不是只能在家中枯坐度过假期。瑞典政府推出了一项新政策,那些自愿脱离工作岗位休12个月长假的员工,可以领取85%的失业保险金,这恐怕是世界上最舒服的带薪休假了。和我国同属发展中国家的巴西也有较长的带薪年休假制度。早在1943年巴西就颁布《劳动法》,规定员工每年享有30天的带薪休假,员工不论工龄长短,只要工作满12个月就能带薪休假30天。另外,根据巴西法律规定,休假员工不仅当月工资分文不少,还能领取相当于月工资1/3的休假补贴。据了解,很多巴西企业都在员工自愿基础上,以双倍工资换取员工假期。但是,巴西《劳动法》明确禁止员工全部"出售"自己的带薪假期,要求员工每年至少要把假期的1/3用于休息。如果员工带薪休假制度没有得到执行,政府主管部门将参照当地工资标准处罚雇主。

实践证明,多休假有利于员工的健康,减少员工抑郁、自杀的倾向,并能够大大提高员工的工作效率。

最后,扩大培训制度的内容。

在制定和实施培训制度时,应摒弃经济效益至上主义,切实承担社会责任,将应对工作和生活压力的有关知识和策略纳入培训的内容之中。实践证明,只有解决了员工面临的压力问题,员工才能够高效率地投入工作。这样,劳动关系才能真正健康、和谐地发展。

其三,员工应调整心态以应对工作压力。

为了减轻工作压力,在国家和用人单位采取有关措施的基础上,员工自己做好心态的调整也是一个重要方面。应该让员工明白,任何人和事都具有一定的相对性和多面性,要多关注其优点和长处,多了解对己有利之处,正所谓"福祸相倚";当遇到工作压力时,要从不同的角度去看待,也所谓"横看成岭侧成峰"。对自己的生命不可轻言放弃,应遵循中国古代"身体发肤,受之父母,不敢毁伤,孝之始也"的古训。

第四节 劳动关系运行的表现形式及其根源

劳动关系运行的表现形式主要有两种：冲突与合作。劳动关系的冲突是指企业劳动关系的双方主体及其代表在涉及与劳动相关的经济利益时彼此之间存在的矛盾已经激化，并且各自采取各种不同的经济斗争手段。而劳动关系的合作是指双方主体及其代表在处理与劳动相关的经济利益时彼此之间并不存在矛盾，或者有矛盾，但能相互尊重、平等协商、共谋发展，这就是劳动关系的合作。

劳动关系的冲突与劳动关系的合作形成劳动关系运作中的一对矛盾。冲突和合作在劳动关系运作中会轮换出现，不是冲突，就是合作，而劳动关系运作的基本方向是劳动关系的合作。要实现劳动关系的合作，避免劳动关系冲突的发生或解决劳动关系的冲突是基础。

一、劳动关系的冲突及其根源

（一）劳动关系冲突的表现

劳动关系冲突的表现形式可以分为两个方面：劳动者的表现和用人单位的举动。劳动者的表现主要有下列形式：

1. 罢工

罢工按目的划分一般有两大类：一类是经济罢工，另一类是政治罢工。

2. 怠工

劳动者进行怠工，不需要离开自己的工作场所，也不需要停止手头的工作，而只是在工作中故意怠惰、懒散和缓慢地工作。怠工要求劳动者十分团结并行动一致，否则，很难取得预想的胜利。

3. 联合抵制

劳动者所使用的联合抵制手段，表现为劳动者不仅自己不买企业生产的商品，而且还通过广告的形式做反宣传，使社会上其他人也不买企业生产的商品，致使企业管理者出于产品销路的考虑而不得不接受劳动者的要求。联合抵制这种手段也经常由工会出面组织。

4. 辞职

劳动者除了采取上述手段以外，还可以采取"用脚投票"的办法（即辞职）表达自己的不满。尤其是重要岗位关键人才的集体辞职行为，会对用人单位产生极大的压力。

与此相对应，在劳动关系冲突中，用人单位也可以采取一定手段给劳动者甚至是全体劳动者施加压力。这些手段包括：

(1) 关闭工厂

管理者拒绝劳动者进入企业参加工作。这是管理者最有力的武器。

(2) 黑名单

管理者将劳动者的名字秘密记在一张表上，并暗中在本行业内扩散，致使上了名单的人在本行业内不能再被雇用。这种手段在很多国家都是违法的。

(3) 解雇

解雇是指用人单位对于引起冲突的个别劳动者或者集体劳资冲突中的劳动者代表予以解除劳动合同，以此作为报复。

(4) 变更合同

变更合同是指用人单位将引发冲突的劳动者以种种理由调离原岗位，并伴随着工作地点、薪酬水平的调整。

(5) 排工

排工是指管理者对某些劳动者采取排斥的态度或拒绝雇用，致使这些劳动者在工作中享受不到平等的待遇，得不到职务升迁的机会。

管理者对某些劳动者采取排斥的态度或拒绝雇用。

(二) 劳动关系冲突的根源

劳动关系之所以会产生冲突，是存在一定的社会根源的。这些根源既有一定社会制度下的背景根源，也有存在于用人单位内部的直接根源。这些导致劳动关系产生冲突的根源既包括广泛的社会不平等、收入分配制度的不合理以及劳动力市场状况中所普遍存在的失业、职业病危害等；也包括客观的利益差异、雇佣关系的性质、劳动合同的性质、用人单位管理者的管理理念和方式、劳动者的个性差异等。这里分别简述如下：

1. 客观的利益差异

目前世界经济主要是资本主义市场经济，私营经济在多数国家经济中占有绝对优势地位。私营经济的理论基础源自1776年亚当·斯密的《国富论》。他将英国描绘成"业主的国家"，认为这样的国家存在的主要规律是，当人们为自己而不是为他人工作时，就会更加努力。以私有制为基础的自由市场经济就是在这一规律的基础之上繁荣发展起来的。可问题在于，大多数人并不是在为自己工作。之后的马克思指出，资本主义市场经济存在着资产阶级和无产阶级的分化；前者拥有并控制着生产工具，后者则一无所有，只能靠出卖劳动力谋生。这种阶级地位的差别，决定了现代资本主义社会的主要特征是大多数劳动力市场的参与者都在为他人工作。因为劳动者并非为自己劳动，所以，他们在法律上既不拥有生产资料、生产产品以及生产收益，也不能控制工作的生产过程，从而在法律上造成了劳动者与这些生产资料的分离。这些劳动者为了保住工作，不得不认同这种工作安排，并尽力工作。但是，正是由于上述的理由，劳动者缺乏努力工作的客观理由。这也就是雇主和员工之间在劳动合同履行过程中出现冲突和争议的深层次的原因。

市场经济是竞争的经济，其更深层次的原则是企业必须实现利润最大化的目标。而雇员的利益在于工资福利的最大化。管理者追求利润最大化这一目标有利于激励其努力提高效率和不断创新，也就是说，效率的提高和创新的实现是企业实现利润最大化的重要手段。然而，追求利润最大化，并非只有效率和创新这两个手段。现实中，雇主常常采用压低工资、减少福利、超负荷使用劳动力等方法来降低企业运营成本，并借此实现利润最大化。这一思想来源同样可以追溯到马克思的著作中。马克思认为，在任何一个经济体系中，所有的价值都是由生产性劳动创造的。如果雇主按照劳动的价值给付劳动者报酬，利润就成了空壳，投资方就没有任何投资的动机，最终就会导致经济的崩溃。所以，资本主义存在的条件就是通过劳动力长期的过度供给将劳动者置于不利的地位，支付少于劳动创造价值的工资，实现对劳动者的剥削。西方研究劳动关系的学者认为，无论是否接受剥削的论点，对利润的追求都意味着雇主和劳动者之间的利益存在着根本的冲突。在其他条件不变的情况下，雇主的利益在于给付劳动者报酬的最小化，以及从劳动者那里获得收益的最大化。毋庸置疑，雇主与劳动者之间的利益是直接冲突的。

2. 雇佣关系的性质

劳动关系的实质是雇佣关系，在这种关系中，管理方通过制定大量的规章制度对雇员进行管理和规范。虽然《劳动合同法》要求规章制度在制定过程中必须遵照民主程序，但工会或职工代表大会仅仅享有参与权，规章制度的制定在很大程度上体现了管理方的意志和要求。这就为劳资之间产生冲突埋下了隐患。因为雇员必须遵守雇主所决定的一系列规章制度，受其约束；如果雇员不遵守这些企业中的"小宪法"，必然遭受相应的惩罚和打击。另外，管理方的权力在就业组织中是以一种等级分层的形式逐级递减的。原因在于，管理方总是假设下级雇员掌握知识的多寡和分析知识的能力也是逐级递减的，因此他们认为，员工没有必要掌握太多本企业的信息，也没有必要参与企业的决策。此种组织设计方法可以有效提高企业的管理效率，因此在20世纪被大量采用。管理方的权力来源于所有者的产权，在没有法律特别规定的情况下，员工没有权利选举组织中的直接管理者或更高职位的人，管理者也无须对下属负责。在多数情况下，雇员对抗管理权力的方法只有退出、罢工、投诉，或参加其他形式的冲突性活动。即便在很多西方发达国家，有着比较广泛的产业民主观念和相当完善的市场体系，法律对管理者的权力规定了很多限制，员工也没有得到法理上应该具有的权利，只能通过集体协商等产业民主制度来弥补。虽然产业民主制度在欧洲已经相当完善，但员工获得的权利同法理上应该具有的权利之间，还有很大的距离。也就是说，在一个崇尚个人自由和民主的社会里，雇佣关系的性质会使劳动者处于从属地位。这就是冲突产生的深层根源。近年来，商业环境、信息技术和雇员期望的变化，迫使企业采用其他方式来重新构造他们的工作场所。比如，雇员团队被授予广泛的权利，使得雇员在很大程度上可以根据自己的意愿进行工作，而没有直接的监督；大规模的授权，使得管理者可以成功领导一个组织，却没有超负荷的工作；出现一种新型雇员，具有很大的主动性，可以在最少的监督下工作，同时具有很多技能。不管是全面质量管理还是以市场为导向的管理，它们都具有共同的因素：从指挥雇员工作到引导雇员工作；从严密监视到授权自主完成任务；从较多的管理层次到管理人员总数大大减少，甚至允许雇员团队进行自主管理。

3. 工作的性质

高度的专业化和严格的管理等级制度是传统制造业工作场所的标志之一。经济学家亚当·斯密等人指出，把生产过程分解为若干步骤，并把每一个步骤分派给适合这一工作的工人，而不是让每一个人去完成所有的步骤，将大大提高总产出水平。比如，斯密注意到，在制针业中，10个工人每人从事一项专门工作，每天能生产48 000根针；但是，如果每个工人从头到尾做完整套工序，这10个工人最快也不过每天制作200根针。他们每个人都得拔丝、矫直、切段、敲针头、磨针尖等，一个人每天完成10根针的制作量，手艺就算不错了。于是，在20世纪早期公共教育有限、生活水平较低的背景下，科学管理得到了极大的成功。它使大生产的潜力极大地释放出来，工作效率提高到了前所未有的水平，社会财富也大大增加。然而，科学管理也是有成本的。因为它导致了一种工作结构，在这种工作结构中，工作被层层肢解，大多数工作虽然是高度专业化的，却不断重复，而且不需要多少技能。这使得工人感到异常乏味、单调。并且由于大多数权利和权威都控制在雇佣方手里，员工几乎没有什么机会来缓解工作上的压力。社会学家德克哈姆使用"社会的反常状态"和"工作的异化"来描绘工作压力所导致的行为，包括酗酒、吸毒、暴力、偶尔故意破坏工作场所的设备等。最后，员工认识到，诸如劳动分工之类的工作设计，使自己除了工资率有所提高以外，几乎再没有什么利益，反而使他们在乏味的工作中受到了大量心理和生理上的惩罚和痛苦。这导致了极大的不满。此时，劳资矛盾会随时激化并引发显形或隐性的冲突。随着商业环境、技术和雇员期望的变化，企业开始偏离科学管理的工作场所，这也就是现在流行工作扩大化、工作深化、工作轮换、自我管理团队，以及弹性工作时间、压缩工作周、工作分享等工作机制的由来。企业希望以此来缓解员工的工作压力，从而使各种矛盾和冲突最小化。

4. 劳动合同的性质

劳动关系的建立需要劳资双方签订劳动合同加以明确和规范。在劳动合同约定的期限内，劳动合同的内容一旦确定就必然固定，不能随便更改。但劳动合同的这一性质，与企业中雇员和雇主之间存在的"心理契约"发生了矛盾。这种契约是雇员和雇主双方出于各自的权利和义务而制订的一种非正式协议。它不仅包括工资和员工福利的支付，还包括双方对雇员和雇主的工作绩效，雇主提供的工作条件、工作保障、晋升机会、工作分配以及其他因素的预期。虽然这种契约并非以书面形式订立（因而没有法律效力），它仍然真实存在，并很重要。如果一方认为另一方实质上违反了这个契约（心理学上称为认识的不一致），就会产生失望、挫折、忧伤甚至愤怒、怨恨、辛酸、愤慨、义愤等情绪，并进而引发各种各样的冲突。尤其是在强势管理方单方面导入新的管理规则，变更、破坏心理契约时，这种冲突更为明显。现实中，许多雇主已经认识到了心理契约的重要性，并对它的内容和实施给予了关注，努力使雇员对工作的期望与自己作为雇主对工作的期望相一致。因此，实现心理契约避免或最小化冲突的关键一步是雇员和雇主的沟通，了解对方的工作期望并和自身的工作期望进行比较，以此消除误会和争议。比如很多公司有越级接见的程序，在越级接见中，雇员定期与其监督者的上司见面，以便表达对监督者的抱怨和牢骚。同样，开门政策，即雇员可以要求会见公司的最高主管，也可以起到修订劳资双方的心理契约，并有利于实现两者的心理契约。

二、劳动关系的合作及其根源

除非在极端的社会背景下，劳动关系运行过程中劳资之间出现冲突应该是非常态和短期的状况。劳动关系更多的运行状况和表现形式应该是劳动关系的合作。劳动者在大多数情况下选择与雇主合作，主要出于以下两个原因。

(一) 被迫

在当前的社会制度下,企业这一组织形式被社会广泛接受和认可,各国法律对其管理模式也予以承认和支持。在这种情况下,一个缺乏生产资料的劳动者为了生存只能选择与资方进行合作。又加上"天下乌鸦一般黑",劳动关系中的合作在很大程度上反映出劳动者的被动和无奈。

(二) 获得满足

在当前社会分工的背景下,任何一份工作在为劳动者带来以工资为表现形式的经济利益的同时,也在一定程度上为劳动者带来精神方面的满足和愉悦。根据马斯洛的心理需求理论,劳动者随着职务的升迁会逐步获得更高层级的心理满足;另外,雇主方采取的员工持股计划、共同参与制度等措施也会使劳动者获得更大的满足。

第五节 与劳动关系相关的几个概念

一、劳动法律关系

(一) 劳动法律关系的含义

劳动法律关系是指劳动者与用人单位依据劳动法律规范,在实现社会劳动过程中形成的权利义务关系。它是劳动关系在法律上的体现,是劳动关系为劳动法律规范调整的结果。

劳动法律关系的产生是指劳动者同用人单位依据劳动法律规范和劳动合同约定,明确相互间的权利义务,形成劳动法律关系。产生劳动法律关系的劳动法律事实,只能是劳动法律关系主体双方的合法行为,而不是违法行为。

劳动法律关系的变更是指劳动者同用人单位依据劳动法律规范,变更其原来确定的权利义务内容。

劳动法律关系的消灭是指劳动者同用人单位依据劳动法律规范,终止其相互间的劳动权利义务关系。劳动法律关系的消灭,就是劳动权利义务关系的消灭。消灭劳动法律关系的劳动法律事实,包括行为人的合法行为和违法行为及事件。

(二) 劳动法律关系的三要素

1. **主体要素**

劳动法律关系的主体,一方是劳动者,且劳动者必须是自然人,包括具有劳动能力的中国公民、外国人和无国籍人；另一方是用人单位，包括企业、事业、机关、团体、民办非企业单位等单位及个体经营组织。

2. 内容

劳动法律关系的内容是指劳动法律关系的主体双方依法享有的权利和承担的义务。

3. 客体

劳动法律关系主体双方的权利义务共同指向的对象，即劳动者的劳动行为。

（三）劳动法律关系的特征

1. 它的主体双方具有平等性和隶属性。
2. 它具有国家意志为主导、当事人意志为主体的特征。
3. 它具有在社会劳动过程中形成和实现的特征。

（四）劳动法律关系的性质

1. 劳动法律关系的当事人具有特定性。一方固定为劳动力所有者和支出者，称劳动者；另一方固定为生产资料占有者和劳动力使用者，称用人单位（或雇主）。其中，劳动者在劳动过程中及其前后都是劳动力所有者，并且在劳动过程中是劳动力支出者；用人单位以占有生产资料即劳动力吸收器，作为其成为劳动力使用者的必要条件。

2. 劳动法律关系的内容以劳动力所有权与使用权相分离为核心。在劳动关系中，劳动力所有权以依法能够自由支配劳动力并且获得劳动力再生产保障为基本标志，劳动力使用权则只限于依法将劳动力用于同生产资料相结合。一方面，劳动者将其劳动力使用权让渡给用人单位，由用人单位对劳动力进行分配和安排，以同其生产资料相结合；另一方面，劳动者仍然享有劳动力所有权，用人单位在使用劳动力的过程中应当为劳动者提供保障劳动力再生产所需要的时间、物质、技术、学习等方面的条件，不得损害劳动力本身及其再生产机制，也不得侵犯劳动者转让劳动力使用权的自由和在劳动力被合法使用之外支配劳动力的自由。

3. 劳动法律关系是人身关系属性和财产关系属性相结合的社会关系。由于劳动力的存在和支出与劳动者人身须臾不可分离，劳动者向用人单位提供劳动力，实际上就是劳动者将其人身在一定限度内交给用人单位，因而劳动关系就其本来意义说是一种人身关系。由于劳动者是以让渡劳动力使用权来换取生活资料，所以，用人单位要向劳动者支付工资等物质待遇，这是一种通行着商品等价物交换原则的等量劳动交换。就此意义而言，劳动关系同时又是一种财产关系。

4. 劳动法律关系是平等性质与不平等性质兼有的社会关系。劳动者与用人单位之间通过相互选择和平等协商，以合同形式确立劳动关系，并可以通过协议来续延、变更、暂停、终止劳动关系，表明劳动关系是一种平等关系，即平等主体间的合同关系。然而，劳动关系当事人双方在劳动力市场上处于实质不平等状态，即劳动者处于弱者地位；并且，劳动关系一经缔结，劳动者就成为用人单位的职工，用人单位就成为劳动力的支配者和劳动者的管理者，这使得劳动关系又具有隶属性质，即成为一种隶属主体间的以指挥和服从为特征的管理关系。

5. 劳动法律关系是对抗性质与非对抗性质兼有的社会关系。劳动者与用人单位在利益目标上存在冲突，前者追求工资福利最大化，后者追求利润最大化。这在一定意义上是成本与利润的矛盾，因而，双方之间的对抗性非常明显。这种对抗性在一定条件下还会酿成社会危机。但是，双方之间也是一种利益伙伴关系，彼此的利益处于相互依存的共生状态，甚至有的利益目标（如劳动者的就业保障目标与用人单位的发展目标之间）具有相对的一致性。在劳动关系中，对抗性与非对抗性处于此消彼长的不断变动状态。对抗性表明协调劳动关系的必要性，非对抗性表明协调劳动关系的可行性。

（五）劳动法律关系与劳动关系

1. 二者的区别

（1）范畴不同：劳动关系属于经济基础范畴，劳动法律关系属于上层建筑范畴。

（2）前提不同：劳动关系的形成以劳动为前提，劳动法律关系的形成则以劳动法律规范的存在为前提。

（3）内容不同：劳动关系的内容是劳动，劳动法律关系的内容则是法定的权利和义务。

（4）效力不同。劳动法律关系受国家强制力的保护，而劳动关系则不一定受国家强制力的保护。法律不明确的劳动关系不受国家强制力保护；非法的劳动关系不仅不受保护，反而会受到法律的制裁。

2. 二者的联系

劳动关系是劳动法律关系产生的基础；劳动法律关系则是劳动关系在法律上的反映。

二、劳务关系

（一）劳务关系的含义

劳务关系是劳动者与用工者根据口头或书面约定，由劳动者向用工者提供一次性的或者是特定的劳动服务，用工者依约向劳动者支付劳务报酬的一种有偿服务的法律关系。

劳务关系是由两个或两个以上的平等主体，通过劳务合同建立的一种民事权利义务关系。该合同可以是书面形式，也可以是口头形式或其他形式。

（二）劳务关系的特征

1. 双方所产生的社会关系是完全平等的民事法律关系。
2. 提供劳务的一方取得报酬是以劳动结果为准的。
3. 劳务关系中提供劳务的一方自行承担风险。

（三）劳务关系的现状与运用

目前，与劳动关系相近的劳务关系大致有以下几种情形：

1. 用人单位将某项工程发包给某个人员或某几个人员，或者将某项临时性或一次性工作交给某个人或某几个人，双方订立劳务合同，形成劳务关系。这类从事劳务的人员，一般是自由职业者，自己通过中介机构存放档案，缴纳保险。

2. 用人单位向劳务输出公司提出所需人员的条件，由劳务输出公司向用人单位派遣劳务人员，双方订立劳务派遣合同，形成较为复杂的劳务关系。具体地说，用人单位与劳务输出公司是一种劳务关系；劳动者与劳务输出公司是一种劳动关系，而与其所服务的用人单位也是一种劳务关系。这种劳务关系被有些人称为"租赁劳动力"。

3. 用人单位中的待岗、下岗、内退、停薪留职人员，在外从事临时性的有偿工作而与另外的用人单位建立的劳务关系。由于这些人员与原单位劳动关系依然存在，所以与新的用人单位只能签订劳务合同，建立劳务关系。

4. 已经办手续的离退休人员，又被用人单位聘用后，双方签订聘用合同形成的关系。这种聘用关系类似于劳务关系，但又不完全是劳务关系，有人称之为特殊劳动关系。

一般来讲，常年性岗位上的劳动者，用人单位必须与之建立劳动关系，签订劳动合同。一次性或临时性的非常年性工作，或可发包的劳务事项，用人单位可使用劳务人员，并与之签订劳务合同。

（四）劳务关系与劳动关系的不同

1. **主体不同**

劳动关系的主体是确定的，即一方是用人单位，另一方必然是劳动者。而劳务关系的主体是不确定的，可能是两个平等主体，也可能是两个以上的平等主体；可能是法人之间的关系，也可能是自然人之间的关系，还可能是法人与自然人之间的关系。

2. 二者的性质不同

劳动关系两个主体之间不仅存在财产关系即经济关系，还存在着人身关系，即隶属关系。也就是说，劳动者除提供劳动之外，还要接受用人单位的管理，服从其安排，遵守其规章制度等。劳动关系双方当事人，虽然法律地位是平等的，但实际生活中的地位是不平等的。这就是我们常说的用人单位是强者，劳动者是弱者。

而与劳动关系相近的劳务关系主体之间只存在财产关系，或者说是经济关系。即劳动者提供劳务服务，用人单位支付劳务报酬。彼此之间不存在行政隶属关系，而是一种相对于劳动关系当事人之间的关系而言主体地位更加平等的关系。

3. 二者依据的法律不同

劳动关系适用《劳动法》，而劳务关系则适用《合同法》。

4. 处理纠纷的机构不同

劳务关系的主体之间发生纠纷时应通过诉讼的方式由人民法院进行处理；而劳动关系的主体之间发生纠纷属于劳动争议，应通过调解、仲裁及诉讼的方式分别由相应的劳动争议调解委员会、劳动争议仲裁委员会以及人民法院加以处理。

5. **劳动风险责任承担不同**

一般来讲，劳务关系中出现的意外伤害及职业风险由各主体自行承担；而劳动关系中出现的劳动风险由用人单位承担。

6. **劳动报酬的性质、支付方式不同**

劳动关系中的劳动者除获得工资报酬外，还有保险、福利待遇等；而劳务关系中的自然人，一般只获得劳动报酬。

【案例导读】认定工伤的前提条件

【案情简介】A公司主要从事床上用品的生产、销售，生产季节性较强，每年7月至9月是生产旺季。朱某自2001年以来，每逢生产旺季，自驾其本人的小货车至A公司从事运输等工作。双方约定，A公司每月支付朱某报酬2 000元，油费、过路费、违章罚款等费用均由A公司支付。期间，朱某日常生活起居均在公司内。某日，朱某在受A公司指派购买发动机途中发生交通事故死亡。朱某之妻向当地劳动保障部门申请工伤认定。劳动部门审查后认为，朱某自备劳动工具为A公司提供劳动服务，具有临时性、短期性的特点，且双方不存在管理与被管理的社会关系，遂作出工伤调查结论，认定朱某与A公司之间是劳务关系而非劳动关系，不属于该局管辖范围。朱某之妻不服，起诉至法院，请求依法撤销劳动部门作出的工伤调查结论。法院受理后,因 A 公司于该案有利害关系,依法追加 A 公司为第三方参加诉讼。

【案例解析】从表面上看,这是一起普通的工伤认定案件,但是,案件的焦点却是朱某与 A 公司之间究竟是劳动关系还是劳务关系。如果确认朱某与 A 公司之间存在劳动关系,朱某之死应被认定为工伤,朱某之妻就能依法享受工伤待遇;如果确认朱某与 A 公司之间是劳务关系,朱某之妻只能寻求民事赔偿。工伤待遇与民事赔偿是两种不同的责任形式,承担方式与待遇水平相差较大。由此可见,对劳动关系与劳务关系的不同确认结果直接关系着当事人的利益。

在本案庭审过程中,围绕朱某与 A 公司之间究竟是劳动关系还是劳务关系这一焦点问题,当事人各执一词,并形成如下对立意见:

第一,朱某自备劳动工具是否影响劳动关系的成立?原告认为朱某虽然自备车辆,但是开车所需的油费、过路费甚至违章罚款费都由 A 公司承担。如果朱某是搞个体运输的,那么上述费用开支由 A 公司承担显然不符合逻辑。因此,合理解释是朱某所有的机动车与 A 公司的关系属租赁关系,而朱某与 A 公司的关系属劳动关系。被告则认为朱某自备劳动工具是为 A 公司提供劳动服务。第三方 A 公司认为,在劳动关系里,生产工具是由用人单位提供的;而在劳务关系里,生产工具则是由劳动者自己提供的。朱某自备小货车为 A 公司提供运输服务,二者之间不是劳动关系,而是劳务关系。

第二,朱某与 A 公司之间的关系是否具有临时性、短期性的特点?被告及第三人认为由于 A 公司从事的生产具有明显的季节性,每年生产的时间也就是 2~3 个月,在此情况下,朱某为其提供运输服务具有短期性、临时性的特点,这符合劳务关系的特点;而劳动关系一般比较稳定,时间较长,试用期都会有 3 个月。原告认为,上述认定具有主观臆测性,难以维护众多临时打工者的合法权益;而且 A 公司的生产季节性强,使得劳动者不可能长期提供劳动。

第三,A 公司与朱某之间是否存在管理与被管理关系?被告及第三人认为,证据表明朱某用车以外的时间由朱某自由支配(包括为其他人提供运输服务),不受原告规章制度的约束,因此,A 公司与朱某不存在管理与被管理关系。原告则认为,在朱某为 A 公司工作期间,其日常生活起居均在公司,A 公司免费为朱某提供吃住并每月支付朱某工资 2 000 元,而且有证据表明朱某除承担运输工作外,还受相关主管人员指派从事缝纫机的修理等工作。至于朱某在公司比较自由,是由于公司没有健全企业的内部管理制度,不能因此否认 A 公司与朱某之间存在管理与被管理关系。

法院审理后认为，本案诉争的是被告工伤调查结论的具体行政行为，被告作为劳动保障行政管理部门，在其职权范围内，根据原告的申请，对原告之夫朱某的死亡是否属于工伤作出认定是其法定职责。工伤认定的前提是劳动者与用人单位成立具有管理性质的劳动关系。本案中，第三方A公司主要从事床上用品的生产、销售，生产季节性较强，主要集中在每年7月至9月，其特殊性使得劳动者不可能长期不间断地为其提供劳动力；且劳动者提供劳动的形式也具有多样性。朱某自备生产工具在该公司从事运输等工作期间，有固定的月收入，车辆的相关费用也由公司承担，显然双方具有一定的管理与被管理关系。朱某工作之余较为自由，也未与公司签订书面的劳动合同，这是该公司自身尚未健全内部管理及劳动保障制度的结果，不影响双方事实劳动关系的成立。被告认定朱某与A公司不存在劳动关系、朱某死亡不属于其管辖范围的证据尚不能达到清楚而有说服力的证明标准，其作出的工伤调查结论属认定事实错误。法院遂作出判决，撤销劳动部门作出的工伤调查结论，并责令其在判决生效后一个月内重新作出具体行政行为。

所谓劳动关系是指，劳动者与用人单位之间存在的，以劳动给付为目的的劳动权利义务关系。劳务关系是指，劳动者为被服务方提供特定的劳动服务，被服务方依照约定支付报酬所产生的法律关系。浙江省《劳动争议案件疑难问题讨论纪要》对如何区分劳动关系与劳务关系进行了探讨，认为两者的区别在于：一是劳动关系除了当事人之间债务的要素之外，还含有身份的、社会的要素，而劳务关系则是一种单纯的债务关系；二是劳动关系的当事人之间的关系一般较为稳定，而劳务关系当事人之间的关系则往往具有"临时性、短期性、一次性"等特点；三是劳动关系中，当事人之间存在管理与被管理、支配与被支配的社会关系，劳务关系的当事人之间则不存在上述关系，而是平等主体之间的合同关系。

从字面上理解，上述标准似乎十分明确，但运用到具体案件中却依然扑朔迷离、难以界定。究其原因，主要有两个方面：一是劳动关系不规范。几乎所有的劳动关系与劳务关系争议案件，当事人之间都没有订立合同或者所订立的合同没有明确的约定，双方的权利义务介于非"驴"非"马"之间。二是劳动关系的多元化。随着社会的发展，我国的劳动力市场愈加活跃，用人形式也更为灵活多样，新型劳动关系大量出现，劳动关系与劳务关系的客观特征正在逐步模糊。

如在本案中，朱某与A公司似乎形成劳务关系是因为：（1）朱某自备车辆为A公司提供运输。一般劳动关系中，生产工具是用人单位提供的；而劳务关系里，生产工具通常是服务方自己提供的。（2）朱某只在每年7月至9月的生产旺季阶段进入A公司工作，似乎符合劳务关系"临时性、短期性"的特点。（3）A公司对朱某上下班的时间没有明确规定，用车以外的时间自由支配度较大，与一般劳动关系中用人单位与劳动者之间严格的管理与被管理关系有一定程度的差异。

然而，在我国劳动关系的内涵发生重大变化、劳动关系与劳务关系的客观特征逐步模糊的背景下，人民法院应从保护劳动者合法权益的立法精神出发，突破现行法律的狭隘界定和传统观念的惯性影响，对劳动关系作出合理的扩大解释，从实质上灵活地把握劳动关系与劳务关系的界限。案例中法院对该案的审理充分体现了这一点。

三、事实劳动关系

（一）事实劳动关系的含义

事实劳动关系是指无书面合同或无有效书面合同形成的劳动雇佣关系以及口头协议达成的劳动雇佣关系。事实劳动关系的确认需存在雇佣劳动的事实。"事实劳动关系"的合法地位，确认了劳动关系不依赖书面合同的存在而存在，扩大了劳动保护范围，对不签订劳动合同的雇主有了更大约束，更多地维护了劳动者的合法权益。

以下几种情形属于事实劳动关系：

(1) 没有书面合同形式，通过以口头协议代替书面劳动合同而形成的劳动关系。

(2) 用人单位招用劳动者后不按规定订立劳动合同而形成的劳动关系。

(3) 用人单位与劳动者以前签订过劳动合同，但是劳动合同到期后用人单位同意劳动者继续在本单位工作却没有与其及时续订劳动合同而形成的事实延续的劳动关系。

(4) 以其他合同形式代替劳动合同，即在其他合同中规定了劳动者的权利、义务条款（比如在承包合同、租赁合同、兼并合同中规定了职工的使用、安置和待遇等问题）。这就有了作为事实劳动关系存在的依据。

(5) 劳动合同构成要件或者相关条款缺乏或违法，事实上成为无效合同，但是双方依照这一合同规定已经建立的劳动关系。

（二）国家相关条文规定

事实劳动关系是劳动争议处理和工伤认定工作中经常被用到的概念，原劳动部《关于贯彻执行〈中华人民共和国劳动法〉若干问题的意见》第17条第一次在立法中使用了"事实劳动关系"这一概念，但《工伤保险条例》（以下简称《条例》）把事实劳动关系推到了最前沿，使劳动保障部门无法回避这一问题。《条例》第18

条、第61条规定：劳动关系包括事实劳动关系。这进一步明确了事实劳动关系作为劳动关系的存在。最高人民法院《关于审理劳动争议案件适用法律若干问题的解释》（法释〔2001〕14号）第16条规定："劳动合同期满后，劳动者仍在原用人单位工作，原用人单位未表示异议的，视为双方同意以原条件继续履行劳动合同。"这表明对于用人单位与劳动者以前签订过劳动合同，劳动合同到期后形成的事实劳动关系，用人单位与劳动者均继续享有原劳动合同约定的权利，并应履行原劳动合同约定的义务。新《劳动合同法》首先对签订劳动合同的时间作了明确界定，即"已建立劳动关系，未同时订立书面劳动合同的，应当自用工之日起1个月内订立书面劳动合同""用人单位与劳动者在用工前订立劳动合同的，劳动关系自用工之日起建立"。超过这个时间仍未订立书面合同而形成了事实劳动关系，用人单位须向员工每月支付两倍的工资；超过1年仍未订立书面劳动合同，则视为用人单位与员工已订立无固定期限劳动合同。

其实，事实劳动关系与劳动关系相比，只是欠缺了有效的书面合同这一形式要件，但并不影响劳动关系的成立。目前立法认定，用人单位故意拖延不订立劳动合同但形成事实劳动关系的，劳动者享有劳动保障法律法规所规定的一切权利，并应履行劳动保障法律法规所规定的一切义务。从立法沿革来看，在法律上赋予"事实劳动关系"合法地位，更多的是为维护劳动者的合法权益，进而维护整个社会的稳定。存在事实劳动关系的劳动者在劳动保障权益受到用人单位侵害时，同签订劳动合同的劳动者一样，可以通过劳动保障监察、劳动争议仲裁、向人民法院起诉等途径，依法维护自身的合法权益。

（三）事实劳动关系的特征

事实劳动关系是我国劳动法执行过程中的一个特有现象，它具有四个方面的特征：

1. 复杂性

事实劳动关系产生的原因多种多样、涉及面广、人数众多。

2. 特殊性

事实劳动关系与非法劳动关系有着主体、内容、保护手段等方面的本质区别。

3. 合法性

事实劳动关系依照现行法律的规定属于有效的劳动关系，具有合法性。

4. 隐匿性

事实劳动关系的存在不容易引起人们的重视和关注，只有在事实劳动关系引发劳动争议时才引起人们的注意。

（四）事实劳动关系的认定

事实劳动关系的提出与劳动合同关系的特点有关。劳动者的劳动（劳务）一旦付出，就不能收回，即便劳动合同无效，也不可能像一般合同无效那样以双方返还、恢复到合同订立前的状态来处理，否则对于劳动者来说是不公平的；因此，只能适用事实劳动关系的理论来处理当前大量存在的事实劳动关系的问题。事实劳动关系应当指劳动者与用人单位之间形成从属性劳动，但不符合劳动合同成立的法定要件的劳动力使用和被使用的关系。事实劳动关系一般有以下几种情形：一是无书面形式的劳动合同形成的事实劳动关系；二是无效劳动合同形成的事实劳动关系；三是双重劳动关系而形成的事实劳动关系。

1. 无书面劳动合同形成的事实劳动关系

就劳动合同订立的形式而言，一般认为目前我国施行的《劳动法》只认可了书面形式的劳动合同。从实践中看，无书面劳动合同而形成的事实劳动关系一般又分为两种：一种是始终未订立书面劳动合同；另一种是原劳动合同期满，用人单位和劳动者未以书面形式续订劳动合同，但劳动者仍在原单位工作。无书面形式的劳动合同是引起事实劳动关系发生的最主要的原因。在《中华人民共和国劳动合同法》（以下简称新《劳动合同法》）施行前的劳动合同纠纷处理中，相当一部分仲裁机构或法院对于无书面劳动合同的劳动争议案，或者不受理，或者认定为无效，因此导致许多劳动者的权益得不到保护。

如何判断非书面形式的劳动合同的效力？在这里不能简单地进行无书面形式则无效的推理。无书面形式的劳动合同可以形成事实劳动关系，而对于事实劳动关系，国家相关的法律法规并没有否定其效力。如原劳动部《关于贯彻执行〈中华人民共和国劳动法〉若干问题的意见》中规定："中国境内的企业、个体经济组织与劳动者之间，只要形成劳动关系，即劳动者事实上已成为企业、个体经济组织的成员，并为其提供有偿劳动，适用劳动法。"1995年原劳动部颁布的《违反劳动法有关劳动合同规定的赔偿办法》规定："用人单位故意拖延不订立劳动合同，即招用后故意不按规定订立劳动合同以及劳动合同到期后故意不及时续订劳动合同的，对劳动者造成损害的应赔偿劳动者的损失。"此外，地方性法规如2001年《北京市劳动合同规定》和2002年《上海市劳动合同规定》也有类似规定。从上述规定的内容看，无书面形式的劳动合同形成的事实劳动关系也是一种受法律保护的劳动关系，不能简单将其视其为无效，而应当适用劳动法支付经济补偿金。

如何判断是否已经形成了事实劳动关系？如果劳动者发现用人单位没有与自己签订劳动合同，就要注意收集以下证据以备不时之需：

(1) 工资支付凭证或记录（职工工资发放花名册等）、缴纳各项社会保险费的记录。

(2) 用人单位向劳动者发放的"工作证""服务证"等能够证明身份的证件。

(3) 劳动者填写的用人单位招工招聘"登记表""报名表"等招用记录。

(4) 考勤记录。

(5) 其他劳动者的证言等。

2. 无效劳动合同形成的事实劳动关系

关于无效劳动合同，我国《劳动法》第18条规定了两种情形：（1）违反法律、行政法规的劳动合同；（2）采取欺诈、威胁等手段订立的劳动合同。对于订立无效劳动合同的法律后果是什么，劳动法未作出明确规定。从劳动法规定看，无效劳动合同一般是由于主体不合格，合同的内容不符合法律规定，订立合同采取欺诈、威胁手段等原因所致。按照《劳动法》的规定，无效的劳动合同，从订立的时候起，就没有法律约束力，即劳动合同是自始无效。这时，如果劳动者已提供了劳动，则自始无效的劳动合同已不能成为劳动者与用人单位双方相互提出请求权的基础。按合同法的理论，合同无效的，因该合同取得的财产，应当予以返还。显然，劳动合同无法适用合同法的原理，因为劳动力一旦付出，就无法恢复到合同订约前的状态。对因劳动合同无效而发生的劳动关系，同样应当视为一种事实劳动关系。在这种情况下，劳动者的利益应受法律保护，劳动者应当享有依照法律规定对其劳动提出报酬请求的权利。对于这种事实劳动关系的处理，按现行立法和有关司法解释的规定，一是用人单位对劳动者付出的劳动，可参照本单位同期、同工种、同岗位的工资标准支付劳动报酬；二是如果订立无效劳动合同是因用人单位所致，给劳动者造成损失的，劳动者可以获得赔偿。我国《劳动合同法》第26条规定了三种情形：（1）以欺诈、胁迫的手段或者乘人之危，使对方在违背真实意思的情况下订立或者变更劳动合同的；（2）用人单位免除自己的法定责任、排除劳动者权利的；（3）违反法律、行政法规强制性规定的。

3. 双重劳动关系而形成的事实劳动关系

双重劳动关系是指劳动者与两个或两个以上的用人单位建立的劳动关系。双重劳动关系在现实生活中大量存在。如下岗或停薪留职到另一单位工作，或同时从事几份兼职工作等，都属于双重劳动关系。在双重劳动关系下，劳动者一般都有一个正式挂靠单位，哪怕并不提供劳动，也可以领取最低工资、享受社会保险待遇。而对于双重劳动关系来说，如果第二个劳动关系发生纠纷诉至法院，一般会被认定为劳务关系而不作为劳动关系来处理，也就是说，劳动者只能要求劳动报酬的给付而不能要求其他依照劳动法所能享有的权益。通常来说，不承认双重劳动关系的理由主要基于以下几点：一是根据传统劳动法理论，一般认为每个职工只能与一个单位建立劳动法律关系，而不能同时建立多个劳动法律关系；二是依据《劳动法》第99条关于"用人单位招用尚未解除劳动合同的劳动者，对原用人单位造成经济损失的，该用人单位应当依法承担连带赔偿责任"的规定，推导出法律禁止劳动者与多个用人单位建立劳动关系；三是通常认为如果承认双重劳动关系，必然导致社会保险关系的混乱，从而引起不利的后果。双重劳动关系是一个劳动者具有双重身份和参与两个劳动关系，它既可表现为两个法定的劳动关系同时存在，也可表现为一个法定的劳动关系与一个事实劳动关系并存。这种劳动关系不仅不利于劳动管理，还潜伏着大量的劳动争议。2008年1月1日起施行的《劳动合同法》第39条第四款规定：劳动者同时与其他用人单位建立劳动关系，对完成本单位的工作任务造成严重影响，或者经用人单位提出，拒不改正的，用人单位可以解除劳动合同。但是，即便是由劳动者造成的双重劳动关系，用人单位若想与其解除劳动合同，也需满足法律前提，即"对完成本单位的工作任务造成严重影响"或者"经用人单位提出，拒不改正"。实际上，劳动者在按法律法规的规定和劳动合同约定完成工作任务后，如果还有时间和精力，可以依法与其他用人单位建立劳动关系，但是不得对完成用人单位工作任务造成严重影响。如果用人单位要求劳动者不得与其他用人单位建立劳动关系，劳动者应终止与其他单位的劳动关系，否则用人单位可以与其解除劳动合同。

【案例导读】双重劳动关系

【案情简介】张某系某企业下岗职工，与企业签订无固定期限劳动合同。下岗期间该企业仍为其缴纳各项社会保险。2006年张某被一家外企聘用，双方未签订劳动合同，口头约定试用期满后月工资2 000元。2009年外企解除与张某的劳动关系，张某提出支付加班工资、未订立劳动合同支付2倍工资的要求。遭外企拒绝后，张某申请仲裁，仲裁裁决认为其与外企不存在劳动关系。张某不服，诉至法院。法院认为，张某虽系企业下岗职工，与原企业签订无固定期限劳动合同，但我国法律并不禁止劳动者具有双重劳动关系。原告下岗后到被告单位工作已经形成了事实劳动关系，且原告的双重劳动关系之间并不矛盾，劳动者与新的用人单位的劳动关系应当依法受到保护，故判决支持原告诉讼请求。

【案例解析】建立双重劳动关系是目前经济转型期职工待岗再就业中存在的较为普遍的现象，本案就涉及双重劳动关系能否同样受劳动法的保护这样一个问题。

第一章 劳动关系概论

双重劳动关系指的是劳动者与两家用人单位之间存在形式上的或事实上的劳动关系。目前法律关于非全日制劳动者建立双重劳动关系有明确的规定，即允许非全日制劳动者同时在两家以上用人单位工作，形成多重非全日制劳动关系。但全日制的劳动者与一家用人单位保留劳动关系，而为另一家用人单位提供劳动，能否同样受到劳动法的保护呢？笔者认为答案应该是肯定的。

《劳动合同法》第39条规定，劳动者同时与其他用人单位建立劳动关系，对完成本单位的工作任务造成严重影响，或者经用人单位提出，拒不改正的，用人单位可以与其解除劳动合同。该条明确说明在"对完成本单位的工作任务造成严重影响，或者经用人单位提出，拒不改正的"这两种情况下，用人单位可解除与其他用人单位同时建立有劳动关系的劳动者的劳动合同，即规定了双重劳动关系下解除劳动关系的特殊规则。该条虽然仅是规定用人单位不同情况下行使劳动关系单方解除权的情形，但其立法意旨却显然是承认同时建立的劳动关系并认为它们均受法律保护。如果同时建立的劳动关系对完成本单位的工作任务未造成严重影响，则劳动者同时与其他用人单位建立的劳动关系就可以合法存续，受到法律的同等保护。因此，从该条可以明确反推出法律对双重劳动关系的认可，只是法律未进一步对后建立劳动关系的权利义务作出更加明确的规定。

那么，在双重劳动关系下的劳动者与仅存在单一劳动关系下的劳动者在解除劳动关系时享有的劳动保护能否相同呢？笔者认为，双重劳动关系下劳动者与原单位保持劳动关系，在其解除或终止与原单位的劳动关系时，可以享受养老、医疗等社会保障，以及符合法律规定的经济补偿金支付等劳动待遇；在与同时建立劳动关系的用人单位解除或终止劳动关系的情形下，同时建立劳动关系的用人单位可不再重复向其履行原单位已经履行的劳动法律责任，否则就不符合对用人单位公平保护的立法原则，也不符合我国社会保险政策，即在原单位仍为其缴纳社会保险费的情况下，新的单位（除工伤保险外）无法再重新建立社会保险关系。但劳动关系是用人单位自用工之日起与劳动者建立的，不能因劳动者享有劳动待遇的差异而被否定。只是双重劳动关系下劳动关系的解除或终止，既要依照劳动法律的规定对劳动者的劳动权益进行全面的保护，又要整体上兼顾用人单位的劳动权益，依法平衡双重劳动关系下劳动者与用人单位之间的劳动权利和义务，实现法律追求的公平与正义。

因此，本案张某与该企业之间建立的劳动关系应属于特殊的劳动关系。其特殊性就在于后建立劳动关系的用人单位可以不为张某参加养老、医疗等社会保险，但必须承担未订立劳动合同向张某支付2倍工资的法定义务；不能免除为张某依法参加工伤保险的法定义务；在提供正常劳动的情况下，必须依法支付张某工资和延长工作时间应当支付法定的加班加点工资报酬;必须依法为张某提供安全、卫生等劳动保护。后建立劳动关系的用人单位必须与原用人单位一起全面担负起保护劳动者依法享有合法权益的法律责任。

如果要彻底解决双重劳动关系中存在的诸多问题,应该采取以下措施:

第一,制定颁布《劳动关系调整法》,使双重劳动关系的调整有法可依。目前,应通过立法明确双重劳动关系的法律地位、前后两个劳动关系的性质、强制性的国家标准在双重劳动关系中的适用以及劳动争议的处理程序等内容。

对于双重劳动关系来讲,如果第一个劳动关系发生纠纷诉至法院,一般都认定为劳动关系,不会发生争议。但是,第一个劳动关系以外的关系发生纠纷诉至法院,由于现行立法未作明确认定,如何认定这一关系的性质则成为司法实践中一个比较有争议的问题。一种意见认为,对于双重劳动关系中第一个劳动关系以外的关系,应认定为劳务关系而不能作为劳动关系来处理,即劳动者只能要求劳动报酬的给付而不能要求其他依照劳动法所能享有的权益,因此法律禁止劳动者与多个用人单位建立劳动关系。第二种意见认为,对于双重劳动关系中第一个劳动关系以外的关系不能简单地认定为劳务关系,而应认定为劳动关系。将双重劳动关系中第一个以外的关系作为劳务关系来处理,对劳动者的保护显然是不利的,尤其当出现工伤事故时,受伤害的劳动者就不能获得劳动法或社会保险法的保护。因此,应将其看作劳动关系来处理,而不应视为劳务关系。

笔者认为,不能简单地将第二种劳动关系归为劳务关系,而应在《劳动关系调整法》中将其认定为劳动关系。在这两个或多个劳动关系中,首先都符合劳动关系的主体要件要求:一方是劳动者,另一方是用人单位。其次,都具有从属性。每个关系中,劳动者都成为各自用人单位的成员,都要受用人单位的指挥与管理,都要遵守用人单位的规章制度。最后,在两个或多个劳动关系中,劳动者的劳动都是为用人单位之目的,并不是为自己营业之劳动。在劳动过程中,都是使用用人单位的工具及原材料,其劳动都是作为每个用人单位经营事业整体中不可分割的一部分存在的。因此,双重劳动关系中的任何一个关系,绝对是不同于劳务关系的。

第二,建立健全适合双重劳动关系的社会保险制度。通常所认为的双重劳动关系会引起社会保险关系的混乱问题,实质是社会保险费的缴纳问题,这可通过社会保险的技术手段来解决。如果几个用人单位共同支付劳动者的社会保险费,既减轻了用人单位的负担,又有利于保护劳动者。

对于现实生活中的工伤问题,应本着"谁受益,谁负责"的原则处理,即发生工伤时的用人单位应当负责处理劳动者的有关事宜,并承担相应的责任。

第二章 劳动关系的主体

劳动关系主体是指劳动关系的参与者。从狭义上讲，劳动关系的主体包括两方：一方是拥有劳动力的雇员（劳动者）以及以工会组织为主要形式的劳动者团体；另一方是使用劳动力的雇主（用人单位）以及雇主协会。从广义上讲，劳动关系主体还包括政府。在劳动关系发展过程中，政府通过立法介入和影响劳动关系，而且其调整、监督和干预作用还在不断加强，因而政府也是广义的劳动关系的主体。

第一节 劳 动 者

一、劳动者的概念

劳动者是指在就业组织中，本身不具有基本经营决策权力并从属于这种权力的工作者。关于劳动者的称谓较多，国际上有员工、雇员、雇工、受雇人、劳工等，我国则有职工、职员、工人等。劳动者的范围较广，包括本国人、外国人和无国籍人；还包括蓝领工人、医务工作者、办公人员、教师、社会工作者、中产阶级的从业者和底层管理者，但不包括自由职业者、自雇用者。

劳动关系中的劳动者一般包括这些含义：一是被雇佣的人员；二是劳动者是在雇主管理下从事劳动的人员；三是劳动者是以工资作为劳动收入的人员；四是有些国家劳动法规定的某些人员不属于劳动者，如公务员、军事人员、农业工人、家庭佣人、企业的高层管理者等。

从产业分类方面看，劳动者包括从事第二产业工业与第三产业服务业的、不具有基本经营决策权的人员。第一产业中的农业从事者，尤其是从事种植业和畜牧业的人员，一般不属于劳动关系中的劳动者范畴。

二、劳动者的法律含义

劳动法中的劳动者是指达到法定年龄、具有劳动能力，以从事某种社会劳动获取收入为主要生活来源的自然人。自然人要成为劳动者，必须具备主体资格，即须具有劳动权利能力和劳动行为能力。

（一）劳动权利能力和劳动行为能力的内容

劳动者的劳动权利能力和劳动行为能力是劳动者参与劳动法律关系必须具备的基本资格。其中劳动权利能力是指自然人能够依法享有劳动权利和承担劳动义务的资格或能力，它是劳动者参与劳动法律关系成为主体的前提条件；劳动行为能力是指自然人能够以自己的行为依法行使劳动权利和履行劳动义务的能力，它是劳动者作为劳动法律关系主体的基本条件。

根据我国劳动法规定，劳动者具有劳动权利能力与劳动行为能力，应当符合如下条件：

（1）达到法定年龄。关于劳动者的就业年龄，世界各国的劳动法都有相应的规定，一般规定在14～16岁。我国劳动法将就业年龄规定为年满16周岁，禁止企业招用未满16周岁的未成年人；某些特殊职业如文艺、体育和特种工艺单位确需招用未满16周岁的人（如演员、运动员）时，须报县级以上劳动行政部门批准。对有可能危害未成年人健康、安全或道德的职业或工作，最低就业年龄不应低于18周岁，用人单位不得招用已满16周岁、未满18周岁的未成年人从事过重、有毒、有害的劳动或者危险作业。

（2）具有劳动能力。劳动者的劳动能力取决于劳动者的自身生理因素。根据自然人的生理状况，劳动者的劳动能力一般表现为完全劳动能力、有部分劳动能力和无劳动能力三种情况。因生理状况不能劳动的视为无劳动能力的人；因生理状况不能提供正常劳动，但又没有完全丧失劳动能力的视为具有部分劳动能力的人；而身体健康、智力健全的人则被视为具有完全劳动能力的人。

（二）劳动者的劳动权利能力与劳动权利的区别

劳动者的劳动权利能力与劳动权利是两个不同的概念。劳动权利指的是具体的、主观方面的权利，如劳动者享有物质帮助权、取得劳动报酬权、参加民主管理权等；而劳动权利能力则是抽象的、客观方面的权利，是享有劳动权利的前提。有劳动能力的劳动者具有相同的劳动权利能力，但运用劳动权利能力取得劳动权利的结果是不相同的，因为劳动权利的实现要受到劳动者劳动能力所表现出来的脑力、体力等因素的限制。

(三) 劳动者的劳动权利能力和劳动行为能力的特点

劳动者的劳动权利能力与劳动行为能力的特点主要包括以下四个方面：

(1) 劳动者的劳动能力权利和劳动行为能力是统一的。劳动者达到法定就业年龄并具有劳动能力，就同时享有劳动权利能力和劳动行为能力，反之则不享有。即劳动者的劳动权利能力与劳动行为能力是同时产生、同时终止的。

(2) 劳动者的劳动权利能力与劳动行为能力是不可分割的。劳动者的劳动权利能力和劳动行为能力只能由劳动者本人亲自实施。法律不允许他人代理劳动者行使劳动权利能力和劳动行为能力，如果他人代理劳动者行使劳动权利能力和劳动行为能力，则是无效和非法的。

(3) 劳动者的劳动权利能力与劳动行为能力的运用受到劳动能力所表现出的各种因素差别的限制（如文化水平、劳动技能、健康状况以及劳动者的年龄、性别等）。有鉴于此，劳动法中才规定了对女职工以及未成年工的特殊劳动保护制度；而劳动者也必须不断提高自身的劳动素质、适应劳动过程中的客观要求，才能实现法律赋予劳动者的各项权利。

(4) 劳动者在运用劳动权利能力和劳动行为能力实现劳动权利时，已经参加了某一种劳动法律关系，一般没有条件再参加另一种劳动法律关系。如劳动者在退休后继续领取养老金的同时从事了有偿的社会劳动，其形成的关系不属于劳动法调整范围内的劳动关系，应视为民事劳务关系。

三、劳动者的劳动权利与劳动义务

(一) 劳动者的劳动权利

劳动权利是指劳动者依照劳动法律行使的权利和享受的利益。1948年《世界人权宣言》的第23条规定："（一）人人有权工作、自由选择职业、享受公正和合适的工作条件并享有免于失业的保障。（二）人人有同工同酬的权利，不受任何歧视。（三）每一个工作的人，有权享受公正和合适的报酬，保证使他本人和家属有一个符合人的尊严的生活条件，必要时并辅以其他方式的社会保障。（四）人人有为维护其利益而组织和参加工会的权利。"第24条规定："人人有享受休息和闲暇的权利，包括工作时间有合理限制和定期给薪休假的权利。"第25条规定："人人有权享受为维持他本人和家属的健康和福利所需的生活水准，包括食物、衣着、住房、医疗和必要的社会服务；在遭到失业、疾病、残废、守寡、衰老或在其他不能控制的情况下丧失谋生能力时，有权享受保障。"

联合国及其官方学说将劳动者的劳动权利分为四类：一是与就业有关的权利；二是由就业派生的权利，包括享有公平的工作条件、获得相应工作报酬等；三是关于非歧视以及平等就业的权利；四是辅助性的权利，具体指个人行使工作权和工作中的权利所必须享有的权利，如结社自由、集体交涉权、罢工权等。

劳动权利是极为重要的基本人权之一。有鉴于此，绝大多数国家的宪法和劳动法对公民的基本劳动权利都作了相应的规定。我国劳动法规定的劳动者权利主要包括：平等就业和选择职业的权利、取得劳动报酬的权利、休息休假的权利、获得劳动安全卫生保护的权利、接受职业技能培训的权利、享受社会保险和社会福利的权利、依法参加工会和职工民主管理的权利、提请劳动争议处理的权利等。

1. 劳动就业权

劳动就业权也称为狭义的劳动权或工作权，是指具有劳动权利能力与劳动行为能力，并且有劳动愿望的劳动者依法从事有劳动报酬或经营收入的劳动的权利，它是基本劳动权利的核心。

就业权的内容主要包括四个方面：一是劳动作为权利标志着劳动是自由的。是否就业、从事何种职业等均由劳动者自己选择，对不愿意就业的劳动者不得加以强迫。二是劳动者参加劳动的机会是平等的。在平等的基础上竞争，不允许任何人以任何方式妨碍公民就业。劳动者就业不得因民族、种族、宗教信仰不同而受歧视；妇女享有与男子平等的就业权利。三是国家有义务通过各种途径创造就业条件，帮助劳动者就业。四是任何单位不得滥用解雇权。用人单位必须依法才能解除劳动合同，凡是滥用解雇权的行为均属于无效行为，应受法律的追究。

2. 劳动报酬权

劳动报酬权是指劳动者依照劳动法律关系，履行劳动义务，由用人单位根据按劳分配的原则及劳动力价值支付报酬的权利。劳动报酬权作为劳动者的一项基本劳动权利，其内容包括报酬协商权、报酬请求权和报酬的支配权。具体表现为：一是劳动者参加了社会劳动，用人单位必须以劳动为尺度，按照劳动者劳动的数量和质量支付劳动报酬；二是同工同酬，不分性别、年龄、民族、种族，等量劳动获得等量劳动成果，就应当得到等量劳动报酬；三是劳动者的工资标准一般预先在劳动合同中加以规定，当劳动者按照用人单位的要求完成了劳动任务，用人单位须按照合同规定的标准与时间向劳动者支付工资；四是劳动者在法定工作时间内提供了正常劳动的情况下，用人单位不得以低于当地最低工资标准向劳动者支付工资；五是禁止用人单位随意克扣、拖欠、拒付职工工资的行为；六是劳动报酬是劳动者的主要生活来源，国家应保证在发展生产的基础上不断提高劳动者的劳动报酬标准。

3. 劳动保护权

劳动保护权是指劳动者在安全卫生的条件下进行工作的权利，用人单位有义务提供合乎安全卫生标准的劳动条件。劳动保护权的基础是人的生命和健康的权利，是最基本人权的体现。具体内容有：一是单位必须按照国家劳动安全卫生规程标准配备劳动安全设施和发放劳动保护用品；二是单位必须依法给予女职工和未成年工以特殊的劳动保护；三是单位有责任对全体职工进行全面的安全生产教育，并建立健全安全生产管理制度；四是经劳动鉴定委员会确认，单位劳动卫生条件极为恶劣，以致危害劳动者身体健康的，劳动者有权拒绝投入生产劳动，直至劳动条件得到改善；五是因劳动安全卫生条件差，致劳动者伤、残或患职业病的，单位有义务给予治疗，并承担由此而产生的一切费用；六是单位有责任在发展生产的基础上不断改善劳动条件和提高劳动保护标准。

4. 接受职业技能培训权

职业技能培训权是指对具有劳动能力的未正式参加工作的劳动者和在职劳动者进行技术业务知识和实际操作技能的教育和训练，包括就业前的培训和在职培训。

5. 生活保障权

生活保障权是指在劳动者暂时或永久丧失劳动能力时，有权依法获得物质帮助，以保证劳动者在生、老、病、死、伤、残等情况下，本人及其直系亲属的生活需要。

6. 结社权与集体协商权

结社权是狭义的团结权，广义的团结权包括结社权、团体交涉权（集体谈判权）、争讼权等三项权利。结社权是法律赋予劳动者通过代表自己利益的团体来保护其经济与社会利益的权利。结社权的基础是在个别劳动关系中劳动者始终处于劣势、弱者地位，唯有通过团结组成工会组织，才能形成与雇主利益抗衡的力量，使失衡的劳动关系得以改善和协调。

集体协商权是指代表劳动者的工会代表与雇主或雇主组织的代表进行谈判协商，从而签订有关劳动条件的集体协议（合同）的权利。集体协商权的意义在于劳动者通过工会的力量与用人单位在平等的基础上进行协商，确立集体劳动条件与待遇，故其所形成的权利与义务关系能较为真实地反映集体合同双方主体的意思，从而弥补个别劳动合同的不足，避免个别劳动合同中的不合理或不平等条款，并在此基础上进一步为劳动者争取更好的劳动条件与待遇。

7. 合法权益保护权

合法权益保护权是指劳动者有权在自己的合法权益受到侵害时，通过申诉、申请调解、提请仲裁和提起诉讼，使受到的损失得到补偿的权利。

（二）劳动者的基本劳动义务

劳动者的义务是指劳动者必须履行的责任。劳动者的劳动义务主要有：劳动者应按时完成劳动任务、提高职业技能、执行劳动安全卫生规程、遵守劳动纪律和职业道德、爱护和保卫单位财产、保守国家和用人单位机密等。

【案例导读】用人单位能否以劳动者是女性为由拒绝录用

【案情简介】小赵在一个招聘会现场发现，许多单位在招聘广告上明确说明仅限男生，其余的单位即使不明确标示，对于女生也大都含蓄拒绝。拒绝理由一般是"我们公司经常会出差""公司经常加班，对女性不合适"等。还有少数单位开出女性进公司后3年不能生育等苛刻条件。小赵感到非常愤慨，于是以此家商务信息咨询公司在招聘活动中存在性别歧视为由提起诉讼。

小赵诉讼：（1）原告小赵的条件符合被告招聘广告中的基本条件；（2）被告商务信息咨询公司以单位经常出差、经常加班为由拒绝原告进入考核程序，侵犯了原告的合法权利；（3）单位提出女职工3年内不许生育的条件违反了法律规定，应当认定无效；（4）请求被告对原告依法录用至相应职位，撤销被告的违法规定，并承担诉讼费用100元。

商务信息咨询公司辩称：（1）被告公司经常出差、经常加班，对女生来说压力过大，单位不招用主要是为了保护妇女的合法权益；（2）被告公司不录用小赵的主要原因是小赵未通过公司的考核。

【案例解析】劳动就业权是具有劳动权利能力和劳动行为能力的、有劳动意愿的劳动者依法从事劳动报酬或经营收入的劳动的权利。劳动就业权在各项劳动权利中居于首要地位，是劳动者赖以生存的权利，是各国宪法确认和保护公民的一项重要基本权利。平等就业权是劳动就业权的重要内容。

平等就业权包括三层含义：一是任何公民都平等享有就业的权利和资格，不因民族、种族、性别、年龄、文化、宗教信仰、经济能力等受限制；二是在应聘某一职位时，任何公民都需要平等参与竞争，任何人不能享有特权，也不得歧视任何人；三是平等不同于同等，平等是指对于符合要求、符合特殊职位条件的人予以平等的机会，而不是不论条件如何都同等对待。

小赵所遇到的情形是典型的性别歧视。招聘单位在招聘广告中明确标明"仅限男性"的行为侵犯了包括小赵在内的女性求职者的平等就业权，因此小赵可以根据《就业促进法》第62条规定依法提起诉讼。

【本案启示】 现实生活中，像本案中平等就业权被侵害的现象比较多见。《就业促进法》实施后，很多招聘单位并不会直接以求职者是女性为由拒绝录用，而是通过在录用阶段通过有针对性的筛选进行隐性的就业歧视。一些用人单位在招聘时已确定了男性候选人，但在最后阶段仍然让女性参加竞争，浪费了女性候选人的时间。还有些用人单位在对处于"三期"中的女职工采取调岗降薪或解雇时，不会以她们处于特殊生理状况为由，而是用各种理由、借口迫使她们主动辞职，或以貌似合法的理由（如"照顾""给予培训机会"等）对这些女职工进行调离或降薪。即使受到歧视的女性职工选择了维权，由于拿不出证据，其权益往往也难以得到维护。

我国《就业促进法》首次明确劳动者可以直接向人民法院提起诉讼，但未对相应的程序作具体的规定。因此笔者建议，制定专门的反就业歧视法规，对就业歧视进行界定，明确政府职责、举证责任的负担、歧视实施者的责任形式和赔偿标准，完善劳动者在就业中遭受就业歧视进行法律救济的具体程序和措施，更好地保护劳动者的平等就业权。

应扩大反就业歧视法的适用范围，将我国劳动者的合法就业行为和劳动者在整个就业过程中发生的歧视现象都纳入调整范围。

要杜绝歧视行为，就必须规定具体的法律责任，加大对存在就业歧视的用人单位的处罚力度。可以对用人单位的招聘行为实施招聘条件及要求的备案制度，由行政部门事先进行审查，并对招聘过程进行监督，以保证招聘的合法性与公正性。

第二节 工 会

工会是劳动者（雇员）组成的旨在维护和改善其就业条件、工作条件、工资福利待遇以及社会地位等权益的组织，工会主要通过集体谈判方式来代表劳动者（雇员）在就业组织和整个社会中的权益。

一、工会的概念

（一）工会的性质

工会的性质是工会区别于其他社会组织的本质属性，是工会工作的理论前提和出发点。对工会的研究涉及经济、社会、政治、法律等学科，随着社会环境的变化，工会的性质也在发生变化。最经典且最经常被引用的工会定义，是西德尼·韦布（Sidney Webb）与阿特丽斯·韦布（Beatrice Webb）在《工会史》中指出的，"工会是由工人组成的旨在维护并改善其工作条件的连续性组织"，它强调工会组织的连续性及其构成，把职业协会排除在工会范畴之外。詹姆斯·坎尼森（James Cunnison）认为"工会是工人的垄断性组织，它使个体劳动者能够相互补充。由于劳动者不得不出卖自己的劳动力而依附于雇主，因此工会的目标就是要增强工人在与雇主谈判时的力量"。

从工会的性质、组织目标及其实现方式三个角度看，我们可以将工会定义为：工会是由雇员组成的组织，主要通过集体谈判方式代表雇员在工作场所以及整个社会中的利益。

我国《工会法》第2条规定："工会是职工自愿结合的工人阶级的群众组织。中华全国总工会及其工会组织代表职工的利益，依法维护职工的合法权益。"第3条规定："在中国境内的企业、事业单位、机关中以工资收入为主要生活来源的体力劳动者和脑力劳动者，不分民族、种族、职业、宗教信仰、教育程度，都有依法参加和组织工会的权利。"由此可以看出，我国工会强调了其为工人阶级的群众组织，具有阶级性、群众性和自愿性的特点。

（二）世界工会组织

1. 世界劳工联合会（简称世界劳联）

世界劳联成立于1921年，总部设在布鲁塞尔。其宗旨是反对旨在把人当成工具使用的任何经济制度，使全世界人民都有权公平享用全部土地资源和一切生产活动的成果，反对任何新老殖民制度，反对任何帝国主义或一国人民剥削另一国人民，一个集团或阶级剥削另一个集团或阶级的剥削形式等。该组织下设运输工人、农业和食品工人、产业工人等9个国际产业工会联合会，并设有亚洲劳工兄弟会、拉美工人中央工会和非洲工人民主工会等地区性组织，目前在102个国家和地区拥有约2 000万名会员。

2. 世界工会联合会（简称世界工联）

世界工联于1945年10月在巴黎正式成立，总部设在捷克首都布拉格。中、苏、英、法、美以及亚、非、拉的一些工会组织都参加了它的创建活动。1994年，世界工联确定的宗旨是：致力于争取工人的解放，反对一切形式的剥削，争取获得并保障全体劳动者的生活和劳动条件；争取在经济、社会、政治和文化方面反对殖民主义、帝国主义统治和扩张主义，铲除种族主义及其各种表现，争取建立新的和公正的国际经济秩序等。其主要组织机构包括代表大会、理事会、主席理事会、书记处等。截至1997年4月，该组织在127个国家和地区拥有1.35亿名会员。

3. 国际自由工会联合会（简称自由工联）

自由工联于1949年12月在英国伦敦成立，是一个右翼国际性工会组织，总部设在布鲁塞尔。其宗旨是维护和发展一个世界性的和区域性的，由自由、民主的工会组成的强有力的国际组织。截至2000年2月，该组织在145个国家和地区拥有215个会员组织，会员人数达1.25亿。

4. 美国的工会组织

美国有两大全国性的工会组织，分别是劳联产联（全称为美国劳工联合会与产业工会联合会）和变则赢（Change to Win），在代表工人利益与资方和政府谈判方面，有着巨大的影响力。

二、工会的发展历程

工会组织的产生源于工业革命，当时越来越多的农民离开赖以为生的农业涌入城市，为城市的工厂雇主打工，但工资低廉且工作环境极为恶劣。在这种环境下，单个的被雇佣者无力对付强有力的雇主，从而诱发工潮，导致工会组织的诞生。工会运动从18世纪90年代至今已经有了近200年的历史。工会的发展大致经历了职业工会发展时期、行业工会发展时期和总工会形成时期三个阶段。[①]

（一）职业工会发展时期（18世纪90年代—20世纪30年代）

职业工会（occupational union）的成员是由具有某种特殊技能或从事某种特殊职业的雇员组成的。早期的职业工会是在熟练工人中自发形成、发展起来的，如美国在1792年成立的费城鞋匠工会等。这个时期的工会具有以下四个特征：（1）性质上属于同行工会，大多是由技术工人组成的；（2）范围上是地方工会，只限于一个工厂、一个城镇或一个城市；（3）组织行为具有临时性，往往是因为一个矛盾的激化临时组织起来，随着问题的解决而解散；（4）组织活动的影响范围小，主要活动是通过互助救济提供包括疾病补贴、丧葬费等补助，而很少涉及通过集体谈判解决诸如工作待遇等宏观问题的情况。

（二）行业工会发展时期（20世纪30—50年代）

行业工会（industrial union）的成员是在某一特定行业中从事工作的劳动者。由于行业中各阶层劳动者的技术、技能、职业等均不相同，所以行业工会同职业工会相比具有明显的纵向特征。

行业工会的发展是以进入20世纪30年代后工业化进程加快，工厂规模的扩大

---

① 程延园. 劳动关系. 北京：中国人民大学出版社，2002. 111

为背景的。生产流水线的普及，汽车、电机等大规模工业的生产对工人的技术要求越来越低，半技术工人、非技术工人的比例越来越大，使以行业为基础的工会组织（以1938年美国的产业工人联合会为代表）逐渐发展了起来。

(三) 总工会的形成时期（20世纪50年代至今）

总工会（general union）的成员既不考虑职业因素，也不考虑行业因素，囊括了所有的劳动者。它是在职业工会与行业工会的基础上逐步发展形成的。例如，1956年建立的加拿大劳工大会就是由加拿大行业和劳动者联盟与加拿大劳工联盟合并组建形成的。历史上著名的总工会有波兰团结总工会、德国劳动者阵线等。

三、工会的行为方式和主要职能

(一) 工会的行为方式

工会的行为方式由工会的战略决定。关于工会行为方式的划分最经典的是韦布的"五分法"，即把工会行为方式分为互保互助、集体谈判、劳动立法、直接行动和政治行动五种。

1. 互保互助

工会主要以互保和互助的方式向成员提供各种福利。作为工会的一种行为方式，互保互助有以下好处：一是有助于工会吸收新成员；二是有助于充实工会基金；三是有助于建立工会的内部福利制度。

2. 集体谈判

集体谈判是工会与雇主就雇佣关系和问题进行交涉的一种形式。工资和福利是集体谈判的主要问题之一。早期的集体谈判主要是就劳动条件、劳动报酬和劳动关系等问题的处理进行谈判和交涉。目前集体谈判的内容范围有所扩大，许多与企业发展和企业管理有关的内容也通过劳资磋商的方式解决，例如企业内的人事改革、录用标准、人员流动、劳动合同的签订与解除等。集体谈判是工会为会员争取经济利益的最直接的方式，可以直接或间接地改变工人的经济与社会生活。

3. 劳动立法

劳动立法指工会通过立法建议、监督法律执行等方式保护雇员利益，促进工会发展。工会可以通过直接参与立法、严格进行执法监督、介入劳动纠纷处理、建立工会法律援助等手段来维护全体职工的合法权益。

4. 直接行动

直接行动是在互保互助与集体谈判不能发挥作用时，工会采取罢工、罢市等方式来实现维护工人尤其是会员利益的目标的行为方式。不论采取什么方式，工会的直接行动都会损害既有的劳动关系，不利于经济发展。因此，从国家利益考虑，在经济发展过程中需要劳资双方的合作，应尽量避免劳资冲突。

5. **政治行动**

工会的政治行动不仅维护会员利益，而且有利于维护工人阶级的整体利益。政治行动的内容主要包括：一是通过向政府与立法机构施压，促使其出台保护劳动者权益的政策、法律；二是自己建立政党或加入代表劳动者利益的政党。

（二）工会的主要职能

维护职工合法权益是工会的基本职责。我国《工会法》赋予的工会的社会职能包括以下四项：

1. **参与职能**

工会的参与职能，是指工会代表和组织职工群众参与国家和社会事务的管理，参与企业事业和机关的民主管理。实施民主监督，是工会代表职工权益，依法维护职工利益的重要渠道、途径和形式。

工会的参与职能有如下几个特点：一是工会是以职工合法权益代表者和维护者的身份，而不是以其他阶级层合法权益代表者和维护者的身份参与企事业管理以及国家和社会事务管理的。二是工会履行参与职能有其特殊的制度、渠道和方式。在企事业单位，工会是通过建立和健全职工代表大会制度、职工董事监事制度与协商和集体合同制度，来组织职工参与企事业管理的。三是工会的参与职能归根到底是为了更好地履行其维护职能。

2. **维护职能**

维护职工合法权益是工会的基本职责。由于劳动关系主体存在隶属性，劳动者隶属于用人单位，在劳动者和用人单位这对矛盾中劳动者很明显是弱者，是需要保护的对象。为了取得平衡，劳动者应该依法组建工会，加入工会，在工会的组织下为自己的合法权益而进行抗争。这是非常现实而有效的途径之一。

3. **建设职能**

我国目前的主要矛盾是人民群众日益增长的物质文化需要同落后的社会生产之间的矛盾。解决这个矛盾的根本出路在于通过改革开放，解放和发展社会生产力。工会代表和维护的职工具体利益的最终实现也在于促进经济的发展和生产力的提高。所以，工会必须从工人阶级的长远利益出发，引导广大职工群众参加建设和改革，努力完成经济和社会发展任务，积极推动社会经济效益和生产力的提高。

4. **教育职能**

工会的教育职能包括思想政治教育和文化技术教育。在新时期，劳动者已成为独立、自主、自由的劳动者，需要自我决策、自我负责、自我发展；在劳动力市场中，劳动者的地位、利益完全取决于个人的素质，想要在激烈的市场竞争中取胜，想要有效地维护自己的合法权益，就必须有较高的素质；这就需要学习，需要继续接受教育。因此，为了更好地维护职工合法权益，工会就必须履行好教育职能。

四、工会的权利和义务

（一）工会的权利

我国《工会法》对工会的权利作了明确的规定，主要包括代表和维护权，以及作为代表和维护的延伸和具体化的参与权、监督权、财产权和诉讼权。

1. 代表和维护权

《工会法》规定，工会是职工群众合法权益的代表者和维护者，工会的代表和维护权直接来源于工会的性质和工会的首要职能——维护职能。代表和维护权主要包括两个方面：一是代表和维护职工的民主权利；二是代表和维护职工的劳动权益或集体劳动权。

2. 参与权

参与权是代表和维护权的具体化，工会正是通过参与国家和企事业单位的决策来实现其代表和维护权的。工会的参与权具体包括宏观参与权和微观参与权。

宏观参与权是指工会在国家、政府这一宏观层面参与决策，从源头上维护职工的合法权益。它们包括：参与制定法律、法规、规章的权利；参与制定国民经济和社会发展计划的权利；参与政府、企业、工会共同研究解决劳动关系方面的重大问题的三方协商机制的权利。

微观参与权是指工会参与企事业单位管理的各项权利。它们包括：参与企事业经营决策权；参与职工伤亡事故和严重职业病的调查处理权；参与紧急情况处置权；参与停工、怠工事件调查处理权；参与劳动争议调解、仲裁权。

3. 监督权

参与权重在决策过程的参与，而监督权重在对执行决策后果的监督，通过对效果、结果的监督来落实工会的代表和维护权。监督权包括：

（1）监督企事业单位执行职工代表大会决议情况的权利。

（2）对企事业单位侵犯职工合法权益的情况进行调查的权利。

（3）监督企事业单位执行劳动法律、法规情况的权利。

（4）监督劳动合同和集体合同的执行情况的权利。

（5）监督企事业单位处分职工的权利。

(6) 监督新建、扩建企业和技术改造工程中的劳动条件与安全卫生设施与主体工程同时设计、同时施工、同时投产使用情况的权利。

4. 财产权

《工会法》第 14 条规定:"中华全国总工会、地方总工会、产业工会具有社会团体法人资格。基层工会组织具备《民法通则》规定的法人条件的,依法取得社会团体法人资格。"第 46 条规定:"工会的财产、经费和国家拨给工会使用的不动产,任何组织和个人不得侵占、挪用和任意调拨。"

5. 诉讼权

工会既然是社团法人,便依法享有民事权利,承担民事责任。

(二) 工会的义务

权利与义务是相对而言的,拥有一定权利,必定承担相应的义务。工会的义务可以由两个方面来界定:第一,工会对劳动者必须承担的义务;第二,工会对执政党、国家政权和企事业单位必须承担的义务。

1. 维护职工合法权益的义务

《工会法》第 6 条规定:"维护职工合法权益是工会的基本职责。工会在维护全国人民总体利益的同时,代表和维护职工的合法权益。工会通过平等协商和集体合同制度,协调劳动关系,维护企业职工劳动权益。工会依照法律规定通过职工代表大会或者其他形式,组织职工参与本单位的民主决策、民主管理和民主监督。工会必须密切联系职工,听取和反映职工的意见和要求,关心职工的生活,帮助职工解决困难,全心全意为职工服务。"

第 55 条规定:"工会工作人员违反本法规定,损害职工或者工会权益的,由同级工会或者上级工会责令改正,或者予以处分;情节严重的,依照《中国工会章程》予以罢免;造成损失的,应当承担赔偿责任;构成犯罪的,依法追究刑事责任。"

2. 遵守和维护宪法和法律的义务

《工会法》第 4 条规定:"工会必须遵守和维护宪法,以宪法为根本的活动准则,以经济建设为中心,坚持社会主义道路、坚持人民民主专政、坚持中国共产党的领导、坚持马克思列宁主义毛泽东思想邓小平理论,坚持改革开放,依照工会章程独立自主地开展工作;工会会员全国代表大会制定或者修改《中国工会章程》,章程不得与宪法和法律相抵触;国家保护工会的合法权益不受侵犯。"

3. 协助政府开展工作的义务

《工会法》第 5 条规定:"工会组织和教育职工依照宪法和法律的规定行使民主

权利,发挥国家主人翁的作用,通过各种途径和形式,参与管理国家事务、管理经济和文化事业、管理社会事务;协助人民政府开展工作,维护工人阶级领导的、以工农联盟为基础的人民民主专政的社会主义国家政权。"

4. 支持企业、事业单位依法行使经营管理权的义务

《工会法》第38条第2款规定:"企业、事业单位应当支持工会依法开展工作,工会应当支持企业、事业单位依法行使经营管理权。"

5. 对政府、企事业单位和职工群众应尽的其他义务

《工会法》第7条规定:"工会动员和组织职工积极参加经济建设,努力完成生产任务和工作任务。教育职工不断提高思想道德、技术业务和科学文化素质,建设有理想、有道德、有文化、有纪律的职工队伍。"第31条规定:"工会会同企业、事业单位教育职工以国家主人翁态度对待劳动,爱护国家和企业的财产,组织职工开展群众性的合理化建议、技术革新活动,进行业余文化技术学习和职工培训,组织职工开展文娱、体育活动。"

【案例导读】沃尔玛在中国建立总工会的示范效应

【案情简介】2006年11月8日,沃尔玛中国投资有限公司(以下称"沃尔玛")在深圳总部高调举行总部机关工会成立大会,沃尔玛人力资源总监王渝佳当选首届主席。至此,这家被媒体称为"工会之敌"的全球最大的连锁零售商和美国最大的私人雇主,在中国境内63家分支机构全部建立了工会。

从7月底沃尔玛第一家分店工会晋江工会成立,到深圳、沈阳、南京等地的分店工会,再到最后的总部工会成立,在大约100天的时间内,工会以星火燎原之势迅速"占领"了沃尔玛。反观沃尔玛工会的建立模式会发现,第一家分店晋江工会是由员工自发组织建立的,其他分店也多采用这种自下而上的模式成立工会。

到目前为止,我国国内的企业建立工会大体有三种情况:一是大型国企的工会,由于延续计划经济的传统,工会基础比较好,一般不需要工会部门督促,企业会主动建立健全工会组织,工会和企业也能维持一种和谐的劳动关系;二是一些私营企业,为了显示自己跟别人不同,以便于在跟政府部门打交道时多一份筹码,从有利于企业自身形象的方面考虑,会按照政府尤其是政府工会部门的要求组织建立工会。这种工会往往是形式大于内容。第三种是外资和合资企业,他们了解到中国的工会跟国外的不一样,似乎不会跟企业直接对抗,因此也就接受了工会。应该说,上述三种情况都是企业主动或者在政府主管部门(如当地工会)的督促下,以企业为主体建立的工会,也就是所谓的自上而下的建立模式。

【案例解析】 我国的《工会法》第2条明确规定：工会是职工自愿结合的工人阶级的群众组织。由此可知，沃尔玛建立工会的模式恰恰实践了法律规定的基本要求，回归了工会建立的常态。这表明员工和企业的关系在逐渐走向成熟。

20世纪90年代初以来，随着我国经济体制改革和社会转型的加速进行，我国的产权结构已经发生了深刻的变化：由计划经济下单一的全民所有和集体所有的产权结构，到社会主义市场经济下公有制和非公有产权结构并存，而且非公有产权的比重日益提高。

产权结构的变革使劳动关系也发生了根本变化。中国劳动关系学院工会理论研究室主任刘元文认为，理论界一个基本的判断是，劳动关系向市场化的转变已经完成。改革开放以前，我国的劳动关系实质上是国家化、行政化的劳动关系，职工和企业的利益高度一体化，职工是企业的主人。市场经济初步建立后，劳动关系逐步向市场化转变，员工和企业不再是利益一体化了，相反已经逐渐分裂为两个利益体。近年来，不断升级的劳资矛盾充分印证了这一点。

"要适应劳动关系的变化，工会的职能就要进行调整。"刘元文认为，工会存在着职能的重新定位和历史回归的问题。2001年重新修订后的《工会法》完成了历史回归和职能重新定位的使命。

此前，1988年工会全国第九次代表大会规定了工会的四项职能，分别是维护、参与、建设和教育职能。"没有突出强调维护职能，四项之间也没有前后主次之分。"刘元文认为，当时的工会职能对维护强调不够。

《工会法》第2条规定：工会是职工自愿结合的工人阶级的群众组织。中华全国总工会及其各工会组织代表职工的利益，依法维护职工的合法权益。第6条规定：维护职工合法权益是工会的基本职责。刘元文说，这从法律上解决了"工会到底代表谁""工会的职能是什么"两个最基本的问题。

"工会的定位就是劳动者的代言人，这是非常明确的。什么是基本职责？怎么理解？就是最主要的、最根本的，就是根基。"刘元文认为，这是劳动关系市场化后，法律对工会地位和职能的重新定位。

全国总工会主席王兆国在工会十四大报告中提出，理论创新是体制创新和工作创新的前提。工会的理论创新包含多个方面，首先是工会职责定位，其次是职工身份和地位的重新定位问题。"在市场化的劳动关系中，职工到底是一个什么样的地位和身份，与过去宣传的企业主人翁、国家主人到底有何关联，怎么体现，这些都需要理论去解释。还有工会工作方法的调整等。"刘元文说。

中国人民大学劳动关系研究所所长常凯表示，劳资关系在任何国家都不是两方关系，而是三方平衡博弈的关系。没有政府有关部门介入，不可能形成劳资关系和规则。劳资自治是理想状态，取决于工人组织和雇主两方面的成熟。中国在10年间成长出一个雇主阶层，环境优越和速度之快，世界罕有。他们所处的环境并不是完全意义上的市场经济，处理劳资关系的经验尚不丰富。"起码他们就没有遇到过真正代表工人的工会"。因此，政府有关部门除了制定劳动标准和规则，还要以"裁判员"的身份介入劳资关系的协调。

"沃尔玛说中国工会不同于国外的工会，是褒是贬耐人寻味。"常凯认为，加强法制和公权介入，是一种必然的选择。

第三节 雇主和雇主组织

一、雇主的含义

(一) 雇主的概念

雇主（也称用人单位）是指一个组织中，使用雇员进行有组织、有目的的活动，且向雇员支付工资报酬的法人或自然人。但在不同的国家和不同的时期，其称谓和含义也不相同，如资本家、企业主、雇主、用人单位、使用者、经营者等。其中，资本家名义上是指拥有资本并投资获利的人，其实质是指现代产业中，占有生产资料，依靠剥削雇佣劳动榨取剩余价值为生的人。企业主是指企业的拥有者或资产的所有者，又称为业主。企业家一词是从法语中借来的，其原意是指"冒险事业的经营者或组织者"。在现代企业中企业家大体分为两类：一类是企业所有者企业家，作为所有者，他们仍从事企业的经营管理工作；另一类是受雇于所有者的职业企业家。

(二) 各国立法对雇主的界定

加拿大劳动法律规定，"'雇主'表示任何一个雇佣一个或者更多职工的人"；《西班牙劳动者宪章》规定，"一切责任人或法人，或者财产集团雇佣第一条中涉及的人，或者从某一合法的劳动服务公司为另一用户企业雇佣服务人员中涉及的人，或者从某一合法的劳动服务公司为另一用户企业雇佣服务人员的，均称雇主"；日本《劳动基准法》规定，"本法所称的雇主，指企业主、企业经理人或者代表企业主处理企业中有关工人事宜的人"；韩国《劳工标准法》规定，"本法所称雇主，系指企事业主或负责企事业管理的人,或在与工人有关的事宜上为企事业主效力或代表企事业主的其他人"。

美国《全国劳资关系法》通过法律上的定义明确地限制了雇主的管辖范围:"雇主包括直接地或间接地代表雇主利益的任何人。但这不包括国家,任何整个地属于政府的法人,联邦储备银行,任何州或政治性的分支机构,公共机构,任何属于铁路劳动法管辖的人,或者任何的劳工组织(除了作为雇主的时候)或者其官员或代理人。"可见在美国《全国劳资关系法》中,雇主的概念要比普通法或一般成文法狭窄。美国《公平劳资标准法》规定:雇主包括与雇员有关的直接或间接地代表雇主利益的人(并包括公共机构),但不包括任何劳工组织或该劳工组织的职员或代理人。美国民权法案对雇主的定义是:"雇主"这个词意味着一个人从事工业和商业,他有15个或更多的雇员。美国民权法案还规定了例外的情况。

在市场经济中的雇佣法律关系中,雇主是指在具体雇佣关系中与劳动者相对应的另一方。如果说劳动关系是劳动者与生产资料结合的具体形式,那么,雇主在劳动关系中即是生产资料的代表。这样说来,雇主的概念可以定义为:现代劳动关系中代表资方、负责管理和处理劳动事务的法人和自然人。[①] 其法律特征主要有:(1)雇主是雇员或者工人或劳工的对称,其基本特征为"雇佣他人为其劳动"[②]。(2)雇主可以是自然人,也可以是法人。但在具体劳动关系事务中,雇主必须由自然人来充任或代表。(3)凡是在劳资关系中代表资方或官方处理有关劳资事务的人,均可称为雇主。所以,雇主的概念可以包括企事业主、企事业的经营者和管理者以及代表企事业主处理劳资事务的其他人。[③]

(三)我国对雇主概念的界定及其法律特征

在我国的劳动法及劳动力市场中,对于劳动力的使用者以"用人单位"这一概念表述。"用人单位"概念的使用是我国长期的计划经济劳动关系在劳动法学及劳动力市场中的反映。但目前,我国劳动力的使用者既有公有经济组织,也有非公有经济组织,还有国家机关、企事业单位及个人。可见,这些劳动力使用者并不都是"单位",而只是"老板"或者"雇主"。

我国劳动立法所使用的"用人单位",反映了我国的劳动关系尚处于转变过程中的现实状况,即相当数量的国有企业还没有改变"单位制",市场化劳动关系的

---

① 常凯. 劳动关系学. 北京:中国劳动社会保障出版社,2005. 195
② 史尚宽. 劳动法原论. 上海:世界书局,1934
③ 常凯. 劳权论——当代中国劳动关系的法律调整研究. 北京:中国劳动社会保障出版社,2004

雇佣和被雇佣的性质特点，还没有被社会所普遍认同。① 例如，2007年6月29日颁布的《劳动合同法》中仍然沿用了"用人单位"和"劳动者"这一对概念。但随着劳动关系市场化的程度越来越高，在近年来的劳动关系和劳动法律著述和有关文件中，"雇主"与"雇员"的使用频率也越来越高，这一概念正在被学术界和社会所接受。如作为中国雇主组织代表的中国企业联合会从1983年开始就以中国雇主代表的名义参与国际劳工组织的各项活动，并于2003年正式加入国际雇主组织。同时，该会于2001年专门设立了雇主工作部，负责指导和协调各地企业联合会参与协调劳动关系工作。此外，最高人民法院1992年发布的《关于适用〈中华人民共和国民事诉讼法〉若干问题的意见》第45条规定："个体工商户、农村承包经营户合伙组织雇佣的人员在进行雇佣合同规定的生产经营活动中造成他人损害的，其雇主是当事人。"这里的雇主，虽然界定的范围极其狭窄，但可表明我国关于劳动力使用者的法律表述，正在逐步和国际劳动立法接轨。②《最高人民法院关于审理人身损害赔偿案件适用法律若干问题的解释》中第9条和第11条运用了"雇主与雇员"概念来表述过去的"用人单位和劳动者"这一劳动法上的术语。

关于雇主的范围，在我国认识上目前还较混乱，这是由于长期实行计划经济，我国历史上并没有雇主这个概念造成的。计划经济时代，企业及雇佣人属于国家或集体，一提到雇主，就是资本主义社会的概念，是剥削工人的资本家的代名词。但随着改革开放，市场经济的建立，越来越多的私人企业出现，雇主、雇员和雇佣关系等概念被学者及实践部门频繁地使用，但是各有所指没有统一的范围界定。但是现在我们所说的雇主，应该是过去所指的用人单位的概念，而不应将其范围限定于私营企业的雇主。

二、雇主的劳动权利能力和劳动行为能力

用人单位作为劳动关系中的一方当事人，必须具备一定的条件，取得劳动行为能力和劳动权利能力。

（一）用人单位的劳动权利能力

用人单位的劳动权利能力是指用人单位依法享有人权和承担用人单位义务的资格。它是用人单位参与劳动关系成为合法主体的前提条件。在我国现阶段，制约用人单位劳动权利能力范围的因素主要包括以下六个方面：

1. 职工编制定员。用人单位可以根据生产经营规模、工作岗位需要编制用人

---

①② 常凯. 劳动关系学. 北京：中国劳动社会保障出版社，2005. 196

计划。除国家机关、事业单位社会团体用人要受到限制外，用人单位的用人自主权将不受编制限制。

2. 职工录用基本条件。随着市场经济的发展，录用职工将不再受户籍的制约，用人单位可以自行决定诸如年龄、职业资格等录用条件。

3. 最低工资标准。用人单位向劳动者支付的工资不得低于当地最低工资标准。

4. 工时休假制度与劳动安全卫生标准。用人单位不得违反劳动法律法规，延长工作时间或侵犯劳动者的休息权，向劳动者提供的劳动保护条件也不得低于国家标准。

5. 社会保险。用人单位必须按照国家法律法规为劳动者支付社会保险费用。

6. 社会责任。用人单位需履行其应尽的社会责任。如对于国家安置的退役军人、残疾人等必须按国家规定接收并安排工作。

（二）用人单位的劳动行为能力

用人单位的劳动行为能力是指用人单位依法能够以自己的行为实际行使用人权利和履行用人义务的资格。它是用人单位依法参与劳动法律关系、享受权利和履行义务的基本条件。

1. **财产条件**

用人单位首先要有必需的独立支配的财产（如生产资料、工作场所等），才能进一步取得支配劳动力的资格，从而成为劳动关系的主体。

2. **物质技术条件**

一定的生产资料必须与一定的技术相结合才能构成符合法律要求的劳动条件。

3. **组织条件**

用人单位只有形成了一定的组织结构，才能将劳动力在一定分工和协作的条件下与生产资料相结合，并遵循统一的劳动规则，顺利实现劳动过程。

三、雇主的权利与义务

（一）雇主的权利

1. **组织权**

雇主为维护自身的利益，可以依法、自发地建立和参加自己选择的组织。

2. **招工权**

雇主有权根据需要择优录用劳动者，并有权自主决定招工方式、招工数量、招工条件以及招工的时间等。

3. 劳动组织调配权及奖惩权

雇主在企业层面拥有核心权利。作为生产资料的拥有者，雇主可以在生产过程中对劳动者进行指挥、控制，并有权根据本企业的实际情况制定和实施劳动规章制度；有权决定奖惩条件和奖惩办法。

4. 分配权

雇主有权决定劳动报酬的分配办法，但是确定的工资标准不得低于当地政府制定的最低工资标准。

5. 闭厂权

与劳动者的罢工权相对应的是雇主的闭厂权。雇主的闭厂权可以理解为相对于劳动者集体争议权的"雇主的争议权"。

（二）雇主的义务

1. 雇主应根据本企业的情况，按平等、择优的原则雇佣劳动者；遵循按劳分配原则，支付给劳动者不低于当地最低工资标准的工资。
2. 雇主应按照法定的工作时间安排本企业的生产，保证劳动者有充分的休息与休假时间。
3. 雇主应向劳动者提供符合法定标准的安全卫生条件和各种劳动保护措施。
4. 雇主要提供必要的职业培训机会。
5. 雇主要依法交纳社会保险费用。
6. 雇主要建立和完善劳动争议的企业调解制度。
7. 接受国家劳动计划的指导，服从劳动行政部门以及其他有关国家机关的管理和监督的义务。

四、雇主组织的含义

（一）雇主组织的概念

雇主组织是指由雇主（用人单位）依法组成的，旨在代表、维护雇主利益，并努力调整雇主与雇员以及雇主与工会之间关系的团体组织。维护雇主利益、建立协调的劳资关系、促进社会合作，是雇主组织建立的宗旨和目标。

国外的雇主组织大多数是以协会的形式存在的，要准确理解雇主组织这一概念，需要分清雇主组织与纯粹的行业协会的不同。纯粹的行业协会由经济利益结成的组织演变而来，主要负责行业规范以及本行业的营销、定价、技术革命等事务，不处理劳动关系。而雇主组织是由因劳动关系而结成的组织演变而来的，它既处理劳动关系,又负责行业生产事务。[①]

(二)雇主组织的发展概况

西方各国的雇主组织是由促进雇主之间的相互协商与合作为起源发展起来的,此后雇主组织在推进行业标准规范化、加强劳资关系和人事管理方面的服务、参与社会和劳动立法、共同管理雇主有关事务等方面发挥了重要作用,同时也获得了稳定发展。到第一次世界大战时,许多西方国家都建立了稳定的全国性和行业性雇主协会。由于雇主组织在战争中起到了积极的作用,战争使雇主组织获得了法律地位和稳定的发展。20世纪初期,西方国家普遍面临经济困难,雇主协会由于积极与工会组织开展劳动关系的协调工作,对于发展各国经济也起到了积极的作用。为了更好地发挥各国雇主组织的作用,在各国雇主组织之间建立和保持永久的联系,共同协商和讨论社会和经济发展问题,建立一个国际性的雇主组织来协调各国雇主组织共同参与国际事务成为雇主们的共同需求。特别是随着国际劳工组织的成立,在国际劳工组织的机构和活动中统一各国雇主组织的立场和观点,在国际上代表雇主组织来协调与工会的关系,因此,加强各国雇主组织的联系,推动雇主组织的发展,维护雇主利益,促进经济和社会发展,建立一个国际性雇主组织变得更为必要。

国际雇主组织成立于1920年,是目前国际上在社会和劳动领域代表雇主利益的国际组织,由世界各国国家级的雇主联合会或其他形式的雇主组织组成,现有成员126个。国际雇主组织的主要任务有四项:一是在国际上维护雇主利益;二是促进企业自主发展;三是帮助建立和加强国家级雇主组织;四是促进雇主组织之间的信息交流和经贸合作。

我国是国际雇主组织的会员国,但由于众多原因,在2002年以前,我国的席位一直被台湾占据。直到2003年,国际雇主组织才决定接受中国企业联合会为正式成员,并认可其作为中国雇主组织的唯一合法代表,与国家劳动和社会保障部、中华全国总工会一道组成我国"三方代表团"出席国际劳工大会,参与有关国际劳工标准、国际劳工公约的制订及修订工作,在国际上维护中国企业和企业家的利益。

[①] 程延园. 劳动关系. 北京:中国人民大学出版社,2002. 88

五、雇主组织的行为方式和任务

（一）雇主组织的行为方式

雇主组织的作用在于协调劳动关系、参与立法和政策制定、推动企业关注社会责任、为会员提供其他方面的服务。雇主组织主要进行的活动主要有参与谈判、解决纠纷、提供帮助和建议、代表和维护四种。

1. 参与谈判

参与谈判的形式一般是雇主组织直接与工会进行谈判，通过谈判协调劳动关系。但是由于这时的雇主组织是由多名雇主组成的，所以谈判内容往往是宏观性的，很难将每家企业或每个行业的具体情况考虑进去，因此雇主组织谈判达成的集体协议贯彻执行力度往往不强。20世纪80年代，许多企业退出了全国性的雇主组织。

2. 解决纠纷

在劳资双方对集体协议出现争议，企业内部的申诉体制又无法解决问题的情况下，雇主组织可以通过调节和仲裁方式解决问题。

3. 提供帮助和建议

雇主组织有义务在处理劳动关系事宜方面，以及提高雇主成员管理技巧、加强雇主间信息交流和经贸合作、疏通经营障碍、增强企业关注社会责任等方面提供建议与咨询。

4. 代表和维权

雇主组织成立的目的是为了维护雇主会员的利益。它可以代表会员通过公共宣传或直接游说方式向工会、政府以及公众表明会员的利益。

（二）雇主组织的主要任务

雇主组织的任务主要有以下七项：一是积极为雇主服务，提高雇主适应事业挑战的能力；二是促进和谐、稳定的雇主—雇员关系，即劳动关系；三是在国家和国际上代表和促进雇主利益；四是提高雇员的工作效率和工作的自觉性；五是创造就业机会及更好的就业条件；六是预防劳资纠纷，并以公平迅速的方式解决产生的争议；七是为其会员达到发展目标提供服务。

【案例导读】用人单位能否因劳动者不愿加班而将其辞退

【案情简介】张某原是北京某制冷设备公司职工，双方约定月薪1 000元。因该公司主营制冷设备，每年5—8月份工作较忙，而在销售淡季时职工又基本无工作可做。自2003年5月起，这家公司对工资制度进行调整，实行淡季不减工资，旺季适当增加奖金、不另计加班费的办法，将有薪加班改为无薪加班。因为有时临下班才通知加班，张某表示不愿意加班。该公司认为张某有抵触情绪，于2003年11月口头通知将张某辞退。张某向劳动争议仲裁委员会提出申请，请求这家制冷设备公司补签劳动合同，补发9—11月加班费600元，加罚25%经济补偿金150元，支付2个月经济补偿金。劳动争议仲裁会裁定，北京某制冷设备自接到裁决书之日起15日补签与张某存在劳动关系期间的劳动合同，按国家规定办理与张某解除劳动关系的相关手续；支付张某经济补偿金2 000元（1 000元×2个月）；支付张某加班费600元，加罚25%经济补偿金150元；仲裁费300元，由北京某制冷设备公司承担。

【案例解析】《劳动合同法》规定，用人单位应当严格按照劳动定额标准安排工作，不得强迫或者变相强迫劳动者加班。用人单位加班的，应按照国家相关规定向劳动者支付加班费。用人单位安排加班不支付加班费的，由劳动行政部门责令期限支付加班费；逾期不支付的，用人单位须按应支付金额50%以上100%以下的标准向劳动者加付赔偿金。此规定属于法律的强行性规范。用人单位在劳动合同中要求劳动者"无薪加班"的约定因违法而无效，因为此约定排除了法律规定劳动者因加班而获得报酬的合法权利。

然而，此"无薪加班"约定无效不能由用人单位或者劳动者自行认定，而应由劳动争议仲裁委员会或人民法院认定。劳动者认为劳动合同的条款违反法律、行政法规的规定，可申请劳动仲裁要求认定劳动合同无效，同时还可依据法律规定要求单位支付加班工资。

此案中，北京某制冷设备公司无薪加班违反了劳动法的强制性规定，应认定为无效，并应该支付张某加班工资。

针对营销有淡旺季的企业，其实劳动法是考虑到其工作特点的，并规定了综合计算工时制度和不定时工时制度来满足这种特别需要。职工在工作时间内工作任务不足，是该公司工作安排问题。在职工超过国家规定的日标准工作时间工作时，企业应当支付延长工作时间的加班工资。对企业来说，如果企业的工作任务是非均衡性的，可以向劳动行政主管部门申请取消职工的加班工资。企业应懂得合理利用适当的法律规定，结合自己的实际情况组织生产。

第四节 政　府

一、政府在劳动关系协调中所起的作用

政府是管理和控制一个有组织的社会的政治机构和统治机构。虽然可以说，在一个民主国家里，议会是最高层的政治实体，但是，政府却是整个国家最活跃、最重要的因素，它决定着一个国家的方针、政策和行为。在劳动关系上，政府是非常重要的，因为它是唯一能通过立法改变劳动关系制度和规则的实体。

在发达的市场经济国家，在劳动关系规范管理中，工会和雇主，尤其是工会，都是反对政府或反对法律干涉的，而政府不管其政治观念是什么，在劳动关系中也都支持自愿原则。可以说各国政府在劳动关系中都扮演着十分重要的角色，发挥着重要的作用。特别是近年来，越来越多的政府加强了对劳动关系的干预。

归纳地说，政府在劳动关系中的作用主要体现在三个方面：一是政府有权修改劳动关系的各项制度。二是政府可以通过直接或间接的方式控制许多公共部门。政府不仅控制这些部门的劳动就业人数，而且使公共部门的劳动关系成为私人部门劳动关系的样本。三是政府针对不同经济或社会问题采取的方针、政策和行动为管理方和工会之间的集体谈判创造了大环境。

二、政府在劳动关系协调中所扮演的角色

（一）政府在劳动关系协调中扮演的角色

关于劳动关系中的政府角色问题，国外与国内的学者有不尽相同的理论成果。英国利物浦大学教授罗恩·比恩（Ron Bean）在《比较产业关系》一书中指出，政府在劳动关系中主要扮演五种角色：(1) 政府扮演第三方管理者角色，为劳资双方提供互动架构与一般性规范；(2) 政府扮演法律制定者角色，通过立法规定工资、工时、安全和卫生的最低标准；(3) 如果出现劳动争议，政府提供调解和仲裁服务；(4) 政府作为公共部门的雇主；(5) 政府还是收入的调节者。[①] 在此之后，

[①] Ron Bean. Comparative Industrial Relations: An Introduction to Cross-national Perspectives. Second Edition. London: Routledge, 1994: 102-103

其他学者将其理论拓展成为表2—1的"5P"理论。

表2—1 政府在劳动关系协调中的 5P 角色

角色名称	主要业务内容	政府应采取的态度
保护者（protector）	1. 劳动合同 2. 劳动标准 3. 劳工保险 4. 劳工福利 5. 劳工教育 6. 劳动安全卫生 7. 劳动监察	积极、主动
促进者（promoter）	1. 工会组织 2. 集体谈判 3. 雇员参与 4. 分红入股	中立、不干预
调停者（peace-maker）	劳动争议处理	中立、不干预
规划者（planner）	1. 职业培训 2. 就业服务 3. 失业保险 4. 人力资源规划	积极、主动
雇用者（public sector employer）	公共事业	合法化、企业化、民主化

资料来源：程延园. 劳动关系. 北京：中国人民大学出版社，2002. 140

1. 雇员基本权利的保护者

政府不但要制定并实施劳动保护立法，为保护雇员的基本利益提供制度和规范，同时政府还要监察劳动标准以及劳动安全卫生的执行情况，劳动监察是政府的第一个角色衍生出的重要任务。

2. 集体谈判与雇员参与的促进者

政府不是以参与者，也不是以直接干预者，而是以促进者的角色推动集体谈判的开展以及雇员参与、分红和员工持股。这也是工业民主的主要手段。

3. 劳动争议的调停者

劳动争议是工业社会的自然现象，政府必须为此建立一套迅速、有效的劳动争议处理制度。在劳动关系中，如果雇主的力量占优势，政府一般以自愿原则提供调节和仲裁服务；如果是工会的力量占优势，政府则采取强制性调节和仲裁措施，以平衡劳资双方的利益冲突。

政府应当作为中立的仲裁者，为劳动关系营造一个公平的外部环境，使劳资双方能够以协商谈判的方式解决内在冲突，使产业冲突减到最少。

4. 就业保障与人力资源的规划者

这个体系包括职业培训、就业服务、失业保险三大支柱。在目前自由化、国际化和竞争日趋激烈的社会中，政府要在教育培训、研究开发、人力资源规划等方面进行整体设计，提供全面、切合实际的支持，以增强企业的国际竞争力。

5. 公共部门的雇用者

公共部门的雇员包括政府与地方公务员以及国有企业的雇员，其规模和人数在各国不尽相同，但都占有相当的比例。政府作为公共部门的雇主，应当提供合法、合理的劳动条件，以模范雇主的身份参与和影响劳动关系，成为其他部门劳动关系的榜样。

(二) 政府在劳动关系协调中的作用

作为以上五种角色，政府在劳动关系协调中发挥如下四种作用：

1. 组织作用

政府的职责决定了其主导地位和组织者的身份，具体作用包括：在制定法律和重大经济政策，在调整劳动关系及相关劳动问题时（如制定工时制度、确定最低工资标准、确定劳动条件标准和劳动保护措施、社会保险福利制度等），吸收并听取劳资双方的意见，组织劳资双方进行讨论；对劳动力市场进行宏观干预，主要是根据法律创造条件，采取措施，促进失业人员就业，制定消除就业歧视的政策和措施，对雇主大量裁员进行干预等；对劳资双方的协商谈判，采取直接介入和间接介入、主动介入和被动介入、争议前介入和争议后介入等方式，进行协调，促使劳资双方合作，达成协议；实施劳动行政管理，全面规范劳资双方的行为。

2. 平衡作用

在劳动关系中，真正出现利益冲突和对立的是劳资双方。而劳资双方的力量对比，一开始是劳方处于绝对劣势；但随着工会力量的不断壮大，特别是法律确认集体协商和集体合同制度以后，工会的地位进一步加强，资方面对的不再是单个的劳动者，而是一群劳动者（即以工会为代表的劳动者团体），因而劳资双方的力量对比发生了重大变化。当劳资双方在某一时期或某一问题上出现了分歧，一方力量明显大于对方时，劳资关系的协商会困难重重，协商结果也不利于共同合作。这对于发展经济和安定社会都会产生消极影响。政府的作用就是采取强硬的调整措施，使双方力量保持平衡。特别是当劳工运动危及经济发展和雇主利益时，政府往往会使用权力，对工会采取强硬措施，平衡劳资关系。

3. 监督作用

政府在三方协商格局中主要发挥监督作用。其目的是通过政府监督和指导集体合同的订立，确保劳资双方协商内容的公平、合理、合法、完备和可行。政府监督的方式为登记、备案、审查或批准。至于劳资双方协议或集体合同的履行，监督更是非常必要的。西方国家政府劳动部门都对劳资协商结果的履行进行监督，还设立专门机构进行控制。监督既包括日常对劳资双方履行协议情况的检查，也包括劳资双方对履行协议产生争议时的处理和对违反协议一方的处罚。

4. 服务作用

从产业革命至今一个多世纪的发展演变，市场经济国家的劳资关系运行机制和三方协商的格局，逐渐形成了比较完善的制度和规范的体系，解决劳资纠纷的途径基本已经制度化、法律化。政府在三方协商机制中主要的作用将成为一种服务关系，即政府要为劳资关系的协调创造条件和提供服务。政府服务的内容一般包括：政府通过立法建立完整的劳资关系法律体系，为劳资关系的调整提供法律依据，制定标准；按照国际劳工组织1981年第163号建议书的要求，政府部门对参加集体协商、集体谈判的劳资双方组织予以承认，并在谈判过程中提供必要的资料；政府对劳资双方在建立劳动关系、进行合作方面给予指导帮助，提供中介、咨询服务，发布各种信息；为劳资关系双方进行人员和业务培训，组织国际间的合作与交流。

三、劳动行政部门在劳动关系协调中的作用

目前我国处于社会主义初级阶段，生产力水平不高，社会主义市场经济正在发展健全过程当中，地区发展不平衡，社会保障体系正在建立，国家财力有限，历史包袱重（特别是国有企业）。我国的改革已进入攻坚阶段，加入WTO和全球经济放缓，都将对劳动关系产生很大影响。政府要发挥作用，尤其是"我国改革是政府推进型的改革"，政府在劳动关系协调中要主动、积极地发挥作用。

1. 政府担负着调解劳动关系的重要职责和任务

作为政府职能部门之一的劳动部门，担负着调解劳动关系的重要职责和任务。政府是国家权力的执行机关，政府必须通过对劳资关系的协调来维护国家利益，促进经济发展。在市场经济条件下，政府不再直接介入企业的经营管理，政府的职责是对企业实施宏观管理，进行有效监督，防止国有资产流失，保证国有资产保值增值。三方协商中，政府一方的代表应当紧紧围绕促进生产力发展，在维护国家利益和社会进步等方面平衡劳动者与企业的关系，指导双方合作，保持劳动关系的协调和稳定。

2. 政府是劳动关系的政策制定者和宏观调控者

在市场经济条件下，经济运行和劳动关系主要依靠市场规律来调节，但市场经济的盲目性往往对经济发展形成一定的破坏性，进而导致劳动关系的不稳定。因此，必须由国家进行宏观调控。作为立法者，我国劳动部门起草了经全国人民代表大会通过并于1995年颁布实施的《劳动法》，并已运行十多年，从我国《劳动法》的立法原则保护的是劳动者的合法利益，同时兼顾用人单位的利益。作为管理者，这几年劳动部门逐渐放开了工资和用工等审批权，为促进就业和建立社会保障体系，实行鼓励性的就业政策和强制性的社会保险政策，努力降低失业率，保障职工的切身利益作出了贡献。

3. 政府是企业与职工利益矛盾的调节者

在市场经济条件下，国家、企业和劳动者是不同的利益主体，在经济活动中有着不同的利益追求，难免产生矛盾和冲突。在三方协商机制中，政府通过一定的措施，把劳动关系双方的利益追求统一到国家利益上来。作为调解者，劳动部门应与工会、企业代表组成劳动仲裁委员会，履行劳动争议仲裁职责，作好裁判员。

【案例导读】其他部委规章、文件能否作为否定劳动关系的依据

【案情简介】河北省保定市容城县近几十年来在各个乡镇设立了农村信用社，在各个行政村设立了村级信用站。村信用站的工作人员系当地基层组织推荐、经信用社选拔聘用的当地居民。他们按照信用社下达的任务、操作规程和其他管理制度，对当地居民提供金融服务，按照工作绩效从信用社领取劳动报酬。

近年来，各信用社被合并整合为"容城县农村信用合作联社"，原乡镇级信用社成了县信用联社的分支机构。2005年年底至2006年夏，各村信用站被逐步撤销。2005年年底，容城县信用联社与部分职工签订了"解聘协约"，没有约定经济补偿金和社会保险权益的处理方案，而是在该协约书中约定"未尽事宜，双方协商解决或依法处理"。

此后，信用站职工多次要求容城县信用联社解决他们的经济补偿金、社会保险等未尽事宜，但该单位直到2006年年底才答复：双方之间不是劳动关系，不存在经济补偿金和社会保险权益问题。双方至此产生了劳动争议。

容城县劳动仲裁机构认为双方之间不是劳动关系，不予受理仲裁申请。2007年4月，朱某等83名劳动者向容城县法院提起诉讼。容城县农村信用合作联社不承认其与信用站代办员之间存在劳动关系，理由是《关于加强和规范农村信用社代办员业务管理的意见》（中国人民银行银发〔1999〕335号）规定了农村信用站与

其业务代办员之间是委托代理关系,而非劳动关系。

处理结果:该案件于 2009 年 8 月 11 日由河北省容城县法院一审裁定驳回起诉,理由是双方之间不是劳动关系。

【案例解析】 朱某等 83 名劳动者与容城农村信用合作联社之间是否存在劳动关系不难作出判断。争议的核心焦点是一个法律问题:中国人民银行的银发〔1999〕335 号文件,能否作为认定或否定劳动关系的依据?

银发〔1999〕335 号文件规定,农村信用社设立信用站等代办机构,不是一级金融机构,也不是信用社的分支或派出单位,其中的业务代办员是信用社的业务代理人。显然,发文部门在发现全国很多地方的金融单位聘用了代办员之后,为了规范、约束有关单位而发出了该文件。

作为经济主管部门之一,对于本系统的企业如何规范用工是完全可以制定规章、发布文件予以调整和约束的。银发〔1999〕335 号文件即为这样的规范。它是要求金融企业注意不要和代办员建立劳动关系,应当被认为是金融企业用工规范之一,而非对金融企业已发生的用工事实作出认定。规范和事实不能混淆,即中国人民银行是在要求各地信用社不要与信用站人员形成劳动关系,但如果金融企业偏要与之形成劳动关系,当然应承担发生劳动关系的相应后果。

按照被告容城县农村信用合作联合社及其上级单位解释,中国人民银行对是否劳动关系的事实作出了判断,即认定了信用站与其代办员之间不是劳动关系。而认定劳动关系的标准和规范只能由最高立法机关、国务院和劳动行政主管机关制定,中国人民银行如果对金融系统中某些法律关系是否是劳动关系进行判断、认定,应为越权行为。

正是因为银发〔1999〕335 号文件可能涉嫌越权、违法,也可能引起认识混乱,对金融企业的用工行为产生误导,国家银监会和中国人民银行于 2007 年 1 月废止了该文件。

【本案启示】 类似问题在很多具有经济管理职能的部门都出现过。相关背景是:很多中央政府直属企业、垂直管理企业存在普遍、大量、长期进行"混合用工"的问题——很多劳动较为艰苦的工作由临时工、合同工、代办员去完成,而"正式工"则充当工资福利明显优裕、劳动任务明显轻松的管理者;在同一种职位、同一个工作过程中,非正式与正式工混合工作,工作难以区分,但待遇差别很大,明显违背同工同酬的原则。如果这些部门对本系统的单位如何合法、规范地用工发布规章、文件予以约束,是没有问题的;但是如果试图指示、帮助这些用工单位规避劳动法律义务,而对已经存在的用工事实及其性质进行判断、认定,显然是非法的。不论其判断和认定的结论是否正确,都是越权行为。

第三章 劳动法律制度

第一节 劳动法的发展历程

一、世界劳动法律制度的起源

(一) 世界上第一部劳动法——英国的《学徒健康与道德法》

17世纪中叶以后,以英国为首的西方国家先后取得资产阶级革命的胜利,资本主义生产方式已经完全占据统治地位,资本主义劳动关系也随之完全确立起来。资本家与工人之间的关系,是一种剥削与被剥削的雇佣关系。这种新的劳动关系促进了资本主义经济的发展。从18世纪30年代起,英国开始了产业革命,实现了从手工业向机器大工业的过渡。产业革命以后,随着大工业的兴起,资产阶级的势力大大地加强了。他们凭借在政治上的统治地位,进一步强化了对无产阶级的剥削和压迫。而千百万手工业劳动者,随着机器的广泛采用被排挤出生产过程,成为失业者,形成庞大的产业后备军。这时,资本家已经不再为缺少劳动力而担忧,不必再用法律来强迫工人进厂做工和接受苛刻的工作条件。他们利用劳动力市场上取之不尽的过剩劳动力,大幅度降低工人的工资,尽可能延长工作时间,无限制地增加劳动强度对工人进行最大限度的剥削。当时英国工厂的工作时间延长到每昼夜14~16小时,甚至18小时。工人除睡觉、吃饭以外没有任何休息时间。工人的工资不足以维持最起码的生活,还经常被罚款和克扣。再加上工厂的劳动条件极其恶劣,工人的生命健康得不到任何保障。在这种情况下,无产阶级为了保卫自身的生存权利,在18世纪中叶以后,就自发地起来同资产阶级进行斗争,要求颁布法律来限制工作日长度,特别是童工和女工的工作时间。开始的时候,资产阶级借口限制工作日就会破坏"契约自由",坚决拒绝工人的要求。到18世纪末,无产阶级生活状况日益恶化,反抗日趋激烈,引起社会各界的关注。一些慈善家和社会活动家目睹儿童和妇女们的悲惨状况，不时提出指责和批评。个别开明的资本家和政治家也同情工人的遭遇，一再向英国议会提出倡议和施加影响。在各方面的压力和影响下，1802年，英国议会被迫通过《学徒健康与道德法》，规定纺织工厂18岁以下的学徒每日工作时间不得超过12小时，并禁止学徒在晚9时至翌晨5时之间从事夜工。这个法律的适用范围仅限于棉纺织和毛纺织工厂，适用对象只是学徒，涉及的事项只限于工作时间。在此后的30年中，英国议会又直接用《工厂法》的名称通过了几个法律，逐步扩大了适用范围和对象，增加了调整的内容。继英国之后，欧洲其他几个工业化较早的国家，如瑞士、德国、法国等也先后颁布了限制童工和工作时间及夜工的法律。这些法律统称为"工厂立法"。

这些法律不同于以往调整劳动关系的法律，它们是调整真正意义上的劳动关系的专门法律，调整的是资本家与工人之间单纯的劳动关系。此时的工人有了完全的人身自由，不再占有财产，也不依附他人。因此，这些"工厂立法"是劳动法的真正起源。

（二）19世纪中叶以后劳动法的发展

"工厂立法"出现以后，虽然劳动者取得了表面的胜利，但他们的劳动状况依然十分恶劣。资本家为了获取高额利润，转嫁经济危机，千方百计地从工人身上榨取剩余价值。无产阶级队伍的不断壮大使工人阶级形成了独立的政治力量，工人运动和革命浪潮开始高涨。19世纪中叶，劳动立法有了新的发展，表现为扩大了适用范围：不仅适用于童工和少年工、女工，而且发展为普遍适用于所有工业。另外，各国的工厂法缩短了工作日的长度和提高了儿童受雇的年龄，在工作时间方面增加了每周休息日和中午吃饭时间的规定等。进入20世纪以后，工厂法的内容比以前更加充实，8小时工作制的实现，带薪年休假制的实行、最低工资制的建立、劳动保护制度的加强等，都表明劳动法律体系逐步趋于完整。这些法律在改善劳动者的劳动状况、提高劳动人民的生活水平以及保障劳动者的合法权利等方面起到了积极作用。

劳动者为社会积累和创造着财富，社会的文明和进步离不开劳动者。但劳动者地位的提高、生产和生活条件的改善，却是工人们通过自己的反抗和斗争，一点一点地努力争取来的。正如德国著名法学家耶林所说：法律的目的是和平，而达到和平的手段，则是斗争。权利不会是"天上掉下的馅饼"，要为权利而斗争。《劳动法》的产生，就是劳动者为了自身的生存利益斗争的结果。劳动者在追求自己利益的同时，也为人类的文明进程提供了源源不断的动力。

二、我国劳动法律制度的发展

（一）旧中国劳动立法（南京国民政府时期）

南京国民政府制定的劳动法，是对中国工人阶级实行专政的工具，并通过一些形式上的合理因素来掩盖雇佣劳动和剥削关系。从劳动法的内容和立法情况上看，其主要特点是：

1. 公开限制工会并剥夺工人的民主权利。1929年《工会法》及1941年《非常时期工会管制暂行办法》都对工会的活动作了明文限制和控制，后来修正公布的《工会法》公然取消了工人的罢工权利。

2. 南京国民政府的劳动立法基本上是在抗日战争前进行的。抗战开始后至国民党政府被推翻这一段时期，基本上没有重要劳动立法，劳动立法工作基本上陷于停顿。

3. 劳动立法基本上模仿欧洲国家的劳动立法，与实际社会关系的距离太大，绝大多数劳动法并未真正付诸实践。尤其是《劳动契约法》和《最低工资法》，根本没有施行。

（二）革命根据地的劳动立法

革命根据地劳动立法的特点是：

1. 劳动法从无到有，从少到多，随着根据地的不断扩大而发展起来。

2. 尽管当时经验少，劳动法不完备，有时还受"左"倾思想的影响，但是绝大多数劳动法规都注重保护劳动者的权利。这对于调动劳动者的革命积极性起到了不可估量的作用。

3. 与抄袭外国的南京国民政府劳动法相反，革命根据地的劳动法是依据根据地的实际情况制定的。这为新中国成立后建立具有中国特色的劳动法提供了立法和司法经验。

（三）新中国的劳动立法

1. 新中国成立后至改革开放前的劳动立法

这一时期，我国颁布了一系列重要的劳动法律法规，如1950年颁布了《中华人民共和国工会法》，1951年制定了《中华人民共和国劳动保险条例》。但这一阶段的劳动立法总体上不够完善。

2. 改革开放以来的劳动立法

（1）改革开放以来的劳动立法

改革开放以来的十几年是我国经济建设和社会主义法制建设取得重大成就的时

期，也是我国劳动法制建设的黄金时期，大量劳动法律法规在此时相继出台，有力地推动了劳动制度改革和整个经济体制改革的进程。

1994年7月5日通过的《劳动法》共13章107条，从1995年1月1日起施行，标志着我国劳动法制建设达到一个新水平。

(2)《劳动法》颁布实施的意义

它确立了我国社会市场经济条件下劳动力市场的基本法律规则，为保护劳动者的合法权益、稳定劳动关系提供了法律保障；促进了我国经济的发展和社会的进步；有利于在劳动领域广泛开展国际交流与合作，促进对外开放。

(3)《劳动法》的立法指导思想

《劳动法》的立法指导思想是：①充分体现宪法原则，突出对劳动者权益的保护。②有利于促进生产力的发展。③规定统一的基本标准和规范。④坚持从我国国情出发，尽量与国际惯例接轨。

这些指导思想保证了《劳动法》的制定工作具有中国社会主义特色。

(4) 这一时期的劳动立法成就

1）建立起比较完备的劳动就业制度。

2）1981年中共中央、国务院颁布的《关于加强职工教育工作的决定》，明确提出了"先培训后就业"的原则。

3）制定了有关劳动合同的专门劳动法规。

4）在企业工资制度改革方面制定了相应的配套法规。

5）随着劳动保险制度改革的逐步发展，社会保险立法不断完善。

6）劳动保护立法成就显著，并已初具规模。

7）工会与企业民主管理方面的立法进一步完善。

8）建立起企业职工管理法律制度。

9）外商投资企业和私营企业劳动管理逐步纳入立法领域。

10）劳动争议处理初步纳入法制轨道。

3. 2008年三部重要劳动法律的颁布实施

2008年，我国制定了三部重要的劳动法律文件，分别是《中华人民共和国劳动合同法》《中华人民共和国就业促进法》以及《中华人民共和国调解仲裁法》。这些法律对于规范和调整劳动关系、保护劳动者的合法权益以及预防和解决劳动争议必将起到极大的促进作用。

第二节 劳动法的概念与作用

一、劳动法的概念

(一) 劳动法的概念

劳动法是调整劳动关系以及与劳动关系密切联系的社会关系的法律规范总称。制定劳动法的目的是保护劳动者的合法权益，维护和发展和谐稳定的劳动关系，维护社会安定，促进经济发展和社会进步。劳动法是整个法律体系中一个重要的、独立的法律部门。

(二) 劳动法的调整对象

1. **劳动关系**

劳动法的主要调整对象是劳动关系，可以说，劳动关系是劳动法的核心内容。劳动法调整的劳动关系是狭义的，即劳动者与用人单位之间在实现劳动过程中发生的社会关系。其特征是：

(1) 劳动关系的当事人是特定的，一方是劳动者，另一方是用人单位。劳动者是劳动力的所有者，可以释放其脑力和体力的劳动能力以从事物质创造和完成其他工作任务；用人单位是生产资料的所有者、经营者、管理者，支配和使用其掌握的生产资料，有偿使用劳动者。

(2) 劳动关系的内容是在实现劳动过程中发生的社会关系。所谓实现劳动过程，就是劳动者参加到某一用人单位中去劳动，使劳动者与用人单位提供的生产资料相结合，而不是劳动者同自有的生产资料结合。强调劳动过程，就是强调劳动力和生产资料相结合的生产过程，从而与物物交换的实现过程相区别。一般来说，物物交换的关系属于民法的范畴，与劳动过程没有直接联系，因而不受劳动法调整。

(3) 劳动关系具有人身关系的属性。劳动者向用人单位提供劳动力，就是将其人身在一定限度内交给用人单位支配，因而劳动关系具有人身属性。这一属性也决定了用人单位对劳动力的使用、管理直接关系到劳动者的人身，关系到其健康和生命，因而劳动力使用者应负责提供符合标准的劳动安全卫生条件。这种人身属性也决定了劳动者必须亲自履行劳动义务，并应遵守用人单位的内部劳动规则，按照劳动力使用者的要求进行劳动。

(4) 劳动关系具有财产关系的属性,是指劳动者有偿提供劳动力,用人单位向劳动者支付劳动报酬,由此缔结的社会关系具有财产关系的性质。这种财产关系与民法调整的财产关系有一定区别。民法所调整的财产关系主要是主体之间因交换物化了的劳动(劳动成果)而发生的财产流转关系,而劳动法调整的是活劳动和物化劳动相交换的关系。

(5) 劳动关系具有平等关系、隶属关系的属性。在市场经济条件下,劳动关系是通过双向选择确立的,双方当事人在建立、变更或终止劳动关系时,是依照平等、自愿、协商原则进行的,因而劳动关系具有平等关系的属性;但劳动关系一经确立,劳动者一方就从属于用人单位一方,成为用人单位的职工,必须听从用人单位的指挥和调度,双方形成管理与被管理、支配与被支配的关系,因而具有隶属关系的性质。

2. 其他社会关系

虽然说劳动关系是劳动法最主要、最基本的关系,但并非所有社会劳动关系均由劳动法调整,也就是说劳动关系不是劳动法调整唯一的社会关系,劳动法还调整与劳动关系有密切联系的其他社会关系,这些社会关系包括:

(1) 属于发生劳动关系必要前提的社会关系,比如就业关系;(2) 属于劳动关系直接后果的社会关系,比如劳动争议;(3) 属于劳动关系的附带的社会关系,比如社会保险。

二、劳动法适用的范围

(一) 劳动法的适用范围

1. 各级各类企业及与其形成劳动关系的劳动者。企业是以营利为目的经济性组织,包括法人企业和非法人企业,是用人单位的主要组成部分,是本法的主要调整对象。

2. 个体工商户与其帮工、学徒。个体经济组织是指雇工 7 个人以下的个体工商户。

3. 民办非企业组织与其劳动者。民办非企业单位是指事业单位、社会团体和其他社会力量以及公民个人利用非国有资产举办的从事非营利性社会服务活动的组织,如民办学校、民办医院、民办图书馆、民办博物馆、民办科技馆等。目前我国民办非企业单位超过 30 万家。

4. 企业化管理的事业单位与其劳动者。我国的事业单位可以分为三种情况:一种是具有管理公共事务职能的组织,如中国证券监督管理委员会、中国保险监督管理委员会、中国银行业监督管理委员会等，其录用的工作人员参照公务员法进行管理，不适用劳动法。一种是实行企业化管理的事业单位，这类事业单位与职工签订的是劳动合同，适用劳动法。还有一种事业单位，如医院、学校、科研机构等，有的劳动者与单位签订的是劳动合同，就要按照劳动法的规定进行管理；有的劳动者与单位签订的是聘用合同，就要按照其他法律、行政法规和国务院的规定进行管理。

5. 国家机关、事业单位、社会团体及与其形成劳动合同关系的工勤人员。

（二）不适用劳动法的情况

1. 国家机关与其公务员之间的劳动关系。

2. 事业单位、社会团体与其比照公务员管理的劳动者之间的劳动关系。和事业单位一样，我国的社会团体也是分两类人员进行管理。按照《社会团体登记管理条例》的规定，社会团体是指中国公民自愿组成，为实现会员共同意愿，按照其章程开展活动的非营利性社会组织。社会团体的情况比较复杂，有的社会团体（如党派团体）除工勤人员外，其工作人员是公务员，应按照公务员法管理；有的社会团体（如工会、共青团、妇联、工商联等人民团体和群众团体，文学艺术联合会、足球协会等文化艺术体育团体，法学会、医学会等学术研究团体，各种行业协会等社会经济团体）虽然公务员法没有明确规定参照，但实践中对列入国家编制序列的社会团体，除工勤人员外，其工作人员是比照公务员法进行管理的。除此以外的多数社会团体，如果作为用人单位与劳动者订立的是劳动合同，就按照劳动法进行调整。

3. 军队与其现役军人之间的劳动关系。

4. 农业承包户与其劳动者之间的劳动关系。

5. 家庭雇主与保姆之间的劳动关系。

6. 在校学生因勤工助学、退休职工因返聘而形成的劳动关系。

三、劳动法的内容

1. 就业促进制度

我国的就业促进制度包括以下内容：一是扩大就业的原则。把扩大就业作为经济社会发展和经济结构调整的重要目标，实现经济发展与扩大就业的良性互动。二是市场就业的原则。深化劳动就业制度改革，完善市场导向的就业机制，保证劳动者择业自主权和用人单位用人自主权。三是平等就业的原则。禁止就业歧视，为劳动者提供公平的就业机会。四是统筹就业的原则。统筹做好城镇新增劳动力就业、农村富余劳动力转移就业、下岗失业人员再就业工作，逐步形成城乡统一的劳动力市场。落实这些原则，需要明确政府促进就业的职责，完善市场导向的就业机制，形成促进就业的工作制度和体系。

2. 劳动标准制度

劳动标准制度是劳动法中的重要内容，主要包括：就业时间（包括日最长工作时间、休息休假制度、周工作日的长短、加班时间限制等）、最低工资标准、劳动安全卫生标准、女职工和未成年工劳动条件等。

3. 劳动合同制度

劳动合同是劳动者和用人单位建立劳动关系的依据和标志。劳动合同制度包括劳动合同的订立、变更、中止、解除以及终止等内容。

4. 集体谈判与集体合同制度

集体谈判是市场经济国家调节劳动关系的基本手段和重要机制，是工会维权活动的途径之一，也是判断企业经营管理水平和对职工权益维护力度的重要标准。集体谈判的最终成果——集体合同不仅体现了企业的劳动关系，而且规定了企业的基本发展目标和职工的基本权益及其保障条件。同时集体合同也是对法律的补充和具体化，因而有人把它称为"企业的小宪法"，受到广泛的重视。随着经济全球化的发展和产业结构调整的深化，集体谈判对调节劳动关系和维护劳动者权益的作用将会越来越明显。

5. 职业技能开发制度

改革开放以来，我国的职业技能开发制度获得了长足的发展。随着社会主义市场经济体制的确立，各级劳动行政部门和国务院有关部门、行业组织全面贯彻《劳动法》和《中国教育改革和发展纲要》以及《国务院关于〈中国教育改革和发展纲要〉的实施意见》，建立了包括以职业分类和职业技能标准制定、职业技能培训、职业技能鉴定、职业资格证书、职业技能竞赛、职业需求预测、职业咨询与指导等内容的职业技能开发体系。

6. 社会保险制度

我国已经建立起了以城镇职工为保障对象的社会保险制度体系。主要项目有：社会统筹与个人账户制度相结合（以下简称统账制度）的养老社会保险、社会统筹与个人账户制度相结合的医疗社会保险、失业保险、工伤保险、生育保险。

7. 劳动争议处理制度

劳动争议处理制度是通过劳动立法的形式将劳动争议处理的机构、原则、程序、受理范围等确定下来，用以处理劳动争议的一项法律制度。劳动争议处理制度在法学分类上称为程序法。就其内容看,它是解决在劳动争议处理方面的原则、程序等的规定;就其任务和作用看,它为贯彻实体法提供法律保障。发生劳动争议以后,我国现行的劳动争议处理制度主要包括调解制度、仲裁制度和诉讼制度。

8. 劳动监察制度

我国的劳动监察制度始于新中国成立初期,但那时的劳动监察工作仅局限于劳动安全监察。党的十四大提出建立社会主义市场经济体制的总目标后,为适应社会主义市场经济发展需要,各地劳动保障部门积极转变职能,借鉴国际劳动监察惯例,逐步探索并开展了劳动监察工作。1993年8月,原劳动部发布了《劳动监察规定》,对劳动安全监察以外其他方面劳动监察的一般规则作了规定。1994年7月,《劳动法》颁布,进一步明确了劳动监察制度。1995年及1996年,原劳动部又相继颁布了《劳动监察程序规定》《处理举报劳动违法行为规定》。随后,各省、自治区、直辖市也相继制定了地方性法规和规章。2004年11月1日,国务院颁布了《劳动保障监察条例》。这对完善我国劳动保障法律体系具有重要意义。《劳动保障监察条例》全面地规定了劳动保障监察的范围、原则、主体、内容、程序及监察机构和监察员的职责、权利和义务等,并对监察机构和监察员的违法行为规定了相应的法律责任。这些法律法规,为我国劳动监察制度的建立和发展提供了法律依据和处理规则,为《劳动法》的贯彻实施和维护劳动者的合法权益起到了积极作用。

四、劳动法的作用与功能

1. 维护劳动者的合法权益

劳动法之所以突出维护劳动关系中劳动者一方的合法权益是由于劳动者所处的弱者地位。现代法律所追求的不应是抽象的形式平等与公正,而应在考量主体社会地位、综合实力的基础上确定主体的权利义务,以达致一种实质上的平等与公正,尤其应向社会弱势群体实施倾斜保护,使弱者在法律的支持下减轻不利境况对其构成的伤害,切实体会到法律和社会的温暖。也就是说,"法律关切的是竞争制度下的不幸的受害者,而不是那些获得利益的幸运儿"[①]。产生于近代机器大工业的劳资关系,从一开始就是一种不平等的关系,它鲜明地体现为资本对劳动力的支配关系,资本的巨大支配力量将劳动者的独立转化为对资本的依附。劳动者的弱者地位是由多方面因素决定的,我们可以从缔结职业劳动关系前后两个阶段加以认识:首先,在缔结职业劳动关系前,劳动者为寻求生活来源必须与资本相结合(即就业),

---

① [英] J. M. 奥利弗. 法律和经济. 武汉:武汉大学出版社,1986. 32

而劳动力供大于求是现代社会在世界范围内的普遍现象，我国的问题尤为突出。巨大的劳动力供给量必然造成劳动者在寻求工作机会时处于弱势地位，劳动者为了生存，常常不得不接受一些苛刻的劳动条件，如低工资、长工时或恶劣的工作环境等，并且此种弱势地位一直延伸至缔结职业劳动关系以后。劳动者与用人单位缔结职业劳动关系之后，劳动者就处于用人单位的指令、管理、监督之下，遵循单位的规章制度和劳动纪律；一些不正当的纪律和规章又使劳动者的境况进一步恶化（如限制休息、下班搜身等）。劳动者是最大的社会弱势群体，对其利益的认可和保障关系到他们的生存和发展，关系到整个社会的稳定与和谐。

"劳动法是保护劳工之法，确保劳动者在劳动关系中的权利与人格实现，是现代劳动法的神圣使命"[①]，我国《劳动法》第1条清楚地表明该法的宗旨是：为了保护劳动者的合法权益，调整劳动关系，促进社会进步与经济发展。已经实施的《劳动合同法》第1条又明确指出：制定本法是为了完善劳动合同制度，明确劳动合同双方当事人的权利义务，保护劳动者的合法权益。《劳动争议调解与仲裁法》也在第1条开宗明义地指出：为了公正及时地处理劳动争议，保护劳动者合法权益，根据宪法，制定本法。

2. 预防和解决劳动争议

劳动争议的发生在很大程度上是源于法律规范的缺乏和不完善。如果相关劳动法律法规比较健全和完善，首先，劳动关系各方主体会按照法律规定去处理双方的相关问题（因为"有法可依"），如果相关主体不遵守法律规定的行为规则，必然会受到不利法律后果的惩罚；这样就能有效预防劳动争议的发生。其次，如果发生了劳动争议，劳动法律相关的明确规定也为顺利和正确处理劳动争议提供了基础和保证。

3. 促进劳动力市场的形成和完善

我国1994年《劳动法》的制定极大地促进了劳动力市场的形成和完善，主要反映在以下三个方面：（1）确认劳动者的主体地位；（2）劳动合同制度促进了劳动力的自由流动；（3）统一的劳动标准制度使劳动者权益得到基本保障。

[①] 冯彦君. 解释与适用——对我国《劳动法》第31条规定之探讨. 吉林大学社会科学学报，1999 (2)：39~46

第三节 劳动法的基本原则

劳动法的基本原则，是指包含在整个劳动体系之中，集中体现劳动法的本质和基本精神，贯穿于劳动法的立法、执法、司法的全过程中的总的指导思想和根本准则。也可以说，它是劳动法的核心和灵魂。

较之各项劳动法的具体原则（即某项劳动法律制度的原则），劳动法的基本原则具有下述主要特征：第一，全面的涵盖性。一方面，劳动法基本原则应当是能够涵盖劳动法所调整的各种劳动关系以及与其密切联系的其他各种社会关系的原则，只适用于某种劳动关系或其他社会关系的原则不应作为劳动法基本原则；另一方面，劳动法基本原则应当是能够涵盖各项劳动法律制度的原则，只为某项劳动法律制度所遵循的原则也不应作为劳动法的基本原则。需要强调的是，这两个方面都是必不可少的。如果认为劳动法基本原则的涵盖面只限于各种劳动关系，把劳动法基本原则完全等同于调整各种劳动关系的通则，就会混淆劳动法的基本原则与各项劳动法律制度的原则之间的界限，即不正确地将虽然适用于各种劳动关系但只涵盖某项劳动法律制度的原则列为劳动法基本原则的内容。第二，高度的权威性。主要表现在：各项劳动法律制度和劳动法规的内容，都不得与劳动法基本原则相抵触；劳动法与其他法律部门相区别，不同类型的劳动法相区别，均以劳动法基本原则为基本标志；劳动法的发展方向和基本任务，都为劳动法基本原则所左右；各种劳动法主体及其在劳动领域的行为，都要受劳动法基本原则的约束；各种劳动问题的处理，都应以劳动法基本原则为基本依据。第三，相当强的稳定性。劳动法基本原则的内容一经确定，一般不因劳动法具体内容的个别或局部变动而更改。即使在改革时期，只要劳动关系未发生根本变化，劳动法基本原则也不会发生变化。按照法律的基本要求，劳动法规不应"朝令夕改"、变化不定，劳动法基本原则更应保持稳定，这样才能使不同时期的劳动法规之间具有连续性。因而，不应当把仅在某个时期适用的原则列为劳动法基本原则的内容。

劳动法基本原则的内容主要包括以下几个方面。

一、劳动既是权利又是义务的原则

劳动是公民的权利，即我国每一个有劳动能力的公民都有从事劳动的同等权利。这对公民、用工单位和国家都有特定的法律意义。对公民来说，意味着享有包括就业权和择业权在内的劳动权，即公民不论性别、民族和财产状况等，有权实现就业，通过劳动获取生活主要来源；有权依法选择适合自己特点的职业和用工单位，参与这种选择过程中的竞争；有权利用国家和社会所提供的各种就业保障条件，提高就业能力和增加就业机会。对用工单位来说，意味着必须尽可能提供更多的就业岗位，平等地录用符合录用条件的职工，履行提供失业保险、就业服务、职业培训等方面的应尽职责；不得以任何方式阻碍公民劳动权的实现。对国家来说，意味着应当为公民实现劳动权提供保障。但是，这并不能同"统包统配""铁饭碗"画等号，而只是说，应当从宏观上确保全体公民有均等的就业机会，通过促进经济、社会发展来创造就业条件，保护公民的劳动权不受侵犯。

劳动是公民的义务，这是从劳动尚未普遍成为人们生活第一需要的现实和社会主义制度固有的反剥削性质所引申出的要求。对公民来说，这意味着一方面作为国家和公有生产资料的主人，应当具有参加劳动的高度自觉性和光荣感；另一方面，必须以劳动作为谋生手段，在积极争取国家和社会提供的就业机会的同时，努力通过自谋职业、自愿组织就业等方式为自己创造就业机会，并在劳动岗位上忠实履行各项义务。对用工单位来说，这意味着有权组织和安排职工参加劳动，并要求职工遵守劳动纪律和完成劳动任务。对国家来说，这意味着应当提倡和组织劳动竞赛，奖励劳动模范和先进工作者；促使公民以劳动作为其获取生活主要来源的基本手段；禁止或制裁非法的不劳而获行为。

二、保护劳动者合法权益的原则

保护劳动者，历来是各国劳动法所奉行的主旨。在我国宪法中，对公民作为劳动者所应享有的基本权利作了许多原则性规定，内容相当广泛，包括劳动权、劳动报酬权、劳动保护权、休息权、职业培训权、物质帮助权、企业民主管理权等。劳动法应当以具体落实宪法中关于劳动者权益的规定为己任。根据劳动关系和劳动者合法权益的特征，劳动法对劳动者合法权益的保护，应当是偏重、平等、全面和最基本的保护。

偏重保护，即劳动法在对劳动关系当事人双方都给予保护的同时，偏重于保护在劳动关系中事实上处于相对弱者地位的劳动者，亦即向保护劳动者倾斜。这就要求劳动法中的规定体现劳动者的权利本位和用人单位的义务本位，把保护劳动者作为首要任务。

平等保护，即全体劳动者的合法权益都平等地受到劳动法的保护。其含义和要求包括两个层次：(1) 对各种劳动者的平等保护。对于民族、种族、性别、职业、职务、劳动关系的所有制性质或用工形式等不同的各种劳动者来说，在劳动法上的法律地位一律平等，劳动法所规定的劳动基准都一律适用，禁止对任何劳动者在劳动方面的歧视。(2) 对特殊劳动者群体的特殊保护。在劳动者中，还存在着某些由于特定原因而具有某种特殊利益的群体，例如妇女劳动者、未成年劳动者、残疾劳动者、少数民族劳动者、退役军人劳动者等。特殊劳动者群体除了受到劳动法给予的各种一般保护外，其特殊利益还受到劳动法的特殊保护。这种特殊保护是对一般性平等保护的必要补充，旨在使特殊劳动者群体的特殊利益与一般劳动者的共有利益一样受到平等保护，因而并不违背平等保护的精神。应当明确的是，关于特殊劳动者群体及其特殊利益的界定，关于特殊保护的措施和限度的确定，都必须直接以法律为依据。

全面保护，即劳动者的合法权益，无论是财产权益还是人身权益，无论是法定权益还是约定权益，无论其内容涉及经济、政治、文化等哪个方面，无论它存在于劳动关系缔结以前、缔结以后或终止以后，都要置于劳动法的保护范围之内。

最基本保护，即对劳动力的最低限度保护，也就是对劳动者基本利益的保护。在劳动者的利益结构中，维持劳动力再生产所必要的人身安全健康、基本生活需要等利益属于基本利益，对劳动者的意义最重要，保护劳动者首先要保护劳动者的基本利益。

三、劳动力资源合理配置的原则

（一）双重价值取向

劳动关系作为劳动力与生产资料结合的社会关系，也就是劳动力资源配置的社会形式。可以说，劳动法也是劳动力资源配置法，它以实现劳动力资源配置合理化为宗旨。在社会主义市场经济条件下，这种配置是否合理的判断标准是能否兼顾效率和公平的双重价值取向。社会主义市场经济在本质上需要同时追求劳动力资源的高效率配置和公平配置。宪法规定的劳动者各尽所能，意味着劳动者的劳动能力都应得到充分的使用和发挥，应当成为劳动力资源配置的总目标。劳动法的任务就在于对劳动力资源的宏观配置和微观配置进行规范。

（二）劳动力资源的宏观配置

劳动力资源的宏观配置即社会劳动力在全社会范围内各个用人单位之间的配置。计划经济条件下，劳动力资源宏观配置是国家直接管理下的行政配置。这种配置导致了一系列不合理的结果。在社会主义市场经济条件下，必须通过劳动力市场对劳动力资源进行宏观配置。劳动法的任务是，促成和发展劳动力市场，确立和完善以市场配置机制为主、以行政配置机制为辅的劳动力资源配置体制，维护劳动力市场的运行秩序。例如，劳动法要赋予和保护劳动力供求双方确立劳动关系的自主权，使双方都成为劳动力市场的主体。又比如，劳动法还应当规范国家促进和保障就业、调控劳动力流动的措施。

（三）劳动力资源的微观配置

劳动力资源的微观配置是指在用人单位内部对劳动者的劳动岗位、劳动时间和劳动量的安排，即劳动过程中的分工与协作。劳动法应当处理好劳动者利益和劳动效率的关系，还应当倡导和强制劳动力资源微观配置符合下列要求：第一，保证各个劳动者在劳动关系存续期间实现参加劳动的权利，科学地组织劳动过程，避免劳动力的闲置和浪费；第二，在休息时间、劳动安全卫生、工资、福利、职业培训等方面，不断改善劳动力供给结构和提高劳动力供给水平；第三，充分调动劳动者的积极性和创造性，规范劳动者完成工作任务、遵守劳动纪律、提高劳动力素质的义务和责任。

第四章 劳动合同制度

第一节 劳动合同的订立

一、合同的特点

1. 合同是一种法律行为。合同是双方或多方当事人的一种法律行为。合同是双方或多方当事人意思表示一致的法律行为。合同的当事人在法律地位上是平等的。

2. 合同所规定的权利和义务是具体的、可行的。合同所规定的权利和义务不像法律那样概括、抽象,而是具体、可操作的。

3. 企业劳动合同就是企业劳动关系当事人之间就权利和义务关系达成或订立的条文或协议。具体来说,是指企业劳动者与管理者之间因确立劳动关系、明确彼此的权利和义务而达成的协议。

二、劳动合同的性质

(一)订立劳动合同的主体是特定的

劳动合同的主体,即劳动关系当事人,具体指"劳动者"和"用人单位"。劳动合同的主体是由法律规定的,具有特定性:一方是劳动者;另一方是用人单位。劳动者和用人单位都要具备法律规定的劳动合同主体条件才能签订劳动合同,不具有法定资格的公民与不具有用工权的组织和个人都不能签订劳动合同。

我国《劳动合同法》第 2 条规定:"中华人民共和国境内的企业、个体经济组织、民办非企业单位等组织(以下简称用人单位)与劳动者建立劳动关系,订立、履行、变更、解除或者终止劳动合同,适用本法。国家机关、事业单位、社会团体和与其建立劳动关系的劳动者,订立、履行、变更、解除或者终止劳动合同,依照本法执行。"第 96 条规定："事业单位与实行聘用制的工作人员订立、履行、变更、解除或者终止劳动合同，法律、行政法规或者国务院另有规定的，依照其规定；未作规定的，依照本法有关规定执行。"这些规定不仅明确了我国《劳动合同法》的适用范围，同时也规定了劳动合同主体的表现形式。

劳动者的特定性的具体内涵是：按照《劳动合同法》第 2 条的规定，劳动者包括与中华人民共和国境内的企业、个体经济组织、民办非企业单位建立劳动关系的劳动者及与国家机关、事业单位、社会团体建立劳动关系的劳动者。劳动法律意义上的劳动者特指那些具有劳动权利能力和劳动行为能力的公民。《劳动法》第 15 条规定："禁止用人单位招用未满 16 周岁的未成年人。"这就是我国公民取得劳动权利能力和劳动行为能力的法定资格。当然也有特殊情况，《劳动法》第 15 条第 2 款又规定："文艺、体育和特种工艺单位招用未满 16 周岁的未成年人，必须依照国家有关规定，履行审批手续，并保障其接受义务教育的权利。"

而用人单位特定性的具体内涵是：我国《劳动法》规定的用人单位是指法律允许招用和使用劳动力的组织。这些组织包括中华人民共和国境内的企业、个体经济组织、民办非企业单位，还包括国家机关、事业单位、社会团体。《劳动合同法》与《劳动法》相比，在用人单位的范围上有所扩大，增加了"民办非企业单位"。民办非企业单位，是指企业事业单位、社会团体和其他社会力量以及公民利用非国有资产举办的、从事非营利性社会服务活动的社会组织，包括各类民办院校、科研院所等。

一般说来，用人单位应当是具备法人资格的经济组织和社会组织。很多经济组织并不具备法人资格（如某些私营企业、个体工商户等），按照我国劳动法律法规和劳动政策的规定也是可以招用和使用劳动力从事社会生产活动的。无论这些经济组织是不是具有法人资格，当其招用和使用劳动力的时候，即与劳动者建立劳动关系、签订劳动合同时，必须具备法律规定的用工权利能力和行为能力。

不具有用工权利能力和行为能力的经济组织或社会组织，不能建立合法的劳动关系，所签订的劳动合同是无效劳动合同。无效劳动合同不受法律保护，签订无效劳动合同还需承担法律责任。《劳动合同法》第 93 条规定："对不具备合法经营资格的用人单位的违法犯罪行为，依法追究法律责任；劳动者已经付出劳动的，该单位或者其出资人应当依照本法有关规定向劳动者支付劳动报酬、经济补偿、赔偿金；给劳动者造成损害的，应当承担赔偿责任。"

（二）劳动合同是双务合同

法学理论根据当事人双方权利义务的分担方式，把合同分为双务合同与单务合同两种。

双务合同是指当事人双方相互享有权利、承担义务的合同。如买卖、贸易、租赁、承揽、运送、保险等合同均为双务合同。单务合同,是指当事人一方只享有权利,另一方只承担义务的合同。如赠与、借用合同就是单务合同。

根据上述分类,劳动合同是典型的双务合同:用人单位负有支付劳动报酬、提供劳动安全卫生条件、依法缴纳社会保险费等义务;相应地,劳动者负有提供劳动、遵守规章制度和劳动纪律、保守单位商业秘密等义务。

既然是双务合同,劳资双方当事人就享有同时履行抗辩权。所谓同时履行抗辩权,又称不履行抗辩权,是指在双务合同中,没有先后履行顺序的,当事人应当同时履行,一方在对方对待履行前,可以拒绝自己相应的对待给付。

(三) 劳动合同是法定要式合同

合同的形式,又称合同的方式,是当事人合意的表现形式,是合同内容的外部表现,也是合同内容的载体。合同的形式包括口头形式、书面形式和电子数据等其他形式。要式合同,是指法律、行政法规规定,或者当事人约定应当采用书面形式的合同。前者称为法定之要式合同,后者称为约定之要式合同。所谓书面形式,就是指合同书、信件和数据电文(包括电报、电传、传真电子数据交换和电子邮件)等可以有形地表现所载内容的形式。

根据我国《劳动法》以及《劳动合同法》的规定,建立劳动关系应当订立书面的劳动合同。这一内容说明我国的劳动合同属于法定要式合同。

三、订立劳动合同的原则

劳动合同订立的原则,是指劳动合同订立过程中双方当事人应当遵循的法律准则。它是劳动合同订立的指导方针和总的精神,是劳动合同本质的反映,贯穿于劳动合同订立的全过程。劳动合同订立的原则对于劳动合同订立过程中的每一个环节都具有指导和统帅作用,是具有普遍约束力和指导意义的法律规则,是衡量当事人双方订立的劳动合同是否有效的依据和基本标志。根据《劳动法》和《劳动合同法》的规定,劳动合同订立的原则包括了以下几个方面的内容。

(一) 合法的原则

合法的原则就是要求劳动合同的订立要符合有关法律的规定。具体来说,主要表现在三个方面:

第一,订立劳动合同的主体必须合法。

所谓主体合法,是指订立劳动合同的双方当事人必须具备订立劳动合同的主体资格。对用人单位来说，主体资格是指必须具备法人资格，个体工商户必须具备民事主体的权利能力和行为能力；对劳动者来说，必须达到法定的劳动年龄，具备劳动权力能力和劳动行为能力。任何一方如果不具备订立劳动合同的主体资格，所订立的劳动合同就属于违法合同。

第二，订立劳动合同的内容必须合法。

订立劳动合同的内容必须合法，是指双方当事人在劳动合同中设立的权利义务必须符合国家法律、法规和政策的规定。劳动合同的内容涉及关于用工、工资分配、社会保险、职业培训、工作时间和休息时间、劳动安全卫生等多方面的法律、行政法规和政策规定，劳动合同在约定这些内容时，必须在法律、行政法规和政策的范围内确定，不能违反法律、行政法规和政策。比如，国家法律、行政法规规定劳动者每日工作时间不超过8小时，劳动合同中约定的劳动者每日工作时间就不得高于8小时；国家法律、行政法规规定劳动者有休息和休假的权利，劳动合同中就不能约定劳动者不休息和不休假的条件，更不能剥夺劳动者享受每周公休日、法定节假日休息的权利。

第三，订立劳动合同的程序、形式必须合法。

程序合法是指订立劳动合同要依照国家法律、行政法规规定的步骤和方式进行。在国家没有制定专门的规范劳动合同订立的程序的规定前，应按现行的有关规定和合同制度的一般法则来订立劳动合同。具体方式是：先起草劳动合同书草案，然后当事人协商，协商一致后签约。形式合法，是指订立劳动合同必须依照法律、法规规定的形式签订。《劳动法》第19条规定，"劳动合同应当以书面形式订立"。这就是说劳动合同的形式是书面协议。如果当事人以口头形式签订劳动合同，则属形式上的违法合同。

程序和形式是劳动合同生命的表现形式。订立劳动合同的程序和形式合法，是劳动合同主体资格和内容合法的保证。如果订立劳动合同的程序和形式违法，就难以保证劳动合同的内容合法。比如用口头形式签订劳动合同，由于没有文字记载，就无法鉴别其内容是否符合法律、法规和政策规定，有无显失公平或其他方面的问题，因而无法确认和保证劳动合同的合法性。

（二）平等自愿的原则

平等的含义是指订立劳动合同的双方当事人具有相同的法律地位。在订立劳动合同时，双方当事人都是以劳动关系主体资格出现的，是平等主体之间的关系，双方都要以法律为依据，进行充分协商。协商时，双方都有平等的利益要求的权利，不存在命令与服从关系。平等原则赋予了双方当事人公平的表达自己意愿的机会，有利于维护双方的合法利益。

自愿是指订立劳动合同完全是出于双方当事人自己的真实意见，是双方当事人意思一致的表示，是在各自充分表达了意见，经过平等协商后达成的协议。自愿的含义包括：劳动合同订立必须由双方当事人依照自己的意愿独立自主决定，他人不得强制命令，当事人一方不得欺哄对方，也不能采取其他诱导方式使一方当事人违背自己的真实意愿接受对方的条件；劳动合同的期限、内容的确定，必须完全与双方当事人的真实意志相符。

在平等自愿原则中，平等是自愿的基础和前提；自愿则是平等的必然体现，不平等就难以真正实现自愿。

（三）协商一致的原则

所谓协商一致，是指劳动合同的全部内容，在法律、法规允许的范围内，由双方当事人共同讨论、协商，取得完全一致的意见后确定。协商一致的要点是一致。订立劳动合同时，双方当事人虽然经过充分协商，但分歧仍然很大，没有达成一致的意思表示，合同就不能成立。协商一致表明，劳动合同的全部内容都符合当事人的意愿，能为双方当事人所接受。协商一致的原则是维护双方当事人合法权益的基本要求。

（四）公平的原则

《劳动合同法》增加"公平"为订立劳动合同的原则，是要求在劳动合同订立过程及劳动合同内容的确定上应体现公平。公平原则强调了劳动合同当事人在订立劳动合同时，对劳动合同内容的约定，双方承担的权利义务中不能要求一方承担不公平的义务。如果双方订立的劳动合同内容显失公平，那么该劳动合同中显失公平的条款无效。对于劳动者而言，显失公平的合同违背了劳动者的真实意愿，因此《劳动合同法》规定，"用人单位免除自己的法定责任、排除劳动者权利的"劳动合同无效。

（五）诚实信用的原则

诚实信用是合同订立和履行过程中都应遵循的原则。《劳动合同法》增加"诚实信用"为订立劳动合同的原则，表明当事人订立劳动合同的行为必须诚实，双方为订立劳动合同提供的信息必须真实。双方当事人在订立与履行劳动合同时，必须以自己的实际行动体现诚实信用，互相如实陈述有关情况，并忠实履行签订的协议。当事人一方不得强制或者欺骗对方，也不能采取其他诱导方式使对方违背自己的真实意思而接受对方的条件。有欺诈行为签订的劳动合同，受损害的一方有权解除劳动合同。在国外，雇员隐瞒重要事实，即使双方已经签订劳动合同，雇主也可以直接解除劳动合同。我国《劳动法》没有相应的规定，《劳动合同法》在明确了以欺诈签订的劳动合同无效或者部分无效的同时，对当事人存在这种情形的，允许另一方当事人解除劳动合同。

四、劳动合同订立时的知情权

劳动合同订立时双方的知情权是指订立劳动合同时，用人单位需要将与订立和履行劳动合同直接相关的情况告知劳动者；同样，用人单位也有权了解劳动者与订立和履行劳动合同相关的信息。《劳动合同法》第8条即是这一内容。

一般来讲，用人单位的知情权包括：有权了解劳动者的年龄、学历、就业状况、工作经历、职业技能、健康状况等基本情况。

劳动者的知情权包括：有权了解用人单位的基本情况、岗位要求、工作内容、工作时间、劳动报酬、劳动条件、社会保险等事实。

五、劳动合同的内容与条款

劳动合同的内容具体体现在劳动合同的各项条款之中，主要包括三方面：必备条款、可备条款和约定条款。

（一）必备条款

必备条款又称法定条款。必备条款不是由双方当事人自行商定的，而是由劳动立法要求企业劳动合同必须具备的条款。这些条款包括：

1. 基本项目

（1）用人单位的名称、地址和法定代表人或者主要负责人；

（2）劳动者的姓名、住址和居民身份证或者其他有效身份证件号码。

2. 劳动合同期限

根据《劳动合同法》的规定，劳动合同可分为三种：固定期限劳动合同、无固定期限劳动合同和以完成一定工作任务为期限的劳动合同。固定期限劳动合同，是指用人单位与劳动者约定合同终止时间的劳动合同。无固定期限劳动合同，是指用人单位与劳动者约定无确定终止时间的劳动合同。用人单位与劳动者协商一致，可以订立无固定期限劳动合同。以完成一定工作任务为期限的劳动合同，是指用人单位与劳动者约定以某项工作的完成为合同期限的劳动合同。有下列情形之一，劳动者提出或者同意续订、订立劳动合同的，除劳动者提出订立固定期限劳动合同外，应当订立无固定期限劳动合同：第一，劳动者在该用人单位连续工作满10年的；第二，用人单位初次实行劳动合同制度或者国有企业改制重新订立劳动合同时，劳动者在该用人单位连续工作满10年且距法定退休年龄不足10年的;第三,连续订立2次固定期限劳动合同,且劳动者没有《劳动合同法》第39条和第40条第一项、第二项规定的情形,续订劳动合同的。此外,用人单位自用工之日起满1年不与劳动者订立书面劳动合同的,视为用人单位与劳动者已订立无固定期限劳动合同。

3. 工作内容和工作地点

工作内容是指用人单位安排劳动者从事的工作,是劳动者在劳动合同中确定应当履行的劳动义务的主要内容。劳动合同中的工作内容条款是劳动合同的核心条款之一,既是用人单位使用劳动者的目的,也是劳动者为用人单位提供劳动以获取劳动报酬的原因。它包括劳动者从事劳动的岗位、工作性质、工作范围以及劳动生产任务所要达到的效果、质量指标等。这些内容要求规定得明确、具体,以便于遵照执行。

需要指出的是,劳动合同的工作内容(岗位)一旦确定,在劳动合同履行中用人单位不能单方面随意变更工作内容。因为劳动合同法规定,有些用人单位与劳动者协商一致,可以变更劳动合同约定的内容。变更劳动合同,应当采用书面形式。为了规避这一规定,有些用人单位在设计工作岗位条款时,选择笼统的大岗位概念,如生产岗位、管理岗位、后勤岗位等,认为这样设计劳动合同的工作内容条款,有利于事后的调岗,在大岗位范围内调动不属于调岗。其实,这种认识是不正确的。即便用人单位与劳动者在劳动合同中约定的是大岗位概念,劳动者从事某一岗位后,用人单位在大岗位的范围内调整劳动者工作岗位的,也属于调岗的范畴,也需要按照法律规定进行。另外,在实践中,有的用人单位为了方便调岗,往往在设计工作岗位条款时附上"单位可根据实际经营管理需要,对劳动者的工作岗位进行调整,劳动者必须服从"之类条款并且认为劳动合同中有这样的条款,调岗属于履行劳动合同,不属于变更劳动合同。其实,这样的条款实际上等于赋予用人单位随意调整劳动者工作岗位的无限权利,属于免除自己责任、排除对方权利的条款,不具有法律效力。

工作地点是指劳动者在用人单位从事劳动合同约定工作的地点。"工作地点"是劳动合同法新增加的,同时它也是劳动合同订立前用人单位应告知劳动者的内容之一。劳动合同法将工作地点作为劳动合同的必备条款,意味着用人单位不能随意调整劳动者的工作地点。因为工作地点调整也属于劳动合同变更,根据法律规定,变更劳动合同需要双方协商一致。

劳动合同法将工作地点条款作为必备条款以及变更劳动合同需经协商一致的规

定,给用人单位设计工作地点条款提出了挑战。尤其是对于连锁经营的企业,这一问题显得更为重要。

4. 工作时间和休息休假

工作时间又称劳动时间,是指法律规定的劳动者在一昼夜和一周内从事劳动的时间。它包括每日工作的小时数,每周工作的天数和小时数。工作时间分为:

(1) 标准工作时间(标准工时),是指法律规定的在一般情况下普遍适用的,按照正常作息办法安排工作日和工作周的工时制度。我国的标准工时为:①劳动者每日工作8小时;②每周工作40小时,在1周(7日)内工作5天;③实行计件工作的劳动者,用人单位应当根据每日工作8小时、每周工作40小时的工时制度,合理确定其劳动定额和计件报酬标准。

(2) 缩短工作时间,是指法律规定的在特殊情况下劳动者的工作时间长度少于标准工作时间的工时制度(即每日工作少于8小时)。缩短工作日适用于:①从事矿山井下、高温、有毒有害、特别繁重或过度紧张等作业的劳动者;②从事夜班工作的劳动者;③哺乳期内的女职工。

(3) 延长工作时间,是指超过标准工作日的工作时间,即日工作时间超过8小时,每周工作时间超过40小时。延长工作时间必须符合法律、法规的规定。

(4) 不定时工作时间和综合计算工作时间:①不定时工作时间又称不定时工作制,是指无固定工作时数限制的工时制度,适用于工作性质和职责范围不受固定工作时间限制的劳动者。如企业中的高级管理人员、外勤人员、推销人员部分值班人员,从事交通运输的工作人员以及其他因生产特点、工作特殊需要或职责范围的关系适合实行不定时工作制的职工等。②综合计算工作时间又称综合计算工时工作制,是指以一定时间为周期,集中安排并综合计算工作时间和休息时间的工时制度。即分别以周、月、季、年为周期综合计算工作时间,但其平均日工作时间和平均周工作时间应与法定标准工作时间基本相同。对符合下列条件之一的职工,可以实行综合计算工作日制度:一是交通、铁路、邮电、水运、航空、渔业等行业中因工作性质特殊,需连续作业的职工;二是地质及资源勘探、建筑、制盐、制糖、旅游等受季节和自然条件限制的行业的部分职工;三是其他适合实行综合计算工时工作制的职工。

实行不定时工作制和综合计算工时工作制的企业,应根据劳动法的有关规定,与工会和劳动者协商,履行审批手续,在保障职工身体健康并充分听取职工意见的基础上,采用集中工作、集中休息、轮流调休、弹性工作时间等方式,确保职工的休息休假权利和生产、工作任务的完成。对于实行不定时工作制的劳动者,企业应根据标准工时制度合理确定劳动者的劳动定额或其他考核标准，以便安排劳动者休息。其工资由企业按照本单位的工资制度和工资分配办法，根据劳动者的实际工作时间和完成劳动定额情况计发。对于符合带薪年休假条件的劳动者，企业可安排其享受带薪年休假。实行综合计算工时工作制的企业，在综合计算周期内，某一具体日（或周）的实际工作时间可以超过8小时（或40小时），但综合计算周期内的总实际工作时间不应超过总法定标准工作时间。超过部分应视为延长上班时间，并按《劳动法》第44条第（一）项的规定支付工资报酬；其中法定休假日安排劳动者工作的，按《劳动法》第44条第（三）项的规定支付工资报酬。此外，延长工作时间的小时数平均每月不得超过36小时。

非全日制用工的工作时间是指劳动者在同一用人单位平均每日工作时间不超过5小时、累计每周工作时间不超过30小时。

休息休假是指劳动者为行使休息权，在国家规定的法定工作时间以外不从事生产或工作的自行支配的时间。

休息时间的种类：

（1）工作日内的间歇时间，指在工作日内给予劳动者休息和用膳的时间。一般为1~2小时，最少不得少于半小时。

（2）工作日间的休息时间，即两个邻近工作日之间的休息时间。一般不少于16小时。

（3）公休假日，又称周休息日，是劳动者在1周（7日）内享有的休息日，公休假日一般为每周2日，一般安排在周六和周日休息。不能实行国家标准工时制度的企业和事业组织，可根据实际情况灵活安排周休息日，应当保证劳动者每周至少休息1日。

休假的种类：

（1）法定节假日，是指法律规定用于开展纪念、庆祝活动的休息时间。我国法定节假日包括三类。第一类是全体公民放假的节日，包括：元旦——1月1日，放假1天；春节——农历除夕、正月初一、初二，放假3天；清明节——农历清明当日，放假1天；端午节——农历端午当日，放假1天；中秋节——农历中秋当日，放假1天；劳动节——5月1日，放假1天；国庆节——10月1日、2日、3日，放假3天。第二类是部分公民放假的节日及纪念日，包括：妇女节（3月8日，妇女放假半天）、青年节（5月4日，14周岁以上的青年放假半天）、儿童节（6月1日，13周岁以下的少年儿童放假1天）、中国人民解放军建军纪念日（8月1日，现役军人放假半天）。第三类是少数民族习惯的节日。根据国家有关规定，用人单位在除了全体公民放假的节日外的其他休假节日，也应当安排劳动者休假。

根据有关规定，全体公民放假的假日，如果适逢星期六、星期日，应当在工作日补假。部分公民放假的假日，如果适逢星期六、星期日则不补假。另外，二七纪念日、五卅纪念日、七七抗战纪念日、九三抗战胜利纪念日、九一八纪念日、教师节、护士节、记者节、植树节等其他节日、纪念日，均不放假。

(2) 法律、法规规定的其他休假节日。

①探亲假，是指劳动者享有保留工资、工作岗位而同分居两地的父母或配偶团聚的假期。探亲假适用于在国家机关、人民团体、全民所有制企业、事业单位工作满1年的固定职工。职工探望配偶的，每年给予一方探亲假1次，假期为30天。未婚职工探望父母的，原则上每年给假1次，假期为20天；如因工作需要，当年不能给假，或者职工自愿2年探亲1次的，可以2年给假1次，假期为45天。已婚职工探望父母的，每4年给假1次，假期为20天。

②带薪年休假，是指职工工作满一定年限，每年可享有的带薪连续休息的时间。根据劳动法规定，机关、团体、企业、事业单位、民办非企业单位、有雇工的个体工商户等单位的职工连续工作1年以上的，享受带薪年休假。单位应当保证职工享受年休假。职工在年休假期间享受与正常工作期间相同的工资收入。职工累计工作已满1年不满10年的，年休假5天；已满10年不满20年的，年休假10天；已满20年的，年休假15天。国家法定休假日、休息日不计入年休假的假期。

③婚假。职工本人结婚，由本单位行政领导批准给予婚假3天。职工结婚时双方不在一地工作的，可以根据路程远近，另给予路程假。男性年满25周岁、女性满23周岁初婚者为晚婚，增加婚假20天。

④丧假。职工的直系亲属（父母、配偶和子女）死亡时，可给予丧假3天。如职工的直系亲属居住在外地死亡时，需要职工本人去外地料理丧事的，可以根据路程远近，另给予路程假。

加班加点的主要法律规定：加班是指劳动者在法定节日或公休假日从事生产或工作。加点是指劳动者在标准工作日以外延长工作的时间。

为保证劳动者休息权的实现，劳动法规定任何单位和个人不得擅自延长职工工作时间。

(1) 一般情况下加班加点的规定。《劳动法》第41条规定：用人单位由于生产经营需要，经与工会和劳动者协商后可以延长工作时间，一般每日不得超过1小时；因特殊原因需要延长工作时间的，在保障劳动者身体健康的条件下延长工作时间每日不得超过3小时，但是每月不得超过36小时。

(2) 特殊情况下延长工作时间不受《劳动法》第 41 条的限制。《劳动法》规定在下述特殊情况下，延长工作时间不受《劳动法》第 41 条的限制：①发生自然灾害、事故，或者因其他原因，出现威胁劳动者生命健康和财产安全或使人民的安全健康和国家资财遭到严重威胁、需要紧急处理的情况的；②生产设备、交通运输线路、公共设施发生故障，影响生产和公共利益，必须及时抢修的；③在法定节日和公休假日内工作不能间断，必须连续生产、运输或营业的；④必须利用法定节日或公休假日的停产期间进行设备检修、保养的；⑤为了完成国防紧急生产任务或者完成上级在国家计划外安排的其他紧急生产任务，以及商业、供销企业在旺季完成收购、运输、加工农副产品紧急任务的；⑥法律、行政法规规定的其他情形，等等。

(3) 加班加点的工资标准。劳动法规定：安排劳动者延长工作时间的，支付不低于工资的 150% 的工资报酬；休息日安排劳动者工作又不能安排补休的，支付不低于工资的 200% 的工资报酬；法定休假日安排劳动者工作的，支付不低于工资的 300% 的工资报酬。

不过，法律规定禁止对怀孕 7 个月以上和在哺乳未满 1 周岁的婴儿期间的女职工安排其延长工作时间和夜班劳动。

5. 劳动报酬

劳动报酬是劳动者付出体力或脑力劳动所得的对价，体现的是劳动者创造的社会价值。其内容主要是指用人单位以货币形式直接支付给劳动者的各种工资、奖金、津贴、补贴等。一般情况下，劳动者一方只要在用人单位的安排下按照约定完成一定的工作量，就有权要求按劳动取得报酬。劳动者通过自己的劳动获得劳动报酬，再用其所获得的劳动报酬来购买自己和家人所需要的消费，才能维持和发展自己的劳动力和供养自己的家人，从而实现劳动力的再生产。劳动报酬权是劳动权利的核心，它不仅是劳动者及其家属有力的生活保障，也是社会对其劳动的承认和评价。

劳动法中的工资是指用人单位根据国家有关规定或者劳动合同的约定，以货币形式直接支付给本单位劳动者的劳动报酬。根据国家统计局 1990 发布的《关于工资总额组成的规定》，工资一般包括计时工资、计件工资、奖金、津贴和补贴、延长工作时间的工资报酬以及特殊情况下支付的工资等。其中，计时工资是指按计时工资标准（包括地区生活费补贴）和工作时间支付给个人的劳动报酬。计件工资是指对已做工作按计件单价支付的劳动报酬。奖金是指支付给劳动者的超额劳动报酬和增收节支的劳动报酬。津贴和补贴是指为了补偿劳动者特殊或者额外的劳动消耗和因其他特殊原因支付给劳动者的津贴，以及为了保证劳动者工资水平不受物价变化影响支付给劳动者的各种补贴。延长工作时间的劳动报酬是指劳动者在法定的标准工作时间之外超时劳动所获得的额外劳动报酬,即加班费。特殊情况下支付的工资主要包括根据国家法律、法规和政策规定,在病假、事假和一些特殊休假期间及停工学习、执行国家或者社会义务时,用人单位支付的工资和附加工资、保留工资。根据《劳动部关于贯彻执行〈中华人民共和国劳动法〉若干问题的意见》的规定,工资是劳动者劳动收入的主要组成部分。但劳动者的以下劳动收入不属于工资的范围:第一,单位支付给劳动者个人的社会保险福利费用,如丧葬抚恤救济费、生活困难补助费、计划生育补贴等;第二,劳动保护方面的费用,如用人单位支付给劳动者的工作服、解毒剂、清凉饮料费用等;第三,按规定未列入工资总额的各种劳动报酬及其他劳动收入,如根据国家规定发放的创造发明奖、国家星火奖、自然科学奖、科学技术进步奖、合理化建议和技术改进奖、中华技能大奖等,以及稿费、讲课费、翻译费等。

《劳动合同法》规定了用人单位应当按照劳动合同约定和国家规定及时足额发放劳动报酬。其中包含了三层意思:

其一,用人单位应当按照劳动合同约定和国家规定向劳动者支付劳动报酬。

(1)结合灵活多变的用工形式,法律允许用人单位和劳动者双方在法律允许的范围内对劳动报酬的金额、支付时间、支付方式等进行平等协商,在劳动合同中约定一种对当事人而言更切合实际的劳动报酬制度。同时,用人单位向劳动者发放劳动报酬还要遵守国家有关规定,其中最主要的是最低工资制度。《劳动法》第48条规定了国家实行最低工资保障制度,用人单位支付劳动者的工资不得低于当地的最低工资标准。最低工资是指劳动者在法定工作时间内履行了正常劳动义务的前提下,由其所在单位支付的最低劳动报酬。最低工资不包括延长工作时间的工资报酬,以货币形式支付的住房和伙食补贴,中班、夜班、高温、低温、井下、有毒、有害等特殊工作环境和劳动条件下的津贴,以及国家法律、法规、规章规定的社会保险福利待遇。此外,在劳动合同中约定的在劳动者未完成劳动定额或者承包任务的情况下,用人单位可低于最低工资标准支付劳动者工资的条款不具有法律效力。劳动者与用人单位形成或者建立劳动关系后,试用、熟练、见习期内在法定工作时间内提供了正常劳动,其所在的用人单位应当支付其不低于最低工资标准的工资。当然,由企业依据当地政府的有关规定支付生活费的企业下岗待工人员,其生活费可以低于最低工资标准。

(2)工资应当以货币形式发放。我国《劳动法》第50条明确规定工资应当以货币形式支付。根据《劳动法》的这一规定,工资应当以法定货币支付,不得以发放实物或有价证券等形式代替货币支付。

(3) 加班费也是劳动者劳动报酬的一个重要组成部分。用人单位应当严格按照劳动法的有关规定支付劳动者加班费。

(4) 在一些特殊情况下，劳动者也应取得工资支付。所谓特殊情况下的工资支付是指在非正常情况下或者暂时离开工作岗位时，按照国家法律、法规规定对劳动者的工资支付。这些特殊情况主要包括：①劳动者依法参加社会活动期间的工资支付。比如劳动者在法定工作时间内参加乡（镇）、区以上政府、党派、工会、共青团、妇联等组织召开的会议；依法行使选举权与被选举权；出席劳动模范、先进工作者大会等。②非因劳动者原因停工期间的工资支付。如果出现非因劳动者原因造成用人单位停工、停产，在一个工资支付周期内，用人单位应按劳动合同规定的标准支付劳动者工资。超过一个工资支付周期的，若劳动者提供了正常劳动，则支付劳动者的劳动报酬不得低于当地最低工资标准；若劳动者没有提供正常劳动，则按照国家有关规定办理。③劳动者休假期间的工资支付。劳动者依法享受年休假期间，用人单位应按劳动合同规定的标准支付劳动者工资。④劳动者在法定休假日的工资支付。法定休假日，用人单位应当支付劳动者工资。⑤劳动者在享受探亲假期间的工资支付。劳动者在国家规定的探亲休假期内探亲的，用人单位应按劳动合同规定的标准支付劳动者工资。⑥婚丧假期间的工资支付。婚丧假是指劳动者本人结婚假期或者直系亲属死亡的丧事假期。一般为1~3天，不在一地的，可根据路程远近给予路程假。在此期间工资照发。⑦产假期间的工资支付。另外，为了鼓励计划生育，有关法律法规对产假间的工资发放也作了相应规定。

劳动者获得正当的劳动报酬是不可侵犯的权利。但在社会实践中，有些用人单位会采用各种不正当手段侵犯劳动者的这一不可侵犯的权利。最常见的情况是在招用劳动者时对劳动报酬只字不提，在签订劳动合同时对劳动报酬含糊其辞，不作约定或不作明确约定，在支付劳动者报酬时随心所欲、我行我素、随意决定，克扣劳动者应得的劳动报酬。这种做法极大地破坏了和谐的劳动关系，人为地造成劳动纠纷，肆意践踏劳动者的合法权利。对此，《劳动合同法》明确规定：用人单位与劳动者约定的劳动报酬不明确或者对劳动报酬约定有争议的，按照集体合同规定的标准执行；没有集体合同或者集体合同未规定的，实行同工同酬。被派遣的劳动者享有与用工单位的劳动者同工同酬的权利；用工单位无同类岗位劳动者的，参照用工单位所在地相同或者相近岗位劳动者劳动报酬确定。

其二，用人单位应当及时支付劳动报酬。

依照劳动法和其他有关规定，用人单位应当每月至少发放一次劳动报酬。劳动者从劳动到获得报酬,再到消费,是一个完整的周期。在这个过程中,获得报酬是实现这个周期的重要环节,而工资正是获得劳动报酬的最重要的形式。以法律的形式将支付工资的周期规定为至少1个月,可以使劳动者从劳动到获得报酬的周期不致过长,更有利保障劳动者的合法权益。

实行月薪制的用人单位,工资必须按月发放;实行小时工资制、日工资制、周工资制的用人单位的工资也可以按小时、按日或者按周发放。超过用人单位与劳动者约定的支付工资时间发放工资的,即构成拖欠劳动者劳动报酬的违法行为,应当依照劳动法和其他有关法律法规承担一定的法律责任。

其三,用人单位应当足额向劳动者支付劳动报酬。

用人单位对履行了劳动合同规定的义务和责任、保质保量地完成生产工作任务的劳动者,应当足额支付劳动报酬。劳动者的工资获得权和使用权受法律的保护。工资不得随意扣除,企业不得将扣发工资作为处理职工的一种处罚性手段。不支付或者未足额支付劳动报酬的,则构成劳动法"克扣"劳动者工资的行为,依照有关法律法规是应受处罚的行为。

《劳动合同法》规定,用人单位拖欠或者未足额发放劳动报酬的,劳动者可以依法向当地人民法院申请支付令。这是主要针对用人单位拖欠劳动者工资,尤其是拖欠农民工工资问题所作的规定。近些年来,用人单位拖欠劳动者工资现象比较普遍和严重,其中拖欠农民工工资更为突出,主要发生在建筑施工企业和餐饮服务等企业。全国总工会调查发现,拖欠农民工工资的现象不仅在个体和私营企业中存在,在一些国有企业也相当严重;不仅在房地产开发工程中经常发生,在政府招标的工程中也存在着。有的企业主为了提高利润,竟然把拖欠和克扣农民工工资作为一种经营策略,迫使农民工不得不走上艰难的追讨欠薪之路。据统计,近年来70%以上的工人群体性事件是因拖欠工资问题引起的。造成拖欠工资的原因有:一方面法律法规对拖欠工资的企业处罚太轻,一般情况下只要求用人单位补发工资,严重一点的也只是对用人单位加罚拖欠工资25%的补偿金;另一方面我国还没有专门统一的工资法对此进行规范,虽然不少地方有工资立法的准备,但当前总体上讲法律依据还是有些不足。此外,也存在有关主管部门监管不到位的问题。

基于劳动者尤其是农民工的弱者地位,为了保护劳动者特别是农民工的合法权益,《劳动合同法》将支付令制度引入了欠薪案件中,赋予劳动者快捷进入司法救济程序的途径。根据该法和民事诉讼法的有关规定,用人单位拖欠或者未足额发放劳动报酬的,劳动者与用人单位之间没有其他债务纠纷且支付令能够送达用人单位的,劳动者可以向有管辖权的基层人民法院申请支付令。劳动者在申请书中应当写明请求给付劳动报酬的金额和所根据的事实、证据。劳动者提出申请后，人民法院应当在5日内通知其是否受理。人民法院受理申请后，经审查劳动者提供的事实、证据，对工资债权债务关系明确、合法的，应当在受理之日起15日内向用人单位发出支付令。人民法院经审查认为劳动者的申请不成立的，可以裁定予以驳回。用人单位应当自收到支付令之日起15日内清偿债务，或者向人民法院提出书面异议。用人单位在前款规定的期间不提出异议又不履行支付令的，劳动者可以向人民法院申请强制执行。人民法院收到用人单位提出的书面异议后，应当裁定终结支付令这一督促程序，支付令自行失效；劳动者可以依据有关法律的规定提出调解、仲裁或者起诉。

同时，劳动者获得劳动报酬应当遵循按劳分配原则，实行同工同酬。这里的"同工同酬"是指用人单位对于从事相同工作、付出等量劳动且取得相同劳动业绩的劳动者，支付同等的劳动报酬。由此可以看出，同工同酬必须具备三个条件：一是劳动者的工作岗位、工作内容相同；二是在相同的工作岗位上付出了与别人同样的劳动工作量；三是同样的工作量取得了相同的工作业绩。一般而言，同工同酬的内容包括以下几个方面：第一，男女同工同酬。在劳动报酬分配上的性别歧视由来已久，而且难以根除。第二，不同种族、民族、身份的人同工同酬。直至今天，某些国家和地区也还存在着这种分配歧视。我国自新中国成立以来，基本消除了这种歧视现象。第三，地区、行业、部门间的同工同酬。由于各地的经济水平与生活水平差异很大，各个行业、部门的特点也有所不同，因此，地区、行业、部门间存在着"同工不同酬"的现象。第四，企业内部的同工同酬。这是同工同酬中最重要的内容。在同一企业中从事相同工作、付出等量劳动且取得相同劳动业绩的劳动者，有权利获得同等的劳动报酬。

从宏观社会的角度分析，长期以来，我国劳动者的劳动报酬占GDP的比重很低。据2010年5月12日的《新京报》报道，中华全国总工会工作人员日前表示，中国居民劳动报酬占GDP的比重22年间下降了近20个百分点，已经成为影响社会和谐稳定的重要因素。而与此形成鲜明对比的是，资本报酬占GDP的比重上升了20个百分点。其实，"与劳动报酬比重持续下降形成鲜明对比"并同时构成这种下降原因的，不只是资本报酬比重的上升，也包括政府收入比重的持续增加。1999年，全国财政收入才刚刚突破1万亿元，占GDP的比重仅为13%；但到了10年后的2009年，全国财政收入已接近7万亿元，增长了6倍，占GDP的比重也已超过20%。众所周知，在GDP这个"大蛋糕"确定不变的情况下，如果资本、政府拿走得太多，必然意味着"劳动报酬"所能拿到、分享的更少、更微薄。就此而言，劳动报酬比重之所以持续下降，不仅在于资本的强势，也在于政府权力的强势：一方面，面对政府的种种汲取行为（如征税、收费、罚款等），普通居民劳动者缺乏必要的博弈能力；另一方面，对于不断增加的巨额政府收入如何合理使用、充分回馈民生，以便更好地发挥二次分配的调节作用，劳动者同样缺少有效的监督制衡能力。"劳动报酬比重下降"及其所预示着的劳动者权益和地位的弱势，显然蕴涵着巨大的社会风险。首先，从收入分配角度看，这将导致整个社会各种"分配性冲突"的加剧。比如，劳资纠纷、收入争端的增多。据前两年的不完全统计，因收入分配和保险福利问题引发的劳动纠纷占劳动纠纷的 65% 以上。而进一步看，这种社会风险，实际上还包括对整个社会长远内在发展动力和源泉的潜在严重挫伤。劳动实乃一切社会财富之所以能被创造出来的根本源泉和基础性动力——没有劳动，一切财富将无从谈起，更无所谓收入的分配。而"劳动报酬比重持续下降"的现实无疑又意味着，在各种分配要素（权力、资本、土地等）中，"劳动"参与分配的地位正在日趋边缘化，变得愈来愈无足轻重。这种情势下，劳动及劳动者应有的体面和尊严势必极大受挫，劳动将不再被人们看重，甚至成为被摒弃、逃避的对象。有调查显示，在 10～20 岁的青少年中，最受青睐的职业是老板或商人（19%），其次是公务员（17.5%），仅有 3% 的青少年愿意做一名"普通劳动者"。这种劳动价值的式微和社会价值观的扭曲，反过来势必恶化社会收入分配的乱象——如有媒体日前总结的"五色收入"——除了合法的"白色收入"（即劳动收入）和金色收入（财产性收入）外，或者非法、或者不道德、或者性质暧昧的黑色、血色、灰色收入，正在大行其道。

6. 社会保险

社会保险是一种为丧失劳动能力、暂时失去劳动岗位或因健康原因造成损失的人员提供收入或补偿的一种社会和经济制度。社会保险计划由政府举办，强制某一群体将其收入的一部分作为社会保险税（费）形成社会保险基金，在满足一定条件的情况下，被保险人可从基金获得固定的收入或损失的补偿。它是一种再分配制度，目标是保证物质及劳动力的再生产和社会的稳定。

社会保险有五大特征：（1）社会保险的客观基础是劳动领域中存在的风险，保险的标的是劳动者的人身；（2）社会保险的主体是特定的，包括劳动者（含其亲属）与用人单位；（3）社会保险属于强制性保险；（4）社会保险的目的是维持劳动力的再生产；（5）保险基金来源于用人单位和劳动者的缴费及财政的支持。

保险对象范围限于职工，不包括其他社会成员。保险内容范围限于劳动风险中的各种风险，不包括此外的财产、经济等风险。

社会保险的主要项目包括养老社会保险、医疗社会保险、失业保险、工伤保险、生育保险、重大疾病和补充医疗保险等。

7. 劳动保护、劳动条件和职业危害防护

劳动保护是指用人单位为了防止劳动过程中的安全事故，采取各种措施来保障劳动者的生命安全和健康的行为。只要存在着劳动生产，就必然存在各种不安全、不卫生因素；用人单位如不采取措施加以保护，将会发生安全生产事故，导致职工工伤。这不仅危害劳动者的安全健康，妨碍工作的正常进行，也会加大用人单位的生产成本。我国相关的法律行政法规和规章全面规定了劳动保护的各项内容。用人单位也应根据自身的具体情况，制定相应的劳动保护规则，确保劳动者的健康和安全。用人单位在劳动保护方面的义务主要包括：（1）建立完善的安全生产制度与劳动安全卫生制度；（2）严格执行国家安全卫生规程和标准；（3）加强劳动保护教育工作；（4）建设安全生产救援体系。

劳动保护是国家和单位为保护劳动者在劳动生产过程中的安全和健康所采取的立法、组织和技术措施的总称。劳动保护的目的是为劳动者创造安全、卫生、舒适的劳动工作条件，消除和预防劳动生产过程中可能发生的伤亡、职业病和急性职业中毒，保障劳动者以健康的身体参加社会生产，促进劳动生产率的提高，保证社会主义现代化建设的顺利进行。

劳动保护的基本内容：（1）劳动保护的立法和监察。主要包括两大方面的内容：一是属于生产行政管理的制度，如安全生产责任制度、加班加点审批制度、卫生保健制度、劳保用品发放制度及特殊保护制度；二是属于生产技术管理的制度，如设备维修制度、安全操作规程等。（2）劳动保护的管理与宣传。企业劳动保护工作由安全技术部门负责组织、实施。（3）安全技术。指用人单位为了消除生产中引起伤亡事故的潜在因素，保证工人在生产中的安全，在技术上采取的各种措施，主要解决防止和消除突然事故对于职工安全的威胁问题。（4）工业卫生。用人单位为了改善劳动条件，避免有毒有害物质危害职工健康，防止职业中毒和职业病，在生产中所采取的技术组织措施的总和。它主要解决威胁职工健康的问题，目的是实现文明生产。（5）工作时间与休假制度。（6）女职工与未成年工的特殊保护。

劳动条件是指劳动者借以实现其劳动的物质条件，即生产资料。有时，劳动条件专指生产过程中有关劳动者的安全、卫生和劳动程度等所必需的物质设备条件，如厂房和机器的安全卫生状况、车间的气温条件、机械化和自动化程度等。

新《劳动合同法》将职业危害防护作为劳动合同的必备条款之一。这就要求用人单位在与劳动者签订劳动合同时告知其岗位中存在的职业危害因素，不得隐瞒职业危害，不得安排未经职业健康检查、有职业禁忌的劳动者、未成年人或者孕期、哺乳期女职工从事接触职业危害的作业或禁忌作业。这些职业危害因素总体上分为以下几类：一是粉尘类，包括电焊烟尘、陶瓷尘、铸造粉尘等；二是放射性物质类，主要指X射线等电离辐射；三是化学物质类，包括苯、甲醛、汽油、有机磷农药等；四是物理因素，包括高温、噪声、震动等。同时用人单位应在劳动者工作过程中提供相应的防护用品以及采取相应的措施，以加强对劳动者的防护。职业危害防护分个人防护和企业防护两种。个人防护措施主要包括戴口罩、隔离、穿防护服、减震等；企业防护主要是指用人单位必须符合职业卫生要求，每年必须由资质认证的卫生服务机构定期对职业危害因素进行监测和评价，并保证其浓度或强度不得超过国家卫生标准。采取这些措施的目的就在于确保劳动者最大限度地降低职业危害接触量与接触水平，保护劳动者健康。

8. 法律、法规规定的应当纳入劳动合同的其他事项

（二）可备条款

可备条款又称约定条款，是指劳动立法规定可以具备的条款。可备条款一般也较为重要，但立法不宜强行规定，而只是提示或提醒订约当事人给予必要的重视或作必要的约定。可以作为可备条款的主要有：试用期、商业保密、违约金、第二职业或兼职、培训、补充社会保险或商业保险等内容。

1. **试用期**

"试用期"是伴随着劳动法的出台而出现的。《劳动法》规定，劳动合同可以约定试用期，但最长不得超过6个月。在劳动合同中约定试用期，可以维护用人单位的利益，为每个工作岗位找到合适的劳动者。试用期就是供用人单位考察劳动者是否适合其工作岗位的一项制度，它给企业考察劳动者是否与录用要求相一致争取了时间，避免用人单位遭受不必要的损失。关于试用期，根据新《劳动合同法》规定应注意以下几个问题：

第一，试用期与劳动合同期限挂钩。在用工过程中，滥用试用期侵犯劳动者权益的现象比较普遍。如什么样的劳动岗位需要约定试用期，约定多长的试用期，以什么作为参照设定试用期等方面，实践中处理得比较混乱。用人单位通常是不管什么性质、多长期限的工作岗位，也不管有没有必要约定试用期，一律约定试用期，只要期限不超过劳动法规定的6个月即可，用足法律规定的上限。有的用人单位与劳动者签一年期限的劳动合同，其中半年为试用期；有些生产经营季节性强的用人单位甚至将试用期与劳动合同期限合二为一——试用期到了，劳动合同也到期了；有的劳动者在同一用人单位被不止一次约定试用期，换一个岗位约定一次试用期。

针对这一状况,《劳动合同法》限定了能够约定试用期的固定期限劳动合同的最短期限,并且在劳动法规定试用期最长不得超过6个月的基础上,根据劳动合同期限的长短,将试用期细化。具体规定是:劳动合同期限3个月以上不满1年的,试用期不得超过1个月;劳动合同期限1年以上不满3年的,试用期不得超过2个月;3年以上固定期限和无固定期限的劳动合同,试用期不得超过6个月。劳动合同仅约定试用期的,试用期不成立,该期限为劳动合同期限。

第二,不得约定试用期的情形:劳动合同不满3个月;以完成一定工作为期限的合同;非全日制用工;已经约定过试用期的同一单位和劳动者续订劳动合同时。

第三,试用期的工资:不低于本单位同岗位最低档工资或者劳动合同约定工资的80%,并不低于当地最低工资标准。

第四,试用期解除劳动合同。如果劳动者在试用期内决定解除劳动合同,应提前3日通知用人单位;如果用人单位在试用期内决定解除劳动合同,应提供劳动者不符合录用条件或其他解除劳动合同的证据。

第五,试用期与见习期、实习期的区别。首先,试用期与见习期的区别是:(1)从功能上看,设立见习期是用人单位便于对劳动者熟悉业务、提高技能的教育和培训,其主要功能是学习;而试用期强调的是相互了解、选择,认定彼此是否适应,其功能是评判。(2)从适用对象上看,见习期仅适用于首次参加工作的劳动者(一般为毕业的学生);而试用期对变更工作后的劳动者同样适用。(3)从适用上的不利后果看,用人单位对表现特别不好的见习生的处理措施是退回学校,由学校重新分配;而对试用工则是解除劳动合同。

其次,试用期与实习期的区别是:(1)当事人的身份不同。处于试用期中的自然人一方只能是劳动者;而处于实习期间的自然人一方是在校学生。(2)权利义务关系不同。试用期的当事人双方存在着劳动关系,用人单位对劳动者承担无过错责任,与劳动者共同履行缴纳社会保险费用的义务,向劳动者支付的工资报酬不得低于当地最低工资标准;而学生实习所在的单位对于实习学生,不承担无过错责任,不需执行最低工资标准。(3)主体间的关系依据不同。用人单位与劳动者,包括在试用期内的权利义务关系由劳动法及其相关规定进行规范。(4)当事人的目的不同。在试用期间,主要体现的是用人单位目的,即为了得到满足需要的人力资源。在实习期间,对于实习学生所在的单位来讲,学生的实习活动,和劳动者的生产经营活动有相同或相似之处,但在目的上有本质的不同;学生实习活动主要体现的是学校与学生的共同目的——为了提高实习学生的自身素质。

2. 违约金的问题

新《劳动合同法》规定只有以下两种情形才能约定违约金：

第一，用人单位培训了劳动者，双方在培训协议中约定。新《劳动合同法》规定，违约金的数额不得超过用人单位提供的培训费用；用人单位要求劳动者支付的违约金不得超过服务期尚未履行部分所应分摊的培训费用。

第二，竞业限制条款中约定的违约金。

3. 保密协议中竞业限制条款的问题

竞业限制是用人单位对负有保守用人单位商业秘密责任的劳动者，在劳动合同、知识产权权利归属协议或技术保密协议中约定的竞业限制条款，即：劳动者在终止或解除劳动合同后的一定期限内不得在生产同类产品、经营同类业务或有其他竞争关系的用人单位任职，也不得自己生产与原单位有竞争关系的同类产品或经营同类业务。

竞业限制起源于公司法中的董事、经理竞业禁止制度，目的是为防止董事、经理等利用其特殊地位损害公司利益。各国公司法都规定了董事经理的竞业禁止义务，尤其是西方国家，首先建立了董事、经理竞业禁止制度。我国对于竞业禁止的相关立法有：旧《公司法》（已废除）第61条第1款规定："董事、经理不得自营或者为他人经营与其所任职公司同类的营业或者从事损害本公司利益的活动。从事上述营业或者活动的，所得收入应当归公司所有。"新《公司法》第149条第（五）项规定："未经股东会或者股东大会同意，不得利用职务便利为自己或者他人谋取属于公司的商业机会，自营或者为他人经营与所任职公司同类的业务。"《合伙企业法》第30条规定："合伙人不得自营或者同他人合作经营与本合伙企业相竞争的业务。除合伙协议另有约定或者经全体合伙人同意外，合伙人不得同本合伙企业进行交易。合伙人不得从事损害合伙企业利益的活动。"《个人独资企业法》第20条规定："投资人委托或者聘用的管理个人独资企业事务的人员不得有下列行为：……（六）未经投资人同意，从事与本企业相竞争的业务；（七）未经投资人同意，同本企业订立合同或者进行交易……"《刑法》第165条规定："国有公司、企业的董事、经理利用职务便利，自己经营或者为他人经营与其所任职公司、企业同类的营业，获取非法利益，数额巨大的，处3年以下有期徒刑或者拘役，并处或者单处罚金；数额特别巨大的，处3年以上7年以下有期徒刑，并处罚金。"国家科委《关于加强科技人员流动中技术秘密管理的若干意见》规定："单位可以在劳动聘任合同、知识产权权利归属协议或技术保密协议中，与对本单位技术权益和经济利益有重要影响的有关行政管理人员、科技人员和其他相关人员协商、约定竞业限制期内不得在生产同类产品或经营同类业务且具有竞争关系或其他利害关系的其他单位任职，或自己生产、经营与原单位有竞争关系的同类产品或业务。"由于企业部分员工常常对企业的经营和技术情况了如指掌，在跳槽后也往往选择与其以前形成的业务特长相同或者近似的业务。一旦这些员工在跳槽后从事这些职业，不但容易成为原就职企业强劲的竞争对手，而且由于自身的便利和业务的需要，往往会情不自禁地使用原企业的商业秘密。为防止出现这种局面，西方国家率先将公司董事、经理竞业禁止制度移植到商业秘密和其他经营利益的保护中来，从而形成竞业限制。企业开始采取与员工订立竞业限制协议，以保护企业的竞争利益和商业秘密。

我国新《劳动合同法》规定的竞业限制制度的内容主要包括以下三个方面：

第一，竞业限制的对象限于高级管理、技术人员和负有保密义务的人员。

《劳动合同法》颁布之前，由于立法对竞业限制的主体问题没有规定，出现了竞业限制的主体范围过宽的现象，从而导致用人单位不论员工从事何种岗位、是何种文化程度以及是否接触到商业秘密，均一律签订竞业限制协议的情况。这种做法明显不妥。这使得用人单位对其利益不会造成威胁和损害的人员也进行了竞业限制，既损害了他们的劳动权利，又支付了不必要的经济补偿，增加企业的成本。为避免这种状况，《劳动合同法》第24条明确规定："竞业限制的人员限于用人单位的高级管理人员、高级技术人员和其他负有保密义务的人员。"

第二，用人单位应在劳动合同结束后按月支付经济补偿金。

竞业限制的经济补偿标准问题一直是各方讨论的焦点。全国人大常委会2006年3月20日发布的《中华人民共和国劳动合同法（草案）》（征求意见稿）第16条第3款规定，用人单位与劳动者有竞业限制约定的，应当同时与劳动者约定在劳动合同终止或者解除时向劳动者支付的竞业限制经济补偿，其数额不得少于劳动者在该用人单位的年工资收入。劳动者违反竞业限制约定的，应当向用人单位支付违约金，其数额不得超过用人单位向劳动者支付的竞业限制经济补偿的3倍。因此，草案规定的补偿标准是原工资的100%。有人认为这个标准偏高，因为有资料显示，在发达国家中，法国的这一标准是最高的，也仅达到50%，没有100%。因为他们认为竞业限制是对劳动能力的限制，不是丧失，100%的补偿标准会使企业难以承受，可能把用人单位整垮，不利于更多的人就业。不过，也有人认为，只有较高的补偿标准才是符合市场规律要求的"竞业限制"。因为"竞业限制"的范围只适于用人单位的关键员工，且跳槽后的行业是有直接竞争的同类行业。制订较高的补偿标准，企业就会衡量是否真正值得对相关员工竞业限制。所以设立一个适当的补偿标准，也是对市场机制的一种巧妙适应。最终的《劳动合同法》没有明确规定经济补偿金的具体标准。

但一些地方性文件对经济补偿金的具体标准作了一些规定,如《宁波市企业技术秘密保护条例》规定,企业应当向被限制人支付补偿费,年补偿费不得低于该员工离职前一年报酬总额的 1/2。《珠海市企业技术秘密保护条例》规定,企业与员工约定竞业限制的,在竞业限制期间年补偿不得低于该员工离职前一年从该企业获得的年报酬总额的 1/2。

第三,竞业限制的范围、地域、期限由双方约定,但期限最多不超过 2 年。

(三) 禁止性条款

除了上述的必备条款和可备条款外,有一些内容不能在劳动合同中约定,称为禁止性条款。

1. 抵押金

原劳动部、公安部、全国总工会《关于加强外商投资企业和私营企业劳动管理切实保障职工合法权益的通知》(劳部发〔1994〕118 号)中第二条规定"企业不得向职工收取货币、实物等作为'入厂押金',也不得扣留或者抵押居民身份证、暂住证和其他证明个人身份的证件。对擅自扣留、抵押居民身份证等证件和收取抵押金(品)的,公安部门、劳动监察机构应责令企业立即退还职工本人。"另外,原劳动部办公厅、国家经济贸易委员会办公厅对《关于用人单位要求在职职工缴纳抵押性钱款或股金的做法应否制止的请示》的复函(劳办发〔1995〕150 号)指出:"为规范用人单位与劳动者依法建立劳动关系的行为,劳动部、公安部、全国总工会的《通知》和劳动部办公厅《对关于国有企业和集体所有制企业能否参照执行上述〈通知〉中有关规定的请示的复函》对制止国有、集体、外商投资和私营企业在建立劳动关系时向职工收取抵押金(品)的问题作了明确规定。同样,对用人单位向职工收取的'劳动合同保证金''劳动保护物品及生产工具使用(承包)抵押金'等行为也应予以制止。至于有些用人单位与职工建立劳动关系后,根据本单位经营管理实际需要,按照职工本人自愿原则向职工收取'风险抵押金',比如高级饭店的服装押金、出租车行业的车辆押金以及其他有对等物的押金,以及集体企业的集资款或物或要求职工全员入股等企业生产经营管理行为,不属于上述规定调整范围。但是,用人单位不能以解除劳动关系等为由强制职工缴纳风险抵押金及要求职工入股。否则,由此引发的劳动争议,按照《企业劳动争议处理条例》规定处理。"有的企业担心对劳动者没有制约性,劳动者会随时解除合同走人,企业的合法权益得不到保护,因而在劳动者入职时收取一定的押金。这种情况不无道理,事实上在一些地方也相当普遍地存在,但是用人单位不能用这种手段来留人,而应当通过改善工作条件和提高职工的福利待遇来留人。

2. 限制或禁止劳动者的权利

法律赋予劳动者的权利是不能通过劳动合同加以限制或禁止的。这些权利包括：加入工会的权利、提出增加工资的权利、结婚或生育的权利、享受社会保险的权利、同意加班并要求支付加班费的权利、向有关机关提请处理劳动争议的权利等等。

3. 免除用人单位的义务

与上述情况相似，双方在劳动合同中也不能约定免除用人单位的一些法定义务，比如提供劳动安全卫生条件的义务、告知劳动者岗位中存在的职业病危害因素、按法定条件为劳动者缴纳社会保险费的义务、依法制定规章制度并告知劳动者的义务等。

4. 群体性歧视

出于对一个社会群体的偏见，社会上存在着很多歧视现象。这些歧视现象也不得反映在劳动合同的内容上。比如：性别歧视，尤其是对女性的歧视。性别歧视是劳动力就业市场上最普遍存在的一种歧视现象。男人和女人似乎生来就是不平等的，社会生活中的男女不平等直接影响到他们在劳动力市场上的不平等。性别歧视不仅表现在求职的难易程度上，还表现在男女"同工不同酬"上。全国妇联和国家统计局联合组织实施的第二期中国妇女社会地位抽样调查结果表明，从1990年到2000年的10年间，在业妇女收入与男性收入的差距明显拉大。1999年城镇在业女性年均收入为7 409.7元，是男性收入的70.1%，男女两性收入差距比1990年扩大了7.4个百分点；以农林牧渔业为主的女性1999年的年均收入为2 368.7元，是男性收入的59.6%，差距比1990年扩大了19.4个百分点。

再比如户籍歧视。目前世界上还实行户籍管制的国家只有三个：朝鲜、贝宁和中国。正是由于实行户籍管制制度才导致了户籍歧视现象的产生。户籍歧视的主要表现是农民工受歧视，比如，农民工无法享受"同工同酬"的权利，甚至被拒绝加入工会。

还有地域歧视的问题。通常来讲，所谓地域歧视，都是优势地区和处于优势地位的群体歧视落后地区和处于劣势地位的群体。地域歧视是"社会刻板印象"的一种体现。所谓"社会刻板印象"，指的是一些人对某一类人持有一套固定的看法（通常带有负面色彩），并以此作为参照框架，主观地认为这类人所有成员都符合这种看法。社会刻板印象是对社会团体最简单的认识。它虽然有利于对某一群体作概括的了解，但也容易产生偏差，造成"先入为主"的成见，阻碍人与人之间正常的认识和交往。刻板印象还往往导致误解。因为，刻板印象的依据并非事实，有时是由于偏见的合理化而来，有时是以群体有某种特性（事实上群体并不具有这种特性）而推断个人也必然具有这种特性而形成的。

地域歧视是从众心理和集体无意识的结果。在信息时代，随着信息传播渠道越来越多样化，信息传播速度越来越快，人们越来越被信息所包围。但是，这种情况却使普通人特别容易丧失自主思考和判断能力，对许多事物不作独立的思考和理性的判断，从而形成从众心理和集体无意识现象。有时媒体对流动人口犯罪个案的报道，常常成为民众判断身边人的心理基础，并被夸大和扩大化，从而使群众轻易把某个群体符号化、标签化。

地域歧视是"贱贫"心理的体现。因为社会转型和经济社会发展出现一系列阶段性特征，目前我国各种社会矛盾交织在一起，社会问题比较多。特别是因为贫富差距的持续扩大而造成的"仇富"心理和"贱贫"心理，使穷人与富人之间的鸿沟变得愈加难以跨越。贫穷地区的人到沿海一些经济发达省份谋生容易遭到歧视的原因，从某种意义上说就是因为他们的家乡太穷。富人看不起穷人，于是就产生了歧视。

地域歧视也是小农意识的反映。长期的农业社会使国人形成了根深蒂固的小农意识和小农心理。小农意识和小农心理在人际关系上的典型反映，就是因家族认同而产生家族之间的歧视，由于对乡土的认同而产生乡土歧视。表面上看，地域歧视表现为城里人瞧不起乡下人、发达地区的人瞧不起落后地区的人，但是在骨子里、在内心深处，仍然是小农心理在作怪。

正是由于上述歧视现象的存在，劳动合同签订时，受到歧视的群体无法享受正常的合同权利和待遇，因而法律严格禁止歧视性的内容在劳动合同中出现。

六、订立劳动合同应注意的事项

（一）劳动行政部门推荐的劳动合同文本是示范文本而不是格式文本

为了方便和规范劳动关系当事人订立劳动合同，各地劳动行政部门会根据法律的规定组织专家编撰一些劳动合同文本推荐给用人单位使用。但一些用人单位将这些劳动合同文本当作格式文本使用，不论其中的某些内容与本单位的情况是否相符，都要求劳动者不能更改一字。实际上，劳动行政部门推荐的劳动合同文本是示范文本，只是供劳动关系当事人在订立劳动合同时进行参考的，如果其中的某些事项与本单位或某一岗位的实际状况不同，可以进行修改、变更。

（二）用人单位依法制定的相关内部管理制度可作为劳动合同的附件

对于一个刚刚签订劳动合同的新员工，用人单位需要将之前制定的相关内部管理制度（规章制度）或岗位操作规范告知新员工，以便其日后遵照执行；否则，新员工可能由于不知道这些操作规范而带来管理方面的麻烦，甚至发生劳动安全卫生事故。另外，《劳动合同法》明确规定规章制度生效的条件之一就是通知劳动者；否则，员工会以自己不知情为由强调不受这些规章制度的约束。基于上述理由，用人单位有必要在签订劳动合同时让劳动者阅读这些规章制度，并将这些规章制度作为劳动合同的附件要求劳动者签字确认。

（三）劳动合同与其他文本的矛盾处理

当劳动合同签订以后，由于工作失误等原因，很可能出现劳动合同中某一事项内容与其他文本就同一事项的约定出现不同的内容的情况，这就为劳动合同履行过程中劳资之间出现争议埋下了隐患。这些矛盾的表现形式有：

1. 约定矛盾

这种矛盾是由于劳动合同与之前或之后签订的其他文本出现不同的内容引起的。比如三方协议中约定劳动者应为用人单位至少服务 5 年，而之后双方签订的劳动合同约定劳动合同期限是 3 年；这样，双方就会为此发生争议。这时，应该用何种标准处理这一矛盾呢？要解决这一矛盾，首先要从分析二者的性质入手。

三方协议是《全国普通高等学校毕业生就业协议书》的简称，它是明确毕业生、用人单位、学校三方在毕业生就业工作中的权利和义务的书面表现形式，能解决应届毕业生户籍、档案、保险、公积金等一系列相关问题，协议在毕业生到单位报到、用人单位正式接收后自行终止。

三方就业协议书不同于劳动合同。首先，三方就业协议书是国家教育部统一印制的，主要是明确三方的基本情况及要求。三方就业协议书制定的依据是国家关于高校毕业生就业的法规和规定，有效期为自签约日起至毕业生到用人单位报到为止的这一段时间。而劳动合同是受《劳动法》和《合同法》的限定和保护的法律文本。有些用人单位如许多外企在确定录用时（注：在到用人单位报到前）就同时要求和毕业生签订一份类似劳动合同的协议；而更多的用人单位则要求先签"就业意向书"，毕业生报到后再签订劳动合同。其次，就业协议是三方合同，它涉及学校、用人单位、学生等三方面，三方相互关联但彼此独立；而劳动合同是双方合同，由劳动者和用人单位两方的权利、义务构成。最后，毕业生签订就业协议时仍然是学生身份，但是签订劳动合同时应当是劳动者身份。劳动合同一经签订，就业协议的效力就应当丧失。所以，如果劳动合同与三方协议内容矛盾，以劳动合同为准。

2. 文体矛盾

随着我国改革开放，一些国外的优秀人才也被吸引到中国来就业。有些企业为了让外国员工在工作中充分明白自己的权利和义务，只选用外文书写的劳动合同文本与外国员工进行签订。这种做法是不符合国家关于劳动合同必须用中文书写的原则的，因此，有些企业便采用与外国员工分别签订中、外文劳动合同的办法，来达到既让外国员工知道自己的劳动权利和义务，又使所签订的劳动合同符合法律法规规定的目的。应该说，企业的这种做法不失为一种一举两得的好办法。但是，两份不同文字的劳动合同签订后，也可能会遇到合同条款不一致的情况，这时该怎样处理呢？比如，某位英国人被上海一家中外合资经营企业聘用为技术总监，在签订劳动合同时，企业与该英国人分别签订了一份英文劳动合同和一份中文劳动合同。关于工资，在英文劳动合同中写明其工资是按美元支付，每月为5 000美元；而在中文劳动合同中约定工资是按人民币支付，每月为40 000元人民币。该企业按照国家规定，为该英国人办理了中华人民共和国外国人就业许可证，然后开始正式让其在企业内工作。工作1个月后，企业以人民币40 000元为标准向其支付了当月工资。英国人领到工资后，发现是人民币而不是美元，便向企业提出了异议，要求企业按照英文合同中的规定支付工资，月工资应是5 000美元；或者按照当时的汇率（1美元＝8.27元人民币）折合成人民币，应按41 300元人民币向其发放工资。这一要求遭到中方管理层的拒绝。中方管理层认为双方签署的中文合同中规定的工资就是40 000元人民币。

针对这一情况，我国相关劳动法规中有较明确和具体的规定：首先，劳动合同应当用中文书写，也可以同时用外文书写，双方当事人另有约定的，从其约定。其次，同时用中、外文书写的劳动合同文本，内容不一致的，以中文劳动合同文本为准。按照这一规定，那位英国人与企业之间关于工资的劳动合同条款出现不一致后，应该以中文劳动合同为准，即企业可以按每月40 000元人民币的标准向其支付工资。

3. 阴阳合同（或者黑白合同）

在一些劳动争议案件中出现同一劳动者与同一用人单位同时签订2份内容基本相同的劳动合同的情况，这就是阴阳合同。2份劳动合同从形式上审查都完全符合法律规定，都具有法律效力，但2份劳动合同有一些条款约定了不同的内容，比如薪酬标准不同（甚至差距较大）等。最典型的案例便是发生在2005年的足球运动员申思起诉上海国际俱乐部欠薪案。当时的上海市劳动争议仲裁委员会在审理该案时惊奇地发现，申思与国际俱乐部签订的是2份薪金额度差距巨大的"阴阳合同"。

当时，多家媒体都披露了这样的细节：交由中国足协备案的"阳合同"中，规定申思的工资为每月12 000元人民币；而签约后由俱乐部和申思各自保存的"阴合同"中，规定在2003年至2005年的3年中，申思的年收入为250万元人民币。在这2份合同中，申思的年薪相差17倍，差额多达230多万元！

类似的"阴阳合同"在国内俱乐部与球员签约时并不鲜见。著名国足谢晖和重庆力帆俱乐部的劳动争议一案中也曾经出现过类似的合同。劳资双方之所以心照不宣地签订这样的阴阳劳动合同，主要出于以下几个方面因素的考虑：第一，应对中国足协的"限薪令"。多家俱乐部除与球员签订统一格式的意在糊弄足协的"工作合同"之外，还会签署1份见不得阳光的"地下合同"。第二，规避媒体的炒作。运动员的收入是很多媒体关注的重要话题，尤其是不菲的收入也是公众感兴趣的讨论内容。第三，规避税收的征纳。高收入必然要向国家缴纳个人所得税，为了少缴税才出现了"阳合同"。正是"地下合同"的存在，让教练和球员在一旦遭遇俱乐部欠薪待遇时使自己弱势群体的地位更加凸显。"地下合同"令中国足球从业者在规避风险方面常因无法可依而不得不"哑巴吃黄连"。

发生劳动争议后如何处理这类案件？从法律效力上讲2份劳动合同应该都有效，都是双方在自愿并协商一致的基础上达成的协议，而且签订时间完全一样。这样的劳动争议往往都已经履行过一定阶段，处理这样的案件可以参照实际履行的劳动合同规定的内容以实际执行的内容约定为标准。

七、劳动合同的无效

（一）劳动合同无效的原因或条件

劳动合同必须是具有签约资格的当事人按照平等自愿、协商一致的原则依法订立，内容应当具备法定条款，并须合法，合同形式应采用书面形式，否则将被确认无效。无效劳动合同是指所订立的劳动合同不符合法定条件，不能发生当事人预期的法律后果的劳动合同。根据《劳动合同法》的规定，劳动合同无效的条件包括：

1. 欺诈、胁迫、乘人之危

欺诈是指一方当事人故意捏造虚伪情况，或者歪曲、掩盖真实情况，使对方陷入错误认识而与之签订劳动合同。欺诈行为作为一种违法行为，如果情节严重，可构成刑法上的诈骗罪。

胁迫即威胁、逼迫的意思，是指以某种现实或将来的危害使他人陷入恐惧而签订劳动合同的行为。这种胁迫可表现为某种身体或精神强制，如以伤害某单位负责人家人相威胁而迫使该负责人同意录用等。

受胁迫而签订的劳动合同，其内容基础受外来力量干涉，故不是真实的意思表示，也违背了自愿原则，应认定为无效。

乘人之危订立合同，是指一方当事人乘对方处于危难之际，为谋取不正当利益，迫使对方违背自己的真实意愿与己订立合同。

2. 用人单位免除自己的法定责任、排除劳动者权利

所谓法定责任，是指法律规定的用人单位应当承担的责任。用人单位免除自己法定责任，是指根据有关法律、法规和政策，该责任应由用人单位来承担，而用人单位通过劳动合同中的约定免除自己的责任。因此，法定责任具有法律性、特定性和强制性，除非法定原因，用人单位只能承担，而不能免除。况且，劳动合同的内容必须合法，免除法定责任的合同条款本身就违反了法律规定，所以属于无效条款。

排除劳动者权利，是指该权利是有关法律、法规和国家有关规定明确规定的，而用人单位通过劳动合同中的约定予以否定，明示劳动者不享有该项权利。

用人单位的法定责任与劳动者的权利具有一定的关联性。用人单位的法定责任往往体现为劳动者的权利。这表现在很多方面，比如：用人单位应按月足额支付工资、其标准不低于最低工资；按照国家规定支付加班费；为劳动者缴纳各项社会保险；为劳动者提供安全卫生条件；允许劳动者参加工会；给予劳动者各种假期；不得阻止劳动者行使起诉权；劳动者结婚、生育的权利不得限制，等等。实践中出现较多的是造成劳动者人身伤害的免责条款。对于劳动者人身的健康和生命安全，法律是给予特殊保护的。从整体社会利益的角度来考虑，如果允许免除用人单位对劳动者人身伤害的责任，无异于纵容用人单位利用合同对劳动者的生命进行摧残，这与保护公民的人身权利的宪法原则是相违背的。劳动者合同权利的放弃，如果与劳动法的维权宗旨相悖，劳动者放弃权利的行为应当受到限制。例如，目前煤矿这种高危行业用工，不经任何培训，没有任何技术，来了就签劳动合同，出事故了给点钱就算完事了；而劳动者又在高工资的引诱下自愿在用人单位不负责生命安全的合同上签字。这种情况下，劳动者放弃劳动保护权的行为，即便出于自愿，亦应认定无效。

3. 违反法律、行政法规的强制性规定

所谓违反法律、行政法规的强制性规定包含两层含义：（1）违反的必须是全国人大及其常委会制定的法律和国务院制定的行政法规。劳动合同违反地方性法规、行政规章、劳动和社会保障部的规范性文件的，不应当认定为无效。（2）必须违反法律和行政法规的强制性规定，非强制性规定的，即使违反了也不能认定合同无

效。所谓强制性规定是指法律、行政法规规定的强制性规范，规定人们不得进行某些行为或者必须进行某些行为；是指无条件的、绝对必须遵守的规范。强制性规范不允许当事人自行协商免除或变更，必须按照法律法规的规定执行。

违反这些强制性规定导致合同无效的情况包括：(1) 用人单位和劳动者中的一方或者双方不具备订立劳动合同的法定资格。如签订劳动合同的劳动者一方必须是具有劳动权利能力和劳动行为能力的公民，企业与未满16周年的未成年人订立的劳动合同就是无效的劳动合同（国家另有规定的除外）。(2) 劳动合同的内容直接违反法律、法规的规定。如劳动者与矿山企业在劳动合同中约定的劳动保护条件不符合有关规定，他们所订立的劳动合同是无效的。(3) 劳动合同因损害国家利益和社会公共利益而无效。《民法通则》第58条第五项确立了社会公共利益的原则，违反法律或者社会公共利益的民事行为无效。

(二) 劳动合同无效的认定机构

在我国有权认定劳动合同无效的机构是劳动争议仲裁部门和人民法院。

(三) 劳动合同无效的法律后果

1. 部分无效、不影响其他部分效力的，其他部分仍然有效。

无效的合同可分为部分无效合同和全部无效的合同两种。部分无效合同是指有些合同条款虽然违反法律规定，但并不影响其他条款效力的合同。有些劳动合同就其内容看，不是全部无效，而是部分无效，即劳动合同中的某一部分条款不发生法律效力。在部分无效的劳动合同中，无效条款如不影响其余部分的效力，其余部分仍然有效，对双方当事人仍有约束力。这包含两层意思：(1) 如果认定合同的某些条款无效，该部分内容与合同的其他内容相比较，应当是相对独立的，该部分与合同的其他部分具有可分性。如果部分无效的条款与其他条款具有不可分性，或者当事人约定某合同条款为合同成立生效的必要条款，那么该合同的部分无效就会导致整个合同的无效；而不能确认该部分无效时，另一部分合同内容又可以保持其效力。(2) 如果合同的目的是违法的，或者根据诚实信用和公平原则，剩余部分的合同内容的效力对当事人已没有任何意义或者不公平合理，合同应全部确认为无效。

部分无效的劳动合同通常表现为：未经批准不得辞职；加班不给加班费；工作受伤自己负责，等等。

2. 确认无效、劳动者已付出劳动的，用人单位应当支付一定的劳动报酬。

无效的合同一般具有以下特征：(1) 无效合同具有违法性。它们大都违反了法律和行政法规的强制性规定和损害了国家利益、社会公共利益。无效合同的违法性表明此类合同不符合国家的意志和立法的目的，所以，对此类合同国家应当实行干预，使其不发生效力，而不管当事人是否主张合同的效力。（2）无效合同是自始无效的。就是从订立的时候起，这类合同就没有法律约束力，以后也不会转化为有效合同。对于已经履行的，应当通过返还财产、赔偿损失等方式使当事人的财产恢复到合同订立前的状态。法律既不保护无效合同当事人的权益，也不强制当事人履行无效劳动合同规定的义务。

劳动合同有其特殊性，是一种具有人身属性、重实际履行的合同。已经发生的人身从属关系，无法按照一般民事关系的处理方式恢复到合同关系发生前的状态；已经履行的劳动给付义务，也不可能恢复到合同关系发生前的状态。如果对劳动合同简单地照搬民事合同中的无效、撤销制度，已经发生的劳动给付无法处理，也会引发大量的纠纷。

为了适应劳动合同的特殊性，劳动合同被确认无效，劳动者已付出劳动的，用人单位应当向劳动者支付劳动报酬。无营业执照经营的单位被依法处理，该单位的劳动者已经付出劳动的，由被处理的单位或者其出资人向劳动者支付劳动报酬（其中用人单位与劳动者有恶意串通损害国家利益、社会公共利益或者他人合法权益的情形除外）。劳动报酬的数额，参考用人单位同类岗位劳动者的劳动报酬确定；用人单位无同类岗位的，按照本单位职工平均工资确定。如果双方约定的报酬高于用人单位同岗位劳动者工资水平的，除当事人恶意串通侵害社会公共利益的情况外，劳动者已经给付劳动的，劳动报酬按照实际履行的内容确认。

3. 合同确认无效，有责任一方应赔偿对方的损失，无责任一方可以解除劳动合同。

对因一方的过错导致劳动合同无效的，有责任一方应赔偿对方的损失。《劳动合同法》在法律责任中规定：订立的劳动合同依照本法规定被确认无效的，劳动行政部门可以处以500元以上2万元以下罚款；因为用人单位的过错给劳动者造成损害的，应当承担赔偿责任。在合同被确认无效后，一般都会产生损害赔偿的责任。在合同被确认无效后，如果因为劳动者的过错导致劳动合同的无效而给用人单位造成损失的，劳动者应当赔偿用人单位的财产损失。这体现了保护劳动合同无效无过错方合法权益的原则。同时，无责任一方可以以此为由解除劳动合同。

【案例导读】导致劳动合同无效的"欺诈"标准的认定
【案情简介】
案例1：宋女士被某印刷厂招用为激光照排工人，该岗位的任务是校对错别字，要求视力为1.2以上。体检时宋女士视力为1.5，符合条件被录用。但其上岗后经常因视力问题出误差,该厂便要求宋女士就视力进行复查,结果其视力仅仅为0.2！后经厂方调查得知,宋女士在体检时让其双胞胎妹妹顶替自己。由于其妹妹视力良好,又加上两人长相几乎一样,便顺利地通过了体检。于是厂方就此主张劳动合同无效。

案例2：李女士被某单位招用后一个月向单位提出她怀孕了,要求工作照顾和享受有关生育待遇。但其单位感到这件事有些突然,因为她当初在求职登记表上关于"婚姻状况"一栏所填内容为"未婚"！单位还调查发现她的结婚证是在填写求职登记表前一年领取的！在求职登记表的"备注"栏里,李女士声明："本人所填写上述内容真实有效！"由此,单位提出劳动合同无效。

案例3：刘先生于1987年不慎从楼梯上滚下来摔伤,因此在医院做了右肾切除手术,术后恢复健康。5年后的1993年8月,刘先生得知中国银行某支行招工的信息,就报了名。刘先生填写的体检表中载明："既往病史"栏为"无残","腹腔脏器"栏为"正常",于是双方签订了劳动合同。事后刘先生被人举报,单位认为其存在"生理缺陷"且有欺诈事实,要求确认该劳动合同无效。

【案例解析】 上述三个案例经有关劳动争议仲裁委员会和人民法院的审理已经作出了结论,案例一中的宋女士构成欺诈,案例二中的李女士和案例三中的刘先生不构成欺诈。结合欺诈的定义以及三个案例的结果分析,在劳动合同无效的原因认定中,构成欺诈的条件和要素包括以下三个方面：

第一,欺诈方所隐瞒或歪曲的事实必须是受欺诈方知情权范围内的事实。案例一中的宋女士隐瞒了工作所要求的视力,构成欺诈；而案例二中的李女士隐瞒的"婚姻状况"是与工作无关的事项,不属于受欺诈方也就是用人单位知情权范围内的事实,所以不构成欺诈。

第二,欺诈方所隐瞒或歪曲的事实必须是与所签订的劳动合同相关的事实。案例二中的李女士隐瞒的"婚姻状况"就是与签订的劳动合同无关的事项。

第三,欺诈方所隐瞒或歪曲的事实必须是与所任职的行业和岗位相关的事实,该事实能反映本行业或岗位的特殊要求。案例一中的宋女士隐瞒了工作所要求的视力,构成欺诈；而案例三中的刘先生隐瞒的事项并不影响工作,所以不构成欺诈。

第二节 劳动合同的履行与变更

一、劳动合同的履行

(一) 劳动合同履行的原则

劳动合同的履行,是指劳动合同订立以后,劳动者和管理者双方当事人按照合同条款的要求,共同实现劳动过程以及相互履行权利和义务的行为或过程。

1. 全面履行的原则

根据《劳动合同法》第3条第2款的规定,劳动合同依法订立即具有法律约束力,用人单位与劳动者应当履行劳动合同规定的义务。这就是说,劳动合同一经依法订立即具有法律效力,受法律保护,双方当事人应当做到切实履行,以实现劳动合同双方当事人订立劳动合同时的预期目的。这是市场经济秩序得以维护的基本要求,也是现代法治社会的基本要求。因此,用人单位与劳动者应当按照劳动合同的约定全面履行各自的义务。

劳动合同的全面履行要求劳动合同的当事人双方必须按照合同约定的时间、期限、地点,用约定的方式,按质、按量全部履行自己承担的义务,既不能只履行部分义务而将其他义务置之不顾,也不得擅自变更合同,更不得任意不履行合同或者解除合同。对于用人单位而言,必须按照合同的约定向劳动者提供适当的工作场所和劳动安全卫生条件、相关工作岗位,并按照约定的金额和支付方式按时向劳动者支付劳动报酬;对于劳动者而言,必须遵守用人单位的规章制度和劳动纪律,认真履行自己的劳动职责,并且亲自完成劳动合同约定的工作任务。在劳动合同关系中,劳动者提供劳动力,而用人单位则是使用该劳动力。劳动合同作为具有人身关系性质的合同,其所规定的条款相互之间有内在联系,不能割裂。因此,全面履行劳动合同也是劳动合同的基本要求。

2. 亲自履行的原则

劳动合同履行要求劳动合同主体必须亲自履行劳动合同。因为劳动关系是具有人身关系性质的社会关系,劳动合同是特定主体间的合同。劳动者选择用人单位,是基于自身经济、个人发展等各方面利益关系的需要;而用人单位之所以选择该劳动者也是由于该劳动者具备用人单位所需要的基本素质和要求。劳动关系确立后,劳动者不允许将应由自己完成的工作交由第三方代办；用人单位也不能将应由自己对劳动者承担的义务转嫁给其他第三方承担，未经劳动者同意不能随意变更劳动者的工作性质、岗位，更不能擅自将劳动者调到其他用人单位工作。

3. 相互协助履行的原则

劳动合同的履行，还需要劳动合同双方当事人之间相互理解和配合，相互协作地履行。这一方面要求劳动者自觉遵守用人单位的规章制度和劳动纪律，以主人翁的姿态关心用人单位的利益和发展，理解用人单位的困难，为单位的发展献策、出力；另一方面，也要求用人单位爱护劳动者，体谅劳动者的实际困难和需要。具体而言，劳动合同的协作履行要求双方做到：(1)当事人双方首先应按照劳动合同的约定和劳动纪律的规定，履行自己应尽的义务，并为对方履行义务创造条件；(2)当事人双方应互相关心，通过生产经营管理和民主管理互相督促，发现问题及时协商解决；(3)无论是用人单位还是劳动者遇到问题时，双方应在法律允许的范围内尽力给予对方帮助，协助对方尽快解决问题；(4)劳动者违纪，用人单位应依法进行教育，帮助劳动者改正；用人单位违约，劳动者要及时发现问题，尽快协助纠正，并设法防止和减少损失；(5)在履行过程中发生了劳动争议，当事人双方都应从大局出发，根据《劳动合同法》和《劳动法》等法律法规的有关规定，结合实际情况，及时协商解决，从而建立起和谐稳定的劳动关系。

4. 实际履行的原则

劳动合同的实际履行，是指劳动合同当事人双方按照合同规定的标的完成各自的义务。它包括两层含义：一是劳动合同的当事人要按照合同规定的标的履行，不能用其他标的来取代合同约定的标的。一方当事人违约时也不能用交付违约金或赔偿损失来代替履行合同，除非违约方的履行行为已没有意义。二是当一方当事人不履行劳动合同时，另一方当事人有权请求人民法院强制其履行。劳动合同的实际履行原则表明，劳动合同一经订立，当事人就应该以自己的行为去完成合同规定的任务，实现合同约定的目标。

劳动合同的实际履行原则是由劳动合同的性质和特定作用决定的。劳动合同是用人单位和劳动者之间以实现劳动权利和义务为目的的协议，是劳动法律关系确立的前提。对用人单位来说，劳动合同得不到履行，它的一切活动和目标就难以实现；对劳动者来说，劳动合同得不到实际履行，劳动者的生活就没有保障。企业不按劳动合同履行约定义务，劳动者的生命健康就受到影响。所以，劳动合同的实际履行对于劳动关系双方当事人来说意义都十分重大。

（二）中止履行

劳动合同中止是指在劳动合同履行的过程中出现法定或者约定的状况，致使当事人不能继续履行劳动合同，但是劳动合同关系仍继续保持的状态。劳动合同中止履行的，劳动合同约定的权利和义务暂停履行（法律、法规、规章另有规定的除外），待到法定或约定的原因消除后，劳动合同仍继续履行。中止履行劳动合同期间用人单位一般办理社会保险账户暂停结算（封存）手续。中止期间如遇劳动合同期满，劳动合同终止。

劳动合同中止的条件是指劳动者主观上无过错，因客观原因导致暂时无法履行劳动合同的义务，但仍有继续履行劳动合同的条件和可能的情形。

劳动合同中止的特殊情形是指按照《关于贯彻执行〈中华人民共和国劳动法〉若干问题的意见》第28条规定："劳动者涉嫌违法犯罪被有关机关收容审查、拘留或逮捕的，用人单位在劳动者被限制人身自由期间，可与其暂时停止劳动合同的履行。"又按劳动部办公厅《对〈关于取保候审的原固定工不签订劳动合同的请示〉的复函》规定："原固定工在取保候审期间，用人单位可以暂缓与其签订劳动合同，但不能以此为由予以辞退。在审理结束后，可视具体情况，依据有关法律法规进行处理。"据此，符合上述条件的劳动合同中止，可能会出现与劳动合同解除发生矛盾的特殊情况。当这些职工被宣告错捕、无罪释放时，企业应恢复与他们的劳动关系并按照《国家赔偿法》由司法机关赔偿，这时候劳动合同的表现形式是中止；反之，也有可能这类职工经审理确有问题，被司法机关定罪量刑，致使原劳动合同无法履行而解除。针对这类职工可能会出现的这两种情况就是劳动合同中止的特殊情形。

另外，劳动者应征入伍或者履行国家规定的其他法定义务的，一般也会导致劳动合同的中止履行。如果劳动者暂时无法履行劳动合同的义务，但仍有继续履行条件和可能的，比如劳动者短期地出国探亲、准备有关考试、停薪留职等，经双方协商也可以出现劳动合同中止履行的情形。

（三）借调的问题

一般来讲，劳动者的借调是指与原用人单位保留劳动关系，借调到新用人单位工作。劳动者被借调期间，其在原单位的工作年限连续计算，社会保险费仍然通过原用人单位缴纳，但工资由具体哪个单位来发放，社会保险的费用具体由哪个单位来承担，需要两家用人单位通过员工借调协议的方式予以约定，员工的日常管理也取决于双方借调协议的约定。

二、劳动合同的变更

劳动合同的变更是指在劳动合同开始履行但尚未完全履行之前，因订立劳动合同的主客观条件发生了变化，当事人依照法律规定的条件和程序，对原合同中的某些条款进行修改、补充或者删减的法律行为。劳动合同变更是对劳动合同内容局部的更改，如变更工作岗位、劳动报酬等，一般说来都不是对劳动合同主体的变更。变更后的内容对于已经履行的部分往往不发生效力，仅对将来发生效力。同时，劳动合同未变更的部分，劳动合同双方还应按约定履行。

（一）劳动合同变更的原则

《劳动合同法》第 35 条规定："用人单位与劳动者协商一致，可以变更劳动合同约定的内容。"劳动合同的变更应当遵守协商一致的原则。劳动合同的内容是用人单位和劳动者的合意，一经订立便受到法律的保护。劳动合同是劳动法律的延伸，具有法律上的约束力，任何一方不得随意变更。

（二）劳动合同变更的条件

由于现实生活的复杂性，人们往往无法预测将来发生的情况，所以，为适应变化无常的客观情况，法律规定劳动合同可以有条件地变更，即必须经当事人协商一致。同时，为加强用人单位对劳动过程的组织管理自主权，法律规定在特定情况下，用人单位可以单方变更劳动合同。这些情况通常包括：

第一，劳动者患病或者非因工负伤，在规定的医疗期满后不能从事原工作，需要用人单位另行安排工作。

第二，劳动者不能胜任工作，需要用人单位调整其工作岗位。

第三，劳动合同订立时所依据的客观情况发生重大变化，致使劳动合同无法履行，需要用人单位与劳动者协商对劳动合同进行变更。

第四，用人单位可以单方面变更劳动合同的其他情形，主要是指劳动合同订立时的法律、法规发生变化以及不可抗力的出现等。

在以上几种情形下，劳动者不同意变更劳动合同的，用人单位可解除与其订立的劳动合同，终止劳动关系。同时，在订立劳动合同的过程中，用人单位可以在劳动合同中约定变更的情形，法律尊重当事人的意思自治；当具备约定情形时，用人单位一方可以变更劳动合同。

（三）劳动合同变更程序及手续办理

根据《劳动合同法》及相关法律法规的规定，变更劳动合同需要注意以下几个问题：

第一，用人单位和劳动者均可提出变更劳动合同的要求，办理劳动合同变更手续。提出变更要求的一方应及时告知对方变更劳动合同的理由、内容、条件等，另一方应及时作出答复，否则将承担一定的法律后果。

第二，变更劳动合同应当采用书面形式。变更后的劳动合同仍然需要由劳动合同职工当事人签字、用人单位盖章且签字，方能生效。劳动合同变更书应由劳动合同双方各执一份。

第三，对于特定的情况，不需办理劳动合同变更手续的，只需向劳动者说明情况即可。如用人单位变更名称、法定代表人、主要负责人或者投资人等事项发生变更的，不需要办理变更手续，劳动关系双方当事人应当继续履行原合同的内容。

第四，劳动合同变更应当及时进行。劳动合同变更必须是在劳动合同生效后、终止前进行，用人单位和劳动者应当对劳动合同变更问题给予足够重视，不能拖到劳动合同期满后进行。

【案例导读】企业改制后的变更劳动合同问题

【案情简介】魏某系某保险公司正式职工，双方签有劳动合同，期限为2002年11月1日至2010年11月1日，工作岗位为管理岗位。2005年8月，该保险公司改制，成立股份有限公司，10月20日公司通知全体员工签订劳动合同。但签订劳动合同时，魏某发现自己的工作岗位由原"管理岗"改为"展业岗"。魏某认为，自己年龄偏大，身体多病，已不适应"展业岗"工作，便拒签劳动合同。因协商不成，保险公司在未解除原劳动合同的情况下于2005年11月起停止了魏某的工作，随即停发了魏某的工资。

【案例解析】上述保险公司的做法违反了有关改制企业变更劳动合同的规定。原劳动部《关于企业实施股份制和股份合作制改造中履行劳动合同问题的通知》（劳部发［1998］34号）第1条规定，在企业实施股份制和股份合作制改造后，用人单位主体发生变化的，应当由变化后的用工主体继续与职工履行原劳动合同。由于企业改制导致原劳动合同不能履行的，企业与职工应当依法变更劳动合同。第2条规定，在企业实施股份制或股份合作制改造过程中，与职工经协商确实不能就变更劳动合同达成一致意见的，可以按照《劳动法》第26条第三项的规定办理。根据上述规定，保险公司在与魏某原劳动合同未到期的情况下，因实施股份制改造重新签订劳动合同，应遵循"平等自愿、协商一致"的原则变更原劳动合同。在魏某年龄偏大、提出不适合"展业岗"工作、拒签新劳动合同的情况下，保险公司应根据上述规定选择做出如下处理：一是根据《劳动法》第26条第三项规定解除原劳动合同；二是由改制后的保险公司继续履行原劳动合同有效条款。但保险公司在未解除原劳动合同的情况下停止魏某的工作，违反了上述规定。

变更劳动合同是履行劳动合同过程中时常遇到的问题，特别是企业改制后，经常会面临合同期限、工作岗位、工资保险福利等合同条款变更的问题。《劳动法》第17条规定："订立和变更劳动合同，应当遵循平等自愿、协商一致的原则，不得违反法律、行政法规的规定。"可见，变更劳动合同也应遵循平等自愿、协商一致的原则，不得违反法律法规的规定强行重新签订劳动合同。对确实达不成一致意见的，用人单位可根据《劳动法》第26条第三项规定，依法解除劳动合同，并按规定支付劳动者经济补偿金。本案中，某保险公司对变更工作岗位不服、不签订新劳动合同的魏某停止工作并停发工资的做法，违反了上述原则和规定，应由改制后的保险公司继续履行原劳动合同，补发魏某的工资。

【案例导读】劳动合同变更应注意什么？
【案情简介】
案例1：李某大学会计专业毕业后到一家外资公司工作，在单位的工作岗位一直是会计，劳动合同书上也是这么约定的，收入为2 800元左右。不久前，单位销售科的一名职工离职了，于是单位提出将李某的岗位变更为销售员，报酬也变更为基本工资1 000元，绩效工资随销售业绩浮动。李某认为自己不适合干销售，表示不同意。谁知，不管李某同意不同意，单位就发出一份通知书，宣布他的岗位调整为销售员，双方于是发生争议。李某到劳动仲裁委员会申诉，要求公司继续履行劳动合同。

裁决结果：由于是公司单方面变更劳动合同，没有与李某达成一致的协议，因此，最后的裁决结论是：公司必须继续履行原合同，不能随意变更。

案例2：2003年9月1日，杨女士被录用到某外资有限公司工作。当日，双方签订了无固定期限劳动合同。其中约定，每月最后一天发薪；每年年底支付与税前月基本工资等额的第13个月薪金。2004年1月，该公司向杨女士送达了一封信函，其中载明："次年度税前基本工资包括'第13个月奖金'；自2004年起第13个月奖金将改为次年春节支付；新的整体薪酬将代替现存劳动合同中相应条款。"杨女士收到该信函后未表达意见。2004年12月7日，杨女士提出辞职，并于2005年1月7日正式离职。2005年3月，杨女士起诉至一审法院称，双方就通知中劳动合同的变更没有达成一致意见。她于2005年1月7日离职后，该有限公司以已改变原合同上的内容为由，拒绝支付自己第13个月的薪金。她请求法院判令该公司支付2004年度第13个月的薪金1.4万元。该公司称,杨女士所说的第13个月薪金是双方于2003年9月1日签订的劳动合同中的称谓,其实质是奖金,是由公司自行决定的事务。为进一步明确这一点以及支付条件,该公司于2004年1月向杨女士进行了书面明示,同时说明了将代替现存劳动合同中相应条款。杨女士接到通知函后,未表示异议,应视为默认公司变更劳动合同的行为。发放奖金时,双方已解除劳动合同,杨女士没有理由向公司主张上述奖金。

裁决结果:一审法院判决支持杨女士的请求;公司不服,上诉到北京二中院。北京二中院维持了一审法院的判决。该公司提出了变更劳动合同的请求,但没有得到杨女士的回复及同意,即双方没有就合同重大事项变更达成一致意见,所以无法达到变更劳动合同的效果,仍应按照原来劳动合同的约定执行。

案例3:1993年8月27日,原告任红霞与被告远安宾馆签订了一份为期6年零4个月的劳动合同,并经远安县劳动争议仲裁委员会鉴证生效,原告被安排在被告餐饮部工作。同年9月,被告与香港某公司合资组建宜昌蓝翔歌舞娱乐大世界有限公司(以下简称蓝翔公司),于1994年6月经核准登记注册,具有法人资格。1995年4月,被告与香港某公司协商,将被告餐饮部撤销,餐饮部原16名职工成建制转入蓝翔公司。经报远安县人民政府批准,远安县人民政府同意上述意见,同时要求被告与蓝翔公司要做好有关衔接工作。此后,包括原告在内的16名原餐饮部职工即到蓝翔公司上班并领取报酬。为理顺劳动关系,被告于1995年12月11日召集转入蓝翔公司的8名合同制职工,要求变更原劳动合同,提出这些职工在蓝翔公司工作期间,保留原在宾馆的编制及档案,不影响正常的晋级、提干、续订合同;劳动保险、住房补贴、医药费由蓝翔公司承担。原告对变更原劳动合同未发表任何意见,未在劳动合同变更协议上签字。其余7名职工均在同月与被告达成前述内容的劳动合同变更协议,并经远安县劳动争议仲裁委员会鉴证。同月30日,被告与蓝翔公司进一步达成协议,蓝翔公司承认并接纳从被告处转入的16名职工和原餐饮部资产,承认其中8名合同制职工的劳动合同变更协议,不再另行签订其他合同。以后原告与被告就签订劳动合同变更协议始终不能达成一致意见。1996年2月26日,被告通知原告要解除双方原签订的劳动合同,并征求了本单位劳动争议调解委员会的意见。后被告单位的工会、劳动争议调解委员会、远安县工会、县劳动局均从中调解,双方不能达成协议。1996年6月10日,被告单位劳动争议调解委员会举行会议,同意被告解除与原告的劳动合同。同年7月10日,被告正式作出《关于解除任红霞同志劳动合同的决定》。原告对此不服,向远安县劳动争议仲裁委员会申请仲裁。该委员会裁决被告对原告下发的《关于解除任红霞同志劳动合同的决定》有效,对原告的其他请求不予支持。原告不服此裁决,诉至远安县人民法院,称:被告解除与其签订的劳动合同缺乏法律依据,要求维持原劳动合同,并希望能被安排在宾馆客房部工作。[①]

裁决结果:原告成为被告合同制职工后一直在餐饮部工作。后被告与他方组建蓝翔公司,根据需要撤销了原餐饮部,原餐饮部的16名职工成建制转入蓝翔公司。这样,原劳动合同订立时所依据的客观情况发生了重大变化,需要变更原劳动合同的相关条款。但原告对被告提出的变更合同的意见置之不理,被告依法定程序解除与原告签订的原劳动合同,符合劳动法的有关规定。法院支持了该决定。

【案例解析】 从《劳动合同法》的相关规定及以上案例分析,我们可以看出,在变更劳动合同的过程中必须注意以下几个问题:

(1)必须坚持平等自愿、协商一致的原则,即劳动合同的变更必须经用人单位和劳动者双方当事人同意。平等自愿、协商一致是劳动合同订立的原则,也是其变更应遵循的原则。任何单方变更劳动合同的行为都是无效的。

(2)变更劳动合同必须采取书面形式。劳动合同双方当事人经协商对劳动合同中约定内容的变更达成一致意见时,必须达成变更劳动合同的书面协议,任何口头形式达成的变更协议都是无效的。变更后的劳动合同文本由用人单位和劳动者各执一份。

(3)劳动合同的变更要及时进行。提出变更劳动合同的主体可以是用人单位,也可以是劳动者;无论是哪一方要求变更劳动合同,都应当及时向对方提出变更劳动合同的要求,说明变更劳动合同的理由、内容和条件等。如果应该变更的劳动合同内容没有及时变更,由于原订条款继续有效,往往使劳动合同不适应变化了的新情况,从而引起不必要的争议。当事人一方得知对方变更劳动合同的要求后,应在对方规定的合理期限内及时作出答复,不得对对方的提出的变更劳动合同的要求置之不理。因为,根据《劳动法》第26条和《劳动合同法》第40条的规定,劳动合同订立时所依据的客观情况发生重大变化,致使劳动合同无法履行,如果用人单位经与劳动者协商未能就变更劳动合同内容达成协议的,用人单位可以单方解除劳动合同。

---

① 资料来源:任红霞诉远安宾馆在达不成变更劳动合同协议时解除劳动合同劳动争议. 法律快车网,http://www.lawtime.cn/info/hetong/ldht/20100727/45329.html

第三节 劳动合同的解除与终止

一、劳动合同的解除

劳动合同的解除是指当事人一方或者双方提前终止劳动合同的法律效力,解除双方的权利义务关系的行为。

劳动合同的解除分为协商解除和法定解除两种情况。

(一)协商解除

根据《劳动法》和《劳动合同法》的规定,经劳动合同当事人协商一致,劳动合同可以解除。双方协商解除劳动合同应当达成解除劳动合同的书面协议。如果是用人单位首先提出来的,用人单位应向劳动者支付经济补偿金。

(二)法定解除

法定解除是指由于某种原因,当事人一方解除双方的劳动合同,可分为用人单位的单方解除以及劳动者的单方解除两种情况。

1. **用人单位单方解除劳动合同**

(1)过失性解除

这种解除是因劳动者不符合录用条件或者有严重过错或触犯刑律引起的。在这种情况下,用人单位可以随时解除劳动合同。根据《劳动法》第25条规定,"劳动者有下列情形之一的,用人单位可以解除劳动合同:(一)在试用期间被证明不符合录用条件的;(二)严重违反劳动纪律或者用人单位的规章制度的;(三)严重失职,营私舞弊,对用人单位利益造成重大损失的;(四)被依法追究刑事责任的"。《劳动合同法》第39条在上述规定的基础上又增加了两项内容,即劳动者同时与其他用人单位建立劳动关系,对完成本单位的工作任务造成严重影响,或者经用人单位提出拒不改正的;劳动者因欺诈、胁迫、乘人之危等情形致使劳动合同无效的。

适用上述第一项条款要注意以下几点:(1)要求用人单位所规定的试用期期间符合法律规定。《劳动合同法》第17条规定:"劳动合同期限3个月以上不满1年的,试用期不得超过1个月;劳动合同期限1年以上3年以下的,试用期不得超过2个月;3年以上固定期限和无固定期限的劳动合同试用期不得超过6个月。"用人单位只能在此范围内约定试用期。(2)是否在试用期间。试用期间的确定应当以劳动合同的约定为准。若劳动合同约定的试用期超出法定最长时间，则以法定最长时间为准。若试用期满后仍未办理劳动者转正手续，则不能认为还处在试用期间，用人单位不能以试用期不符合录用条件为由与劳动者解除劳动合同。(3) 对劳动者是否合格的认定应当合法、合理。劳动者是否符合录用条件，是用人单位在试用期间单方与劳动者解除劳动合同的前提条件。如果没有这个前提条件，用人单位无权在试用期内单方解除劳动合同。一般情况下，用人单位应当以法律法规规定的基本录用条件和用人单位在招聘时规定的知识文化、技术水平、身体状况、思想品质等条件为准。(4) 对于劳动者在试用期间不符合录用条件的情况，用人单位必须提供有效的证明。如果用人单位没有证据证明劳动者在试用期间不符合录用条件，就不能解除劳动合同，否则需承担因违法解除劳动合同所带来的一切法律后果。所谓证据，实践中主要看两方面：一是用人单位对某一岗位的工作职能及要求有没有作出描述；二是用人单位对员工在试用期内的表现有没有客观的记录和评价。

适用第二项条款要符合以下三个条件：首先，规章制度的内容必须是符合法律、法规的规定，而且是通过民主程序公之于众的。其次，劳动者的行为客观存在，并且属于"严重"违反用人单位的规章制度。所谓"严重"，一般应根据劳动法规所规定的限度和用人单位内部的规章制度依此限度所规定的具体界限为准。如违反操作规程，损坏生产、经营设备造成经济损失的；不服从用人单位正常工作调动，不服从用人单位的劳动人事管理，无理取闹，打架斗殴，散布谣言损害企业声誉，给用人单位的正常生产经营秩序和管理秩序带来损害的，等等。最后，用人单位对劳动者的处理是按照本单位规章制度规定的程序办理的，并符合相关法律法规规定。

第三项条件是指，劳动者在履行劳动合同期间，没有按照岗位职责履行自己的义务，违反其忠于职守、维护和增进用人单位利益的义务，有未尽职责的严重过失行为或者利用职务之便谋取私利的故意行为，使用人单位的有形财产、无形财产遭受重大损害，但不够刑罚处罚的程度。例如，因粗心大意、玩忽职守而造成事故；因工作不负责而经常产生废品、损坏工具设备、浪费原材料或能源等，用人单位可以与其解除劳动合同。

第四项条件是指，劳动者被人民检察院免予起诉的，被人民法院判处刑罚的，被人民法院依据《刑法》第 32 条免予刑事处分的，劳动者被人民法院判处拘役、3 年以下有期徒刑缓刑的，用人单位可以解除劳动合同。

至于劳动者同时与其他用人单位建立劳动关系，即我们通常所说的"兼职"，如果由于劳动者的兼职对完成本单位的工作任务造成严重影响，或者经用人单位提出，拒不改正的，用人单位可以以此为理由解除劳动合同。我国有关劳动方面的法律、法规虽然没有对"兼职"作禁止性的规定，但作为劳动者，完成本职工作是其应尽的义务，从事兼职工作在时间上、精力上必然会影响到本职工作。对用人单位来讲，对一个不能全心全意为本单位工作，并严重影响到工作任务完成的人员，有权与其解除劳动合同。需要注意的是，必须是给用人单位造成"严重"影响的"兼职"才能成为用人单位解除劳动合同的理由；如果影响轻微，用人单位不能以此为由与劳动者解除合同。

"以欺诈、胁迫的手段或者乘人之危，使对方在违背其真实意思的情况下订立或者变更的劳动合同"属于无效或部分无效劳动合同。所谓"欺诈"是指一方当事人故意告知对方当事人虚假的情况，或者故意隐瞒真实的情况，诱使对方当事人作出错误的意思表示，并基于这种错误的认识而签订了劳动合同。"胁迫"是指以给公民及其亲友的生命健康、荣誉、名誉、财产等造成损害为要挟，迫使对方作出违背真实的意思表示的行为，并签订了劳动合同。"乘人之危"是指行为人利用他人的危难处境或紧迫需要，为牟取不正当利益，迫使对方违背自己的真实意愿而订立的合同。《劳动合同法》第3条规定："订立劳动合同，应当遵循合法、公平、平等自愿、协商一致、诚实信用的原则。"任何一方利用任何一种行为手段而使对方在违背真实意思的情况下订立或者变更劳动合同，均违反了意思自治的基本原则，是被法律所禁止的，因此自然允许利益受损者解除当事人之间的合同关系。

前述第二至四款的条件出现时，用人单位（尤其国有企业）原来可以以开除、除名的形式解除劳动合同。但随着《企业职工奖惩条例》于2008年1月15日被国务院宣布废除之后，用人单位不能再使用"开除"的概念了。

用人单位在解除劳动合同时应注意以下规定：（1）解除劳动者的劳动合同，用人单位应保留充分的证据。（2）解除劳动合同应征求工会的意见，因为根据《劳动合同法》第43条的规定，"用人单位单方解除劳动合同，应当事先将理由通知工会。用人单位违反法律、行政法规规定或者劳动合同约定的，工会有权要求用人单位纠正。用人单位应当研究工会的意见，并将处理结果书面通知工会"。（3）劳动者涉嫌违法犯罪被拘留或逮捕，且未被法院终审判决期间，用人单位不得解除劳动合同，但可以中止双方的劳动合同。在此期间，用人单位无须承担劳动合同规定的义务。（4）劳动者违纪或给用人单位造成重大损失的依据，有法律、法规明确规定的，依法律、法规；无法律、法规的，也可依据用人单位规定且公示的企业内部管理规则。

用人单位依据上述六种原因解除劳动合同，不需要向劳动者支付经济补偿金。

【案例导读】 如何判断"一般违纪"和"严重违纪"？如何判断规章制度的合理性？

【案情简介】

案例1： 某商场内部规章制度规定：本商场内经营特殊商品（比如游泳衣、内衣）的营业员不得将其经营的商品打开包装私自使用，为此要求不得将这些商品拿出柜台以外，否则视为一般违纪行为；尤其是不得将这些商品拿出商场以外，否则视为严重违纪行为。如果构成严重违纪的行为，商场将决定解除劳动合同。某日，该商场内一位姓张的女营业员下班前接到丈夫的电话，丈夫晚上准备邀请两名客户吃饭，并计划在吃完饭后陪同游泳。丈夫告知张某也一同前来，并要其在来的路上顺便买四件游泳衣。而张某认为自己经营的商品就是游泳衣，不用另外再买，不如使用一次再归还商场。于是，张某在下班后趁人不注意，往自己的提包里塞了四件游泳衣。结果，当天晚上两位客户喝醉了，没有去游泳。第二天，当张某将没有使用的游泳衣放入柜台时被值班经理发现。商场以此为由解除了双方的劳动合同，而张某不服这样的处理结果。

仲裁委员会经审理认为，维持商场解除劳动合同的决定。

案例2： 某石油公司规定，员工上班时间吸烟属于严重违反规章制度的行为，单位可以以此为由解除劳动合同。李姓员工在该石油公司下属的加油站上班，由于一次吸烟行为被该石油公司解除了劳动合同；对此结果，李姓员工不能接受。

仲裁委员会经审理后支持了该石油公司的决定。

【案例解析】 劳动者有无违反用人单位规章制度的行为可依客观事实和证据作出认定，而确定其违规行为是否已达到"严重"程度，是一般违规行为还是严重违规行为，一般应根据劳动法律法规所规定的限度和用人单位规章制度依此限度所规定的具体界限为准。

《劳动合同法》施行前，我国企业劳动处罚制度基本上是由《企业职工奖惩条例》（2008年1月被废止）及《国营企业辞退违纪职工暂行规定》（2001年12月被废止）两部法规构成的。随着两部法规相继退出历史舞台，规章制度成为企业行使管理权利的"自留地"。如何判定"严重"，需要用人单位的规章制度作出具体规定。当然，企业的规章制度必须符合上述三个效力标准，具备相应法律效力，同时，还必须注意规章制度的合理性问题。

但是，究竟什么样的规章制度是合理的，衡量其合理性的标准又是什么？在实践中，把握这个尺度并不容易。因为用人单位处于各行各业，千差万别，即使在同一个单位里员工的职务、工作性质、岗位、场所往往也各不相同。因此，在具体个案中，应该具体情况具体分析。用人单位规章制度的具体规定，不能成为确定劳动者违反规章制度是否达到"严重"程度的唯一准绳。在实践中，应按正常情况的一般性评判标准考量用人单位规章制度的合理性，并综合企业的类型、规模与职工行为的性质以及该行为给企业带来的负面影响的大小等，作出最终评判。

案例 1 中商场对张女士的处理不仅符合商场规章制度的内容，而且该规章制度也是完全合理的。如果一家商场的游泳衣和内衣可以随便被营业员带出商场，还有顾客敢到这样的商场购买这类商品吗？案例 2 中的处理也是合法合理的。因为对于加油站这样对温度极其敏感的场合，这样的规定合情合理。但是，如果该员工在公司办公楼内从事财务工作，这样的规定就过于苛刻，难言合理。

【案例导读】员工工作失职引起重大损害时该如何承担责任

【案情简介】佟女士于 1994 年 9 月到求索报社工作，曾在求索报社的广告部门从事制作、核版等多项工作。开始，佟女士工作认真负责，遵守各项劳动纪律，曾多次获得该单位的先进工作者称号。2005 年 12 月 15 日，求索报社与佟女士签订了无固定期限的劳动合同。之后，佟女士思想发生了变化，认为单位既然与我签订了无固定期限劳动合同，也就有了铁饭碗，可以旱涝保收了。只要自己以后大错误不犯，小错误不断也没事，即使有违纪行为，单位也奈何不了自己。于是，佟女士摆起了老资格，居功自傲起来：工作中表现得松散懈怠、漫不经心，更没有了往日团结合作、积极进取的向上精神，消极思想弥漫着她的心灵。

2006 年 3 月 20 日，求索报社与一家汽车公司签订了一项金额为 20 万元的广告订单。订单客户要求在其报刊上刊登居中跨页半版的汽车广告。接单后，报社马上进入制作、核版阶段。这笔订单业务由何先生担任制作人员，佟女士担任核版校对工作。何先生是个大大咧咧的人，接到订单以后，他觉得这笔广告订单太简单，就没有仔细看订单要求，不假思索地凭着想象干起活来。按照程序，这类订单至少需要一周才能完成，可他凭着娴熟的技术，用了不到 4 天的时间，就草草地制作完了这笔广告模板。之后，他把模板交给佟女士进行核版。佟女士在核版过程中发现，何先生制作的广告模板版面的位置与订单不符，随即找到何先生，要求何先生进行修改。何先生漫不经心地听着，最后不耐烦地说知道了。但是，过了几天，佟女士再一检查，发现何先生仍然没有修改过来。这时，她的消极思想暴露了出来。她想：反正我提醒了他，他不改是他自己的事，跟我没关系。就这样，这则错误的广告于 2006 年 4 月 20 日对外刊登了。广告刊出后，这家汽车公司马上与报社进行交涉，指出了错误所在并要求退还广告费 20 万元。面对错误的事实，报社已无回

劳动关系与劳动法

天之力，只好向这家汽车公司赔礼道歉并退回了广告费20万元。

2006年4月21日，求索报社调查了错刊事故的原因，召开了社办公会，经研究认定何先生、佟女士存在严重违纪事实，依据单位规章制度第26条的规定，对两人作出了解除劳动合同的决定。佟女士一下子傻了眼。她实在不服求索报社的决定，认为单位领导处理不公。最后决定找领导评理。在多次找领导协商未果的情况下，2006年5月8日，佟女士向仲裁委提起申诉，要求求索报社撤销上述决定，并向其支付解除劳动合同的经济补偿金。①

劳动争议仲裁委员会最终驳回佟女士的申诉请求，维持了求索报社对其解除劳动合同的决定。

【案例解析】 这是一起因职工违纪单位作出解除劳动合同处理的典型案件。之所以作出上述裁决，理由有四：其一，佟女士已违反了《劳动法》的相关规定，对其作出解除劳动合同的决定有法可依。《劳动法》第25条第2款规定，严重失职，营私舞弊，对用人单位利益造成重大损害的，用人单位可以与职工解除劳动关系。错刊广告的出现及造成的赔偿损失，究其原因是何先生和佟女士工作失职造成的。那么，依据上述规定，求索报社对佟女士作出的解除劳动合同的决定并没有违反法律规定，理应受到仲裁委的支持。其二，佟女士觉得自己已经尽职，且指出了何先生的工作错误，应与本人无关，对广告错刊事故不应负责任，报社应对第一责任人何先生作出解除劳动合同的决定，而不应对其作出解除劳动合同的处理决定。佟女士的想法，从情理上可以理解。然而，佟女士在这次广告错刊事故中虽然指出了何先生在工作中的错误，但是，这次事件带来的后果是严重的，毕竟给单位造成20万元的赔偿损失。因为作为一名职工，当你指出别人工作中的错误，发现其未改正时，应该主动向领导汇报，由领导对其进行批评教育，这样就可能避免此次广告错刊事故的发生。其实，这也是职工的分内之职。总之，佟女士未向领导及时汇报，也是造成错刊事故发生的主要原因之一，且造成的直接经济损失达20万元。因此，求索报社依据《劳动法》第25条及单位的规章制度对其作出解除劳动合同的决定，应该说是合理的。这就是所谓的法不容情。其三，求索报社依据《劳动法》第25条及单位的规章制度对佟女士作出的解除劳动合同决定，法律依据适当，程序合法，并无不当之处。

佟女士因工作失职，给报社造成重大损害，即使根据《劳动合同法》，也不符

---

① 资料来源：单位该不该与她解除合同. 北京市西城区政府网站，http://www.bjxch.gov.cn/pub/xch_zhuzhan/B/B1/B1_1/200701/t20070119_1078050.html

合支付经济补偿的条件,因此,佟女士不能得到解除劳动关系的经济补偿金。

这个案例中有两个最为关键的地方:首先,无固定期限合同并非真正意义上的铁饭碗,签订无固定期限劳动合同的员工仍然存在被用人单位解除劳动关系的可能。所以,在对这个问题的认识上,佟女士有个根本性的错误。其次,造成报社损失的根本原因就是何先生的漫不经心和佟女士的不负责任。换句话说,这个广告模板本该由他们两人负责,但是由于他们的失职——做模板的不认真,检查的发现问题不坚决予以指正,造成了最后报社的重大损失。这个责任应当由佟女士和何先生共同承担。因为佟女士与何先生的失职,报社有权利按相关规定解除与两个人之间的劳动合同。

【案例导读】女职工怀孕期间有严重违纪行为,用人单位能否解除劳动合同?

【案情简介】2008年1月,张某被某工厂聘用,双方签订了为期2年的劳动合同。入职后,张某被工厂安排在车间担任质检员。2008年3月,张某怀孕。由于所从事的工作劳动强度较轻,在怀孕期间张某一直未停止上班。2008年8月,张某在值班时由于粗心大意,导致一批不合格产品出厂并被客户退货。工厂领导经研究后,决定将张某辞退,与张某解除劳动合同。张某认为自己尚在怀孕期间,按照《女职工劳动保护规定》第4条的规定,工厂不能与自己解除劳动合同。双方因此发生争议,张某向当地劳动争议仲裁委员会提请仲裁。

【案例解析】本案的焦点是女职工在怀孕期间有严重违纪能否解除劳动合同,对此,有两种不同的意见:

一种意见认为,按照《女职工劳动保护规定》第4条的规定,用人单位"不得在女职工怀孕期、产期、哺乳期降低其基本工资、或者解除劳动合同"。该规定属于强制性规定,体现了对女职工的特殊保护,用人单位在管理过程中必须遵守,不得违反。在本案中,张某在工作中虽然有失职行为,并给所在单位造成了一定损失,但考虑到张某尚在怀孕期间,某工厂不能解除与张某的劳动合同。

另一种意见认为,《劳动合同法》和相关规定对女职工的特殊保护做了严格而全面的规定,但对女职工的特殊保护问题不能片面地理解。如果女职工在怀孕期、哺乳期或产期内有在试用期内被证明不符合录用条件,严重违反劳动纪律或者用人单位规章制度并对用人单位利益造成重大损害,严重失职、营私舞弊或被依法追究刑事责任等情形的,用人单位可以解除与女职工的劳动合同。因为在这些情况下,女职工的行为严重影响了企业正常的经营管理,给企业造成了重大的财产损失和不良影响。禁止企业与怀孕期间有上述情况的女职工解除劳动合同,对企业而言是显失公平的。

《妇女权益保障法》第 26 条规定：任何单位不得以结婚、怀孕、产假、哺乳等为由，辞退女职工或者单方解除劳动合同。《女职工劳动保护规定》第 4 条也规定，用人单位"不得在女职工怀孕期、产期、哺乳期降低其基本工资，或者解除劳动合同"。笔者认为，单纯就《女职工劳动保护规定》来看，似乎在女职工孕期、产期、哺乳期的一切解除劳动合同的行为都是被禁止的；但如果和《劳动合同法》《妇女权益保障法》的规定结合起来看，对《女职工劳动保护规定》中用人单位解除劳动合同的限制不能作过于绝对的理解。《劳动合同法》第 42 条的规定排除了用人单位在第 40 条、第 41 条规定的情况下解除劳动合同的权利，但并未禁止在劳动者具有第 39 条规定的几种情形时，用人单位与怀孕的女职工解除劳动合同。从《妇女权益保障法》的规定也可以看出，该法只是禁止用人单位以女职工结婚、怀孕、产假、哺乳等为由将其辞退或者单方解除劳动合同，并没有禁止用人单位以其他理由解除劳动合同或者在双方协商一致的情况下解除劳动合同。因此，劳动部办公厅在《对〈关于外商投资企业女职工在孕期、产期、哺乳期间解除、终止劳动合同问题的请示〉给上海市劳动局的复函》中明确了《女职工劳动保护规定》第 4 条的含义：《女职工劳动保护规定》第 4 条"不得在女职工怀孕期、产期、哺乳期解除劳动合同"的规定，既是保护怀孕妇女自身权益，也是保护其胎儿的发育，是指企业不得以女职工怀孕，生育和哺乳为由解除劳动合同。至于女职工在"三期"内违纪，按照有关规定和劳动合同应予辞退的，可以辞退。

在本案中，当事人和上述不同意见之间的争议是由对《女职工劳动保护规定》的不同理解引起的。综合上述分析，用人单位在女职工怀孕期间，应重视对其的特殊保护，一般不得单方解除劳动合同；但如果女职工有严重失职，对用人单位利益造成重大损害的，可以不受此限制，用人单位可以将其辞退或与其解除劳动合同。张某在工作中疏忽大意，导致不合格产品出厂并被客户退货，不但给企业造成了重大经济损失，而且给企业的信誉造成了不良影响；因此，某工厂依据《劳动合同法》的规定精神，将其辞退，解除劳动合同，似无不当。

(2) 非过失性解除

这种解除是因劳动者不能胜任工作或因客观原因致使劳动合同无法履行引起的。在这种情况下，用人单位可以通知劳动者解除劳动合同。《劳动法》第 26 条对非过失性劳动合同解除的具体情况作了规定："（一）劳动者患病或非因工负伤，医疗期满后，不能从事原工作也不能从事用人单位另行安排的工作的；（二）劳动者不能胜任工作，经培训或者调整工作岗位，仍不能胜任工作的；（三）劳动合同订立时所依据的客观情况发生重大变化，致使原劳动合同无法履行，经当事人协商不能就变更劳动合同达成协议的。"

针对上述第（一）项的条件，劳动部颁发的《企业职工患病或非因工负伤医疗期规定》第2条规定："医疗期是指企业职工因患病或非因工负伤停止工作治病休息不得解除劳动合同的时限。"这里的医疗期，是指劳动者根据其工龄等条件，依法可以享受的停工医疗并发给病假工资的期间，而不是劳动者病伤治愈实际需要的医疗期。劳动者患病或者非因工负伤，有权在医疗期内进行治疗和休息，不从事劳动。但在医疗期满后，劳动者就有义务进行劳动。如果劳动者由于身体健康原因不能胜任工作，用人单位有义务为其调动岗位，安排其从事力所能及的岗位工作。如果劳动者对用人单位重新安排的工作也无法完成，说明劳动者不能履行合同，用人单位需提前30日以书面形式通知其本人，或额外支付劳动者一个月工资后，解除劳动合同，以便劳动者在心理上和时间上为重新就业作准备。

上述第（二）项中所谓"不能胜任工作"，是指不能按要求完成劳动合同中约定的任务或者同工种、同岗位人员的工作量。但用人单位不得故意提高定额标准，使劳动者无法完成。如果劳动者没有具备从事某项工作的能力，不能完成某一岗位的工作任务，用人单位可以对其进行职业培训，提高其职业技能，也可以把其调换到能够胜任的工作岗位上，这是用人单位负有的协助劳动者适应岗位的义务。如果单位尽了这些义务，劳动者仍然不能胜任工作，说明劳动者不具备在该单位的劳动职业能力，单位可以在提前30日书面通知的前提下，解除与该劳动者的劳动合同。

需要注意的是，用人单位不能随意调动劳动者的工作岗位或提高工作强度，借口劳动者不能胜任工作而与之解除劳动合同。

上述第（三）项规定的条件是情势变更原则在劳动合同中的体现。这里的"客观情况"是指履行原劳动合同所必要的客观条件，因不可抗力或出现致使劳动合同全部或部分条款无法履行的其他情况，如自然条件改变、企业迁移、被兼并、企业资产转移等使原劳动合同不能履行或不必要履行的情况。发生上述情况时，为了使劳动合同能够得到继续履行，必须根据变化后的客观情况，由双方当事人对合同进行变更的协商，直到达成一致意见。如果劳动者不同意变更劳动合同，原劳动合同所确立的劳动关系就没有存续的必要，在这种情况下，用人单位也只有解除劳动合同。

此外根据《劳动合同法》的相关规定，用人单位因劳动者的非过失性原因解除合同的，还应当给予劳动者相应的经济补偿。

依据上述三个条件解除劳动合同,用人单位应提前 30 天通知劳动者,并向劳动者支付经济补偿金。

(3) 经济性裁员

经济性裁员是指用人单位一次性辞退部分劳动者,以此来改善生产经营状况的一种手段,其目的是保护自己在市场经济中的竞争和生存能力,以求度过暂时的难关。根据《劳动法》第 27 条的规定,"用人单位濒临破产进行法定整顿期间或者生产经营状况发生严重困难,确需裁减人员的,应当提前 30 日向工会或者全体职工说明情况,听取工会和全体职工的意见,经向劳动行政部门报告后,可以裁减人员"。在此基础上,《劳动合同法》增加了裁员的条件,即规定除上述条件外,当企业出现转产、重大技术革新或者经营方式调整等情形,经变更劳动合同后,可以裁减人员;其他因劳动合同订立时所依据的客观经济情况发生重大变化,致使劳动合同无法履行的,也可以裁减人员。由于经济性裁员必然要影响职工生活,增加社会失业率,劳动行政部门要积极监督检查裁员是否符合本法规定的允许裁员的范围,是否遵守裁员的法定程序等。

经济性裁员要求的程序和条件包括:

1) 提前 30 日向工会或者全体职工说明情况,并提供有关生产经营状况的资料。裁减人员既非职工的过错也非职工本身的原因,且裁员总会给职工在某种程度上造成生活等方面的副作用,为此,裁员前应听取工会或职工的意见。

2) 提出裁减人员方案。具体内容包括:被裁减人员名单、裁减时间及实施步骤,符合法律、行政法规规定和集体合同约定的被裁减人员的经济补偿办法等。

3) 就裁减人员方案征求工会或者全体职工的意见,并对方案进行修改和完善。

4) 向当地劳动保障行政部门报告裁减人员方案以及工会或者全体职工的意见,并听取劳动保障行政部门的意见。

5) 由用人单位正式公布裁减人员方案,与被裁减人员办理解除劳动合同手续,按照有关规定向被裁减人员本人支付经济补偿金,并出具裁减人员证明书。

6) 用人单位从裁减人员之日起 6 个月内需要新招人员的,必须优先从本单位被裁减人员中录用。

7) 确定经济性裁员的优先留用人员。根据《劳动合同法》第 41 条第 2 款之规定,用人单位在进行经济性裁员时,应当优先留用下列三类人员:①与本单位订立较长期限的固定期限劳动合同的;②与本单位订立无固定期限劳动合同的;③家庭无其他就业人员,有需要扶养的老人或者未成年人的。

(4) 禁止性条款

第四章 劳动合同制度

针对上述非过失性劳动合同解除以及经济性裁员，《劳动法》以及《劳动合同法》还专门规定了禁止性的条款，即规定：劳动者有下列情形之一的，用人单位不得依据上述的非过失性解除以及经济性裁员的条件解除这些劳动者的劳动合同。这些情形包括：

1) 从事接触职业病危害作业的劳动者未进行离岗前职业健康检查，或者疑似职业病病人在诊断或者医学观察期间的

根据我国《职业病防治法》第32条的规定，对从事接触职业病危害作业的劳动者，用人单位应当按照国务院卫生行政部门的规定，组织上岗前、在岗期间和离岗时的职业健康检查，并将检查结果如实告知劳动者，职业健康检查费用由用人单位承担。该法第49条规定，医疗卫生机构发现疑似职业病病人时，应当告知劳动者本人并及时通知用人单位。用人单位应当及时安排对疑似职业病病人进行诊断。在疑似职业病病人诊断或者医学观察期间，不得解除或者终止与其订立的劳动合同。这些规定都是出于对劳动者的保护而制定的。

【案例导读】未对职工进行离岗前健康检查解除劳动合同是否违法？

【案情简介】2001年10月15日，王某与某公司签订了从2001年10月15日至2009年10月14日、为期8年的劳动合同，王某在该公司从事有毒作业。2006年9月20日，王某所在的车间进行岗位竞聘，王某未被录用。2006年9月28日至同年11月28日，该公司对未被录用的职工进行了学习培训，培训结束后将王某调到销售部工作，王某拒绝。该公司以王某拒绝到新分配的部门上岗为由，在没有为王某作离岗前的职业健康检查的情况下，于2006年12月1日作出了与王某解除劳动合同的决定，并以特快专递的方式向王某送达了解除劳动合同证明书。王某收到后，向所在市劳动争议仲裁委员会申请仲裁，要求撤销该公司解除劳动合同的决定，恢复劳动关系。

仲裁委经审理后认为，鉴于王某从事有毒作业这种特殊职业，该公司与王某解除劳动合同前未对其进行离岗前的职业健康检查，行为违法，故王某的仲裁请求应该得到支持。

【案例解析】本案中，王某在该公司从事有毒作业，在其车间进行岗位竞聘时未被录用，公司进行学习培训后，将王某调整工作岗位，王某拒绝。这本属于《劳动合同法》第40条规定的企业可以单方解除劳动合同的情形，但是根据《劳动合同法》第42条以及国务院令第352号《使用有毒物品作业场所劳动保护条例》第33条的规定，对从事有毒作业的员工，离岗前必须对其进行职业健康检查。该公

司在没有为王某做离岗前职业健康检查的情况下单方面做出了与王某解除劳动合同的决定，违反了法律规定。故此，该公司对王某解除劳动合同的行为是无效的。

2）在本单位患职业病或者因工负伤并被确认丧失或者部分丧失劳动能力的

根据《工伤保险条例》第33条规定，职工因工致残被鉴定为一级至四级伤残的，保留劳动关系，退出工作岗位。第34条规定，职工因工致残被鉴定为五级、六级伤残的，保留与用人单位的劳动关系，由用人单位安排适当工作。难以安排工作的，由用人单位按月发给伤残津贴，并由用人单位按照规定为其缴纳应缴纳的各项社会保险费。经工伤职工本人提出，该职工可以与用人单位解除或者终止劳动关系，由用人单位支付一次性工伤医疗补助金和伤残就业补助金。第35条规定，职工因工致残被鉴定为七级至十级伤残的，劳动合同期满终止，或者职工本人提出解除劳动合同的，由用人单位支付一次性工伤医疗补助金和伤残就业补助金。

【案例导读】工伤职工解除劳动合同的限制

【案情简介】廖某是北京某建筑工程公司招用的农民合同制工人，是一名塔吊司机。1998年2月，他在一施工工地作业时，因塔吊在作业中大钩绳跳槽，致使变幅小车钢丝绳拉断，其左胸和脖子挤在变幅小车及大臂横梁之间，挤压胸部伴昏迷，当时呼吸停止。经现场抢救，于4分钟后恢复呼吸，急送医院，诊断为胸部挤压伤、双肺挫伤、双侧吸入性肺炎、脑水肿、声带麻痹及多处骨折，经抢救脱离危险。从1998年年初至1999年4月，廖某又先后在友谊医院等八家医院治疗及检查，公司为他报销了住院费用。经北京市法庭科学技术鉴定研究所、北京市劳动鉴定委员会鉴定，廖某为七级伤残，丧失部分工作与生活能力。廖某要求建筑公司除支付其医药费、伤残补助费、误工费等费用外，还应继续履行劳动合同，并负责为其安排工作。但该建筑公司称，公司因用工情况发生变化，且认为廖某的伤口已愈合，伤情基本稳定，欲解除与廖某的劳动合同关系，通知其到公司办理解除合同及结算领款手续。廖某到劳动仲裁委员会申请仲裁，仲裁委员会认为公司与廖某就解除劳动关系已达成一致，故裁决公司支付其经济补偿金、养老保险金、工伤伤残补助金、伤残就业补助金及返乡路费共计4万元。廖某不服此仲裁裁决，要到法院讨个说法。

经法院审理认为，建筑公司应与廖某继续履行劳动合同，并为其安排工作，按标准支付廖某相应的工资、医药补助费及伤残补助金。

【案例解析】根据《劳动法》以及《劳动合同法》的规定，患职业病或者因工负伤并被确认丧失或者部分丧失劳动能力的劳动者,用人单位不得解除劳动合同。同时,原北京市劳动局《关于印发〈北京市企业职工工伤范围和保险待遇暂行办法〉的通知》中还规定,职工因工负伤医疗终结或医疗期满经劳动鉴定委员会确定致残五级至十级的,原则上由企业安排适当工作。如本人愿意自谋职业并经企业同意的,或者劳动合同期满终止合同后本人另行择业的,企业发给一次性伤残就业补助金,补助标准为本市上年度职工月平均工资,七级伤残为20个月。结合本案的事实,在廖某本人不愿意解除劳动合同的情况下,用人单位是不能依据其理由解除双方的劳动合同的。

3) 患病或者非因工负伤,在规定的医疗期内的

何谓"医疗期"? 根据原劳动部发布的《企业职工患病或非因工负伤医疗期的规定》(劳部发[1994]479号)第3条规定,企业职工因患病或非因工负伤,需要停止工作医疗时,根据本人实际参加工作年限和在本单位工作年限,给予3个月到24个月的医疗期:第一,实际工作年限10年以下的,在本单位工作年限5年以下的为3个月;5年以上的为6个月。第二,实际工作年限10年以上的,在本单位工作年限5年以下的为6个月,5年以上10年以下的为9个月;10年以上15年以下为12个月;15年以上20年以下的为18个月;20年以上的为24个月。该规定第6条规定,企业职工非因工致残和经医生或医疗机构认定患有难以治疗的疾病,在医疗期内医疗终结,不能从事原工作,也不能从事用人单位另行安排的工作的,应当由劳动鉴定委员会参照工伤与职业病致残程度鉴定标准进行劳动能力的鉴定。被鉴定为一至四级的,应当退出劳动岗位,终止劳动关系,办理退休、退职手续,享受退休、退职待遇;被鉴定为五至十级的,医疗期内不得解除劳动合同。又根据该规定第7条规定,企业职工非因工致残和经医生或医疗机构认定患有难以治疗的疾病,医疗期满,应当由劳动鉴定委员会参照工伤与职业病致残程度鉴定标准进行劳动能力的鉴定。被鉴定为一至四级的,应当退出劳动岗位,解除劳动关系,并办理退休、退职手续,享受退休、退职待遇。

4) 女职工在孕期、产期、哺乳期的

女性是劳动力的重要组成部分。基于女性生理上的特殊性,其生理机能的变化会影响其劳动能力,因而有必要对女职工的"三期"进行保护,以维护女职工的劳动权益。所谓女职工的"三期"是指女性的孕期、产期和哺乳期。所谓孕期,是指妇女怀孕期间。产期,是指妇女生育期间,产假一般为90天。哺乳期,是指从婴儿出生到1周岁之间的期间。《劳动法》第61条规定,不得安排女职工在怀孕期间

从事国家规定的第三级体力劳动强度的劳动和孕期禁止从事的活动;对怀孕7个月以上的女职工,不得安排其延长工作时间和夜班劳动。第62条规定,女职工生育享受不少于90天的产假。第63条规定,不得安排女职工在哺乳未满1周岁的婴儿期间从事国家规定的第三级体力劳动强度的劳动和哺乳期禁忌从事的其他劳动,不得安排其延长工作时间和夜班劳动。

除此以外,《劳动法》第29条规定,女职工在孕期、产期、哺乳期的,用人单位不得依据该法第26条、第27条的规定解除劳动合同。《妇女权益保障法》第27条规定,任何单位不得因结婚、怀孕、产假、哺乳等情形,单方解除与女职工签订的劳动(聘用)合同或者服务协议。但是,女职工要求终止劳动(聘用)合同或者服务协议的除外。《女职工劳动保护规定》第4条规定,不得在女职工怀孕期、产期、哺乳期降低其基本工资,或者解除劳动合同。

【案例导读】 禁止性解除条款能否禁止过失性解除

【案情简介】 刘某系一内衣厂的女职工。该内衣厂的内部规章制度规定:由于本厂内车间里有大量生产内衣的原料——棉花,为了避免发生火灾,职工在车间内不得抽烟;否则,视为严重违纪行为。某天在上班时,刘某感到劳累就点了一支烟;不料被车间的监视镜头记录了下来。厂领导研究决定,给予刘某解除劳动合同的决定。但刘某表示不服,声称自己已经怀孕3个月,并提供了医院的诊断证明。但厂方调查后仍然决定解除其劳动合同,理由是她这次怀孕是违反计划生育法的,因为刘某已经有一个3岁的女儿了。双方为此发生了争议。

当地劳动争议仲裁委员会认为,厂里的决定是合法合理的,维持厂里的解除决定。

【案例解析】 首先,该厂以刘某严重违纪为由解除劳动合同是合法的。上述理由属于过失性解除,而刘某怀孕属于禁止性解除;根据我国《劳动合同法》的规定,禁止性解除并不能限制过失性解除。其次,刘某的这次怀孕是违反计划生育法的,因为刘某已经有了一个3岁的女儿了,这次怀孕属于超生,这种情况是不符合禁止性解除的理由的;因为禁止性解除中的"女职工孕期、产期和哺乳期"是指合法的孕期、产期和哺乳期,法律没有理由保护职工的违法权益。

5)在本单位连续工作满15年,且距法定退休年龄不足5年的

这条规定说明符合这一条件的劳动者已经为该用人单位作了较大的贡献,而且年龄也已经大了,再就业能力较低,政府和社会都比较关注这部分弱势群体;因

此，《劳动合同法》加强了对这些职工的保护，规定用人单位不得根据该法第40条、第41条的规定单方解除劳动合同。这有利于减少社会的压力，并在用人单位内形成良好的劳动关系。

6）法律、行政法规规定的其他情形

考虑到有些法律、行政法规中也有不得解除劳动合同的规定，同时为了便于与以后颁布的法律相衔接，本条还规定了一个兜底条款。这有利于对劳动者进行保护。

2. 劳动者单方解除劳动合同

根据《劳动法》和《劳动合同法》的规定，劳动者解除劳动合同有两种情况：

（1）提前通知用人单位解除劳动合同

《劳动法》第31条规定："劳动者提前解除劳动合同，应当提前30天以书面形式通知用人单位。"《劳动合同法》也有类似的规定。这样的规定是为了保护用人单位的合法权益。因为这种情况下的解除往往是劳动者缺乏理由或法律规定的条件，所以也可以称为无条件的解除。劳动者以此种方式解除劳动合同，应承担相应的法律责任，包括双方约定的违约金以及给用人单位造成经济损失的赔偿金、培训费等。

另外，《劳动合同法》规定，如果劳动者在试用期内决定解除劳动合同，应提前3天通知用人单位。

（2）随时通知用人单位解除劳动合同

目前，社会上一些用人单位任意克扣职工工资，停发、少发甚至完全不发工资，不为职工缴纳社会保险费，有的用人单位为了赚钱甚至不顾劳动者死活，让职工在有有毒气体、无防护设备等恶劣的生产环境下劳动，导致职工中毒、生病、死亡或残废。针对这种情况，为保护劳动者的合法权益，《劳动合同法》明确规定劳动者享有特别解除权。特别解除权是劳动者无条件单方解除劳动合同的权利。如果出现了法定的事由，劳动者无须向用人单位提前预告就可通知用人单位解除劳动同。由于劳动者行使特别解除权往往会给用人单位的正常生产经营带来很大影响，所以，立法在平衡保护劳动者与企业合法利益的基础上对此类情形作了具体的规定，只限于在用人单位有过错行为的情况下允许劳动者行使特别解除权。具体情况有以下几种：

1）未按照劳动合同约定提供劳动保护或者劳动条件的

劳动保护，就是依靠技术进步和科学管理，采取技术和组织措施，消除劳动过程中危及人身安全和健康的不良条件与行为，防止伤亡事故和职业病，保障劳动者在劳动过程中的安全和健康。其具体内容有：工作时间的限制和休息时间、休假制度的规定；各项劳动安全与卫生的措施；对女职工和未成年工的特殊劳动保护。

劳动条件是指劳动者在劳动过程中所必需的物质设备条件，如有一定空间和阳光的厂房、通风和除尘装置、安全和调温设备以及卫生设施等。

上述劳动保护措施和劳动条件都是国家劳动法规强制规定的底线和要求。保护劳动者在劳动过程中的生命健康安全是用人单位的基本责任和义务，如果用人单位不采取这些有利于劳动者的劳动保护措施或者不提供这些劳动条件，劳动者就可以单方决定解除劳动合同。

2) 未及时足额支付劳动报酬的

劳动报酬，是指用人单位依据国家有关规定或劳动合同约定，根据劳动者劳动岗位、技能及工作数量、质量，直接支付给劳动者的劳动收入。在劳动者已履行劳动义务的情况下，用人单位应按劳动合同约定或国家法律法规规定的数额、日期及时足额支付劳动报酬，禁止克扣和无故拖欠劳动者劳动收入。支付劳动报酬也是劳动合同所规定的必备条款，用人单位未按照劳动合同约定及时足额支付劳动报酬，就是违反劳动合同，也是对劳动者合法权益的侵犯，劳动者有权随时告知用人单位解除劳动合同。

3) 未依法为劳动者缴纳社会保险费的

社会保险是指国家对劳动者在患病、伤残、失业、工伤、年老、生育及其他生活困难情况下，给予物质帮助的制度。我国的社会保险主要包括养老保险、医疗保险、失业保险、工伤保险和生育保险。我国《宪法》第45条规定："中华人民共和国公民在年老、疾病或者丧失劳动能力的情况下，有从国家和社会获得物质帮助的权利。国家发展为公民享受这些权利所需要的社会保险、社会救济和医疗卫生事业。"宪法赋予我国公民的这一基本权利，就劳动者而言，主要是通过社会保险实现。根据我国《劳动法》第72条规定，"用人单位和劳动者必须依法参加社会保险，缴纳社会保险费"。对于拒不依法缴纳或延迟缴纳保险费的用人单位，劳动行政部门可以责令其限期缴纳；逾期不缴的，可以加收滞纳金。由此可以看出社会保险具有国家强制性，用人单位应当依照有关法律、法规的规定，负责缴纳各项社会保险费用，并负有代扣代缴本单位劳动者社会保险费的义务。因此，如果用人单位未依法为劳动者缴纳上述社会保险费，就是对劳动者基本权利的侵害，劳动者可以与用人单位解除劳动合同。

4) 用人单位的规章制度违反法律、法规的规定，损害劳动者权益的

此项规定包含了两层含义。第一，用人单位的规章制度违反了法律、法规的规

定。规章制度是由用人单位制定的旨在保证劳动者履行劳动义务和享有劳动权利的规则和制度。首先,规章制度的内容要合法,即内容不得违反国家宪法、劳动法、劳动合同及其他法律、法规的规定,也不得与劳动合同与集体合同的内容相冲突。因为,劳动合同、集体合同和规章制度往往都会涉及对劳动条件和劳动待遇的规定,劳动合同和集体合同是劳动者与用人单位双方合意的结果,而规章制度是由用人单位单方面制定的,这就要求规章制度有关劳动条件和劳动待遇的规定不得低于合同的约定。其次,规章制度的制定程序要合法。规章制度的制定必须经过一定的民主程序。规章制度的制定权虽然属于用人单位,但规章制度的内容涉及的是劳动者的劳动权利和劳动义务,因此,法律上要求用人单位在制定规章制度时,要经过一定的民主程序。最后,制定的规章制度应当公示。职工作为规章制度的遵守者,有权了解规章制度的内容。法律不要求职工遵守一个自己不知晓或无法知晓的规章制度。《劳动合同法》第4条第4款规定,直接涉及劳动者切身利益的规章制度应当公示,或者告知劳动者。因此,公示是规章制度产生效力的必要条件之一。第二,损害了劳动者的权益。因用人单位没有按法律规定制定规章制度,给劳动者的权益带来了损害。只有同时具备以上两点要求,劳动者才可以以此为由通知用人单位解除劳动合同。

5)因用人单位的原因致使劳动合同无效的

《劳动合同法》第26条第1款规定了劳动合同无效或者部分无效的几种情况。无效的劳动合同从订立的时候起就没有法律约束力,劳动者可以不予履行。对已经履行的,或给劳动者造成损害的,用人单位还应承担赔偿责任。

6)法律、行政法规规定劳动者可以解除劳动合同的其他情形

此项是一条兜底条款,以避免遗漏现行法律、法规规定的其他情况,并采用此种方法使该法和其他法律以及以后颁行的新法相衔接。

(3)不需通知用人单位解除劳动合同

《劳动合同法》规定,出现以下情况的,劳动者可以立即解除劳动合同,不需事先告知用人单位。

1)用人单位以暴力、威胁或者非法限制人身自由的手段强迫劳动者劳动的

其中的"暴力"是指对劳动者实施捆绑、拉拽、殴打、伤害等行为。"威胁"是指对劳动者施以暴力或者其他强迫手段。"非法限制人身自由"是指采用拘留、禁闭或其他强制方法非法剥夺或限制他人按照自己的意志支配自己身体活动的行为。人身自由是公民各种自由权利当中的一项基本权利,是公民参加社会活动和享受其他权利的先决条件。我国公民的人身自由受宪法和法律的保护。《宪法》第37

条规定:"中华人民共和国公民的人身自由不受侵犯。任何公民,非经人民检察院批准或者决定或者人民法院决定,并由公安机关执行,不受逮捕。禁止非法拘禁和以其他方法剥夺或者限制公民的人身自由……"用人单位强迫劳动者劳动,如把劳动者非法拘禁在特定的场所,强迫其劳动,不让其自由活动,是严重侵犯劳动者人身权利的行为,是非法的,劳动者有权随时解除劳动合同,而无须事先告知用人单位。

2)用人单位违章指挥、强令冒险作业危及劳动者人身安全的

对于用人单位不顾及劳动者的人身安全,对从事危险作业的劳动者(如采矿工人、高空作业人员等),在没有安全防护的情况下,强令其进行作业的行为,劳动者有权拒绝并撤离作业场所,并可以立即解除劳动合同。

【案例导读】如何评定劳动者辞职是否有经济补偿金?
【案情简介】

案例1:王某与世纪公司于1998年建立劳动关系,世纪公司聘用王某为该公司人力资源部主管,月工资8 000元。2002年1月起,因公司经营不善,每月仅发放王某工资1 500元。2002年4月初,王某以世纪公司长期拖欠工资为由提出辞职,并要求世纪公司在为其办理离职手续时全额补发工资、支付经济补偿金。双方为此产生争议。世纪公司在法院当庭辩称因王某属于自行辞职,故无权向公司追索经济补偿金。

裁决结果:法院判决世纪公司按原工资标准向王某补付工资,同时按王某的工作年限向其支付解除劳动合同的经济补偿金。

案例2:张小姐与某房地产公司的劳动合同要2010年10月才到期,但张小姐觉得对其一笔加班费的计算不符合有关规定,遂向公司提出辞职。公司同意张小姐的辞职申请,并为其结算了工资。张小姐觉得,自己因公司未及时足额支付劳动报酬而被迫辞职,公司应支付经济补偿金。

裁决结果:张小姐以用人单位未及时足额支付劳动报酬而导致其被迫辞职的理由不充分,所以不能主张经济补偿。

案例3:刘某在某厂从事车工,月平均工资为1 500元,双方未签订书面劳动合同。2008年6月30日,刘某以工资偏低为由向该厂递交辞呈,声明工作到2008年7月31日前离厂。该厂同意刘某要求,并结清了刘某的相关费用。随后,刘某申请劳动争议仲裁,要求该厂支付:第一,未签订劳动合同的2倍工资差额9 000元;第二,解除劳动关系经济补偿金18 000元。仲裁委员会裁决:第一,工厂支

付刘某双倍工资差额 9 000 元（2008 年 2 月 1 日至 2008 年 7 月 31 日期间）；第二，驳回刘某其他诉讼请求。刘某不服仲裁裁决，起诉至法院，要求判令工厂支付经济补偿金。

裁决结果：法院判决维持劳动争议仲裁委员会的裁决。

案例 4：李某与公司签订了三年期固定期限劳动合同，但不久前，公司突然宣布，受金融风暴影响，公司已无力继续经营即将关闭，并召开全体人员会议，口头宣布与各位员工解除劳动合同。李某经过考虑，同意解除劳动合同，遂按公司要求写了一份辞职书。像李某这种情况能否要求公司支付经济补偿金呢？

裁决结果：尽管表面上是李某辞职，但不能掩盖公司提出解除劳动合同的事实，故公司应当向李某支付经济补偿金。

【**案例解析**】在案例 1 中，依据《最高人民法院关于审理劳动争议案件适用法律若干问题的解释》第 15 条之规定，用人单位未按劳动合同约定支付劳动报酬或者提供劳动条件的、克扣或者无故拖欠劳动者工资的，迫使劳动者提出解除劳动合同，用人单位应支付劳动者的劳动报酬和经济补偿金，并可支付赔偿金。法院据此判决世纪公司按原工资标准向王某补付工资，同时按王某的工作年限向其支付解除劳动合同的经济补偿金。

在案例 2 中，《劳动合同法》第 37 条规定："劳动者提前 30 日以书面形式通知用人单位，可以解除劳动合同。劳动者在试用期内提前 3 日通知用人单位，可以解除劳动合同。"一般所谓劳动者主动辞职，指的就是这种情况，这是不需要支付经济补偿的。如因用人单位未按劳动合同约定提供劳动保护或劳动条件的，未及时足额支付劳动报酬的，或未依法为劳动者缴纳社会保险费等原因，即劳动者依据《劳动合同法》第 38 条等提出辞职的，用人单位则需支付经济补偿。这里还需注意，劳动报酬和社保金的计算标准，在实际操作中往往比较复杂。在裁审实践中，用人单位因主观恶意而未及时足额支付劳动报酬或未缴纳社保金的，可以作为劳动者解除合同的理由。但对确因客观原因导致计算标准不清楚、有争议，导致用人单位未能及时足额支付劳动报酬或未缴纳社保金的，不能作为劳动者解除合同的依据。张小姐以用人单位未及时足额支付劳动报酬而导致其被迫辞职的理由不充分，所以不能主张经济补偿。

在案例 3 中，根据《劳动合同法》第 10 条、第 82 条规定，工厂在《劳动合同法》生效之后超过 1 个月不满 1 年未与刘某订立书面劳动合同，应当向其每月支付 2 倍的工资。本案的另一法律问题是：如果用人单位同意劳动者辞职，是否应支付经济补偿金？一种诉讼意见认为，劳动者预告辞职，如果用人单位不同意，就不应支付经济补偿金；而如果用人单位同意，应视为用人单位与劳动者协商一致解除合同，参照《劳动合同法》第46条第二项规定，用人单位应向劳动者支付经济补偿金。另一种诉讼意见认为，劳动者预告辞职，实质上就是行使《劳动合同法》第37条所规定的法定解除权，无论用人单位是否同意，均产生劳动合同解除的法律效果。因此，劳动者预告辞职，即使用人单位同意，也不应当视为协议解除，因不可归责于用工方的事由解除劳动合同，用工方免予支付经济补偿金。

依照《劳动合同法》第38规定，仅在因归责于用工方的前提下，即该法条所列举的用工方具有6种违约，或违反法律、法规，具有损害劳动者权益之情形，劳动者据此提出辞职，用工方才予以支付经济补偿金。但是，在不可归责于用工方的情况下，劳动者无故提出解除劳动合同，用工方不支付经济补偿金。

另外，《劳动合同法》第46条第二项规定，在用人单位首先提出解除合同并与劳动者协商一致的情况下，应支付经济补偿金。而本案系劳动者预告辞职，工厂并无过错，故不符合该条规定。确立经济补偿制度的立法目的是缓解失业者的生活困难，维护社会稳定；同时，经济补偿也是国家调节劳动关系的一种经济杠杆，可以引导用工单位进行利益权衡，谨慎行使解除劳动合同的行为。所以，法院判决维持劳动争议仲裁委员会的裁决。

在案例4中，根据《劳动合同法》第46条第二项规定，"用人单位依照本法第36条规定（即用人单位与劳动者协商一致，可以解除劳动合同）向劳动者提出解除劳动合同并与劳动者协商一致解除劳动合同的，应当向劳动者支付经济补偿"。因此，在协商一致解除劳动合同的情况下，若为用人单位提出解除，用人单位则需支付经济补偿金；若为劳动者提出，则无须支付经济补偿金。结合本案李某的情况，其公司在决定关闭的情况下，召开大会宣布与职工解除劳动合同，但并不出具书面解除文书，而是要求职工写辞职书，造成是职工辞职的假象，从而逃避支付经济补偿金。公司这种规避法律、逃避责任的行为是违反劳动法律法规的，尽管表面上是李某辞职，但不能掩盖公司提出解除劳动合同的事实，故公司应向李某支付经济补偿金。

（三）违法解除

违法解除劳动合同的情况主要是指用人单位在不具备上述合法解除劳动合同的条件下解除了双方的劳动合同，应向劳动者支付相当于两倍的经济补偿金的赔偿金。

二、劳动合同的终止

劳动合同的终止是指劳动合同关系的结束，一般分为两类：自然终止和因故终止。

（一）自然终止

自然终止是指非人为原因导致而是因劳动合同到期或劳动者符合一定的条件所导致的劳动合同结束。属于自然终止的情形有：

1. 定期劳动合同到期

这主要适用于固定期限劳动合同和以完成一定工作任务为期限的劳动合同两种情形。劳动合同期满，除依法续订劳动合同的和依法应延期的以外，劳动合同自然终止，双方权利义务结束。根据原劳动部的规定，劳动合同的终止时间，应当以劳动合同期限最后一日的24时为准。

实践中，如果劳动合同期满后劳动者仍在原用人单位工作，原用人单位未表示异议，但也未办理终止或者续订劳动合同，该如何处理？对此，1996年，原劳动部《关于实行劳动合同制度若干问题的通知》（劳部发［1996］354号）中规定，有固定期限的劳动合同期满后，因用人单位方面的原因未办理终止或续订手续而形成事实劳动关系的，视为续订劳动合同。用人单位应及时与劳动者协商合同期限，办理续订手续。由此给劳动者造成损失的，用人单位应当依法承担赔偿责任。2001年，最高人民法院在《关于审理劳动争议案件适用法律若干问题的解释》中规定，劳动合同期满后，劳动者仍在原用人单位工作，原用人单位未表示异议的，视为双方同意以原条件继续履行劳动合同。一方提出终止劳动关系的，人民法院应当支持。2001年，原劳动部在《关于对事实劳动关系解除是否应该支付经济补偿金问题的复函》中规定，在上述情形下，"终止"是指劳动合同期满后，劳动者仍在原用人单位工作，用人单位未表示异议的，劳动者和用人单位之间存在的是一种事实的劳动关系，而不等于双方按照原劳动合同约定的期限续签了一个新的劳动合同。一方提出终止劳动关系的，应认定为终止事实上的劳动关系。按照劳动合同法的规定，劳动合同期满自然终止，原劳动合同消灭。如果劳动者仍在原用人单位工作，用人单位未表示异议的，应视为一个新劳动合同的开始。考虑到用人单位续签劳动合同的实际情况，以及在这种情形下劳动者也有一定责任，所以可依照《劳动合同法》第10条的规定，在前一劳动合同终止之日后劳动者提供劳动的第一天起一个月内订立书面劳动合同，否则用人单位就要承担《劳动合同法》第14条第4款、第81条的法律责任。至于后一劳动合同的内容，除了期限应视为与原劳动合同一致。

2. 劳动者退休或已开始依法享受基本养老保险待遇

我国基本养老保险制度从无到有，现还处于改革过程中。1991年国务院颁布了《关于企业职工养老保险制度改革的决定》（国发［1991］33号），要求企业逐步建立健全企业职工养老保险制度。1994年《劳动法》第73条规定："劳动者在下列情形下，依法享受社会保险待遇：（一）退休；（二）患病、负伤；（三）因工负伤或者患职业病；（四）失业；（五）生育。劳动者享受社会保险待遇的条件和标准由法律、法规规定。"《劳动法》第73条规定的五类保险待遇分别是基本养老保险、医疗保险、工伤保险、失业保险和生育保险五大类。在劳动者退休的情况下，可以享受基本养老保险。1995年，国务院颁布了《关于深化企业职工养老保险制度改革的通知》（国发［1995］6号），规定职工到达法定离退休年龄，凡个人缴费累计满15年，或本办法实施前参加工作连续工龄（包括缴费年限）满10年的人员，均可享受基本养老保险待遇，按月领取养老金。1997年，国务院颁布了《关于建立统一的企业职工基本养老保险制度的决定》（国发［1997］26号），规定本决定实施后参加工作的职工，个人缴费年限累计满15年的，退休后按月发给基本养老金。本决定实施前参加工作、实施后退休且个人缴费和视同缴费年限累计满15年的人员，按照新老办法平衡衔接、待遇水平基本平衡等原则，在发给基本养老金和个人账户养老金的基础上再确定过渡性养老金，过渡性养老金从养老保险基金中解决。根据法律、行政法规的规定，我国劳动者开始依法享受基本养老保险待遇的条件大致有两个：一是劳动者已退休；二是个人缴费年限累计满15年或者个人缴费和视同缴费年限累计满15年。

从1951年开始，我国政府机关、城镇企业和事业单位便实行了退休制度。根据有关政策和法律规定，职工达到退休年龄（男60岁，女50岁，女干部55岁）、工龄年限（连续工龄满10年）和身体健康状况的条件，即可以申请退休。从批准退休的第二个月开始，停发工资，按照工龄及其他条件支付与个人工资成一定比例的退休金，直至退休人员死亡。按照劳动和社会保障部的解释（劳社厅函［2001］125号），"国家法定的企业职工退休年龄"是指国家法律规定的正常退休年龄，即"男年满60周岁，女工人年满50周岁，女干部年满55周岁"。

《劳动合同法》规定劳动者依法享受基本养老保险待遇的，其劳动合同终止。其后《劳动合同法实施条例》规定，劳动者退休同样可以导致劳动合同终止。

以完成一定工作为期限的劳动合同，规定的工作任务完成，合同即为终止。

（二）因故终止

因故终止是指在劳动合同到期之前，由于人为因素或一些客观事件所导致的劳动合同结束。属于劳动合同因故终止的情形有：

1. 劳动者死亡，或者被人民法院宣告死亡或者宣告失踪的

根据我国《民法通则》第9条的规定，公民自出生时起到死亡时止，具有民事权利能力，依法享有民事权利，承担民事义务。第20条规定，公民下落不明满2年的，利害关系人可以向人民法院申请宣告他为失踪人。第23条第1款规定："公民有下列情形之一的，利害关系人可以向人民法院申请宣告他死亡：（一）下落不明满四年的；（二）因意外事故下落不明，从事故发生之日起满2年的。"劳动合同是以劳动者向用人单位提供劳动为主给付内容的合同，具有极强的人身属性。劳动者死亡、被人民法院宣告失踪或者宣告死亡的，劳动合同签订一方主体资格消灭，客观上无法继续履行劳动合同，双方签订的劳动合同自然终止履行。

2. 用人单位被依法宣告破产的

我国《企业破产法》第107条规定，人民法院依照本法规定宣告债务人破产的，应当自裁定作出之日起五日内送达债务人和管理人，自裁定作出之日起10日内通知已知债权人，并予以公告。该法第121条规定，管理人应当自破产程序终结之日起10日内，持人民法院终结破产程序的裁定，向破产人的原登记机关办理注销登记。根据《企业破产法》的这些规定，用人单位一旦被依法宣告破产，就进入破产清算程序，用人单位的主体资格即将归于消灭，因此劳动合同一方主体资格必然消灭，劳动合同归于终止。

3. 用人单位被吊销营业执照、责令关闭、撤销或者用人单位决定提前解散的

根据我国《公司法》以及其他法律的规定，用人单位一旦被有关行政机关决定吊销营业执照、责令关闭、撤销或者用人单位决定提前解散的，其法人资格开始归于消灭。因此，劳动合同由于缺乏一方主体，而归于终止。

4. 法律、法规规定的其他情形

有关劳动合同终止的情形，除了《劳动合同法》规定的几种情形外，还可由其他法律、行政法规作出不同的规定。考虑到保持整个劳动合同终止制度的统一性和劳动合同终止并没有地方独特性等情况，劳动合同法并没有授权地方性法规创设劳动合同终止制度。

（三）劳动合同的顺延

劳动合同期限届满不一定必然终止，如果此时劳动者正处于特殊困难阶段或者属于作出特殊贡献的劳动者，为了保护劳动者的合法权益，《劳动合同法》予以相应的特殊保护，要求对这些劳动者的劳动合同相应顺延一定的期限。这些情形包括：

1. 从事接触职业病危害作业的劳动者未进行离岗前职业健康检查，或者疑似职业病病人在诊断或者医学观察期间的

从事接触职业病危害作业的劳动者未进行离岗前职业健康检查，劳动合同期满的，必须等到进行了职业健康检查后，劳动合同才能终止。疑似职业病病人在诊断或者医学观察期间，劳动合同期满的，必须等到排除了职业病、确认了职业病或者医学观察期间结束，劳动合同才能终止。

2. 患病或者非因工负伤，在规定的医疗期内的

患病或者非因工负伤在医疗期内，劳动合同期满的，必须等到医疗期满后才能终止劳动合同。

3. 女职工在孕期、产期、哺乳期的

女职工在孕期、产期、哺乳期满后，劳动合同才可以终止。

4. 在本单位连续工作满 15 年，且距法定退休年龄不足 5 年的

对于那些在本单位连续工作满 15 年，且距法定退休年龄不足 5 年的老职工，如果劳动合同期满，由于这种工作年限的情况不可能消失，因此就不能终止劳动合同。

5. 在本单位患职业病或者因工负伤并被确认丧失或者部分丧失劳动能力的

在本单位患职业病，劳动合同期满的，必须等到职业病治愈，劳动合同才能终止。如果职业病不能治愈，劳动合同就不能终止。因工负伤并被确认丧失劳动能力，劳动合同期满的，必须等到劳动能力全部恢复，劳动合同才能终止。如果劳动能力不能全部恢复，劳动合同就不能终止。

对劳动者患职业病或者因工负伤并被确认部分丧失劳动能力的情形，《劳动合同法》作了例外规定。在这种情形下，适用工伤保险条例的规定。《工伤保险条例》第 33 条规定，职工因工致残被鉴定为一级至四级伤残的，保留劳动关系，退出工作岗位，享受相应的待遇；工伤职工达到退休年龄并办理退休手续后，停发伤残津贴，享受基本养老保险待遇。基本养老保险待遇低于伤残津贴的，由工伤保险基金补足差额。该条例第 34 条规定，职工因工致残被鉴定为五级、六级伤残的，保留与用人单位的劳动关系，由用人单位安排适当工作。难以安排工作的，由用人单位按月发给伤残津贴，并由用人单位按照规定为其缴纳应缴纳的各项社会保险费。经工伤职工本人提出，该职工可以与用人单位解除或者终止劳动关系，由用人单位支付一次性工伤医疗补助金和伤残就业补助金。第 35 条规定，职工因工致残被鉴定为七级至十级伤残的，劳动合同期满终止，或者职工本人提出解除劳动合同的，由用人单位支付一次性工伤医疗补助金和伤残就业补助金。

三、经济补偿金的支付与核算

（一）经济补偿金的概念与性质

1. 经济补偿金的概念

经济补偿金是用人单位解除或终止劳动合同时给予劳动者的经济补偿。它是用人单位在劳动合同解除或终止后，依法一次性支付给劳动者的经济上的补助。我国法律一般称作"经济补偿"，其他国家也有类似的概念，比如法国《劳动法典》称为"辞退补偿金"，俄罗斯《劳动法典》称为"解职金"。我国《劳动法》、1994年原劳动部发布的《违反和解除劳动合同的经济补偿办法》等法规规定，用人单位在与劳动者解除劳动合同时，应该按照一定标准一次性支付一定金额的经济补偿金。

2. 经济补偿金的性质

首先，支付经济补偿金是法律规定的用人单位的单方法定义务。

这一性质可以从以下几点来讲：第一，从经济补偿金的给付、收受主体的恒定性及资金从用人单位向劳动者流动等方面看，经济补偿金的给付具有单方性。第二，经济补偿金的给付并不是依据劳动关系双方当事人的约定，而是根据法律、法规及其他相关规范性文件的规定直接适用的。其在主体的适用上具有平等性和强制性。只要双方确立了劳动关系，经济补偿金的给付就存在潜在的可能性。第三，经济补偿金给付是用人单位的法定附随义务而非责任。有学者将用人单位支付经济补偿金的行为性质定位为违反劳动合同的责任，显属不当。法律义务是行为主体依照法律规则而必为或不为的带有应当性的行为，法律责任则是行为主体因违反法律义务而必须承担的带有应当性的不利后果。法律规定用人单位支付经济补偿金，是对用人单位行使预告解除权时附加设定的一种法律义务，不存在承担法律责任的问题。

其次，经济补偿金是劳动法中的特色制度，是劳动法倾斜保护理念的典型体现。

对其性质，学界有三种学说——贡献补偿说、违约金说及社会保障说。有的学者认为，经济补偿金是对劳动者在用人单位中贡献积累的补偿，即贡献补偿说。这种学说认为，经济补偿是对劳动者在劳动关系续存期间为用人单位已作贡献的积累给予的物质补偿，是对劳动者过去劳动成果的肯定，因此经济补偿的数额应当与在本单位的工龄挂钩。劳动部门颁发的文件采用的就是这种学说。

但根据《违反和解除劳动合同的经济补偿办法》中关于经济补偿金条件适用的规定，上述理解是不合理的。若贡献补偿说观点成立，那么经济补偿金的适用就应该是"普惠"的，即只要是与用人单位存在过劳动关系的劳动者，在自己的工作岗位中都对用人单位的积累作出了贡献，获得贡献积累的补偿机会就应是均等的，经济补偿金的适用也就只需符合一项条件——存在劳动关系。可是依照现行规定，经济补偿金的给付并非如此，只有符合法定条件的劳动合同解除或终止才需要支付经济补偿金。这是否不尽公平、合理呢？此外，用人单位与劳动者在确立劳动关系时所约定的工资报酬是根据供求现状、劳动者自身素质、企业经营状况及文化等因素确定的，是双方博弈后，在自主意思支配下进行"等价交换"的产物。若采纳劳动关系终止时给予"普惠待遇"的贡献补偿说，将导致利益调整的倾向性偏差过大，不仅不能达到实现实质公平的目的，反而会矫枉过正——使用人单位的负担过重，不利于用人单位积累资金、发展壮大，对整个国民经济发展和劳动力资源优化配置的负面影响也是巨大的。综合来看，将"经济补偿金定位于劳动者在用人单位中贡献积累补偿"的观点是不足取的。劳动者在与用人单位确立劳动关系，接受用人单位的人事、规章制度等方面管理的同时，有权在约定的期限内获得确定数额的工资及福利。若期限届满前劳动关系终止会使劳动者失去工作和基于此产生的预期利益，对于并无主观过错的劳动者来说，是利益的受损，通过经济补偿金的给付可减少劳动者的损失，使劳动者在失去原有工作和找到新工作之间有一个良好的经济过渡。在劳动者重新就业的合理时间内，经济补偿金相当于原有工作待遇支付的一部分，可以起到接续生计的作用。

也有学者认为，经济补偿金是社会保障制度的重要组成部分。笔者认为，经济补偿金制度不是社会保障体系的组成部分。根据《违反和解除劳动合同的经济补偿办法》第12条有关"经济补偿金在企业成本中列支，不得占用企业按规定比例应提取的福利费用"的规定可知，经济补偿金给付的资金来源于用人单位的资产，而不包括国家、劳动者个人出资的部分。同时，依据《关于贯彻执行〈中华人民共和国劳动法〉若干问题的意见》第43条关于"劳动合同解除后，用人单位对符合规定的劳动者应支付经济补偿金。不能因劳动者领取了失业救济金而拒付或克扣经济补偿金，失业保险机构也不得以劳动者领取了经济补偿金为由，停发或减发失业救济金"的规定可知，经济补偿金与失业保险并行不悖，并区别于包括社会保险在内的整个社会保障制度。

还有学者认为，经济补偿金就是法定的违约金，这种观点也是站不住脚的。因为，违约金一般需要双方在签订劳动合同或支付之前进行明确的约定，而经济补偿金不需要这种约定;再者,前已述及,经济补偿金是法律规定用人单位应该承担的一种附随义务,而违约金是用人单位在违约的前提下应该承担的法律责任。违约金应当是双向责任约定,但由于劳动双方当事人的力量失衡,处于弱势的劳动者手中"讨价还价"的筹码并不多,这时指望用人单位加重己方责任的可能性并不大,有关违约金的规定在一般情况下也就变成约束劳动者的单方责任条款。这与作为用人单位法定义务的经济补偿金形成一种对比。可见,经济补偿金并不等于违约金。

(二)经济补偿金的支付

根据《劳动合同法》第46条的规定,有下列情形之一的,用人单位应当向劳动者支付经济补偿。

1. 劳动者依照该法第38条规定解除劳动合同的

用人单位有违法、违约行为的,劳动者可以随时或者立即解除劳动合同,并有权取得经济补偿。较之于劳动法的规定,本项经济补偿是《劳动合同法》增加的内容。用人单位的违约、违法行为包括:用人单位未依照劳动合同约定提供劳动保护或者劳动条件的;用人单位未及时足额支付劳动报酬的;用人单位未依法为劳动者缴纳社会保险费的;用人单位的规章制度违反法律、法规的规定,损害劳动者权益的;用人单位有《劳动合同法》第26条中提及的欺诈、胁迫或者乘人之危等行为,致使劳动合同无效或者部分无效的;用人单位以暴力、威胁或者非法限制人身自由的手段强迫劳动者劳动的;用人单位违章指挥、强令冒险作业危及劳动者人身安全的;法律、行政法规规定的其他情形。

2. 双方协商一致解除劳动合同,但是由用人单位提出解除动议的

用人单位与劳动者可以协商一致解除劳动合同,但由用人单位首先提出解除动议的,应当支付经济补偿。较之《劳动法》的规定,本项经济补偿范围有所缩小。《劳动法》第24条、第28条规定,用人单位与劳动者协商一致解除劳动合同的,用人单位应当依照国家有关规定给予经济补偿。在《劳动合同法》制定过程中,考虑到有的情况属于劳动者主动跳槽导致的与用人单位协商解除劳动合同,此时劳动者一般不会失业,或者对失业早有准备,此时要求用人单位支付经济补偿不太合理。因此对协商解除劳动合同的情形,《劳动合同法》对用人单位给予经济补偿的条件作了一定限制。

3. 用人单位依照该法第40条规定解除劳动合同的

《劳动合同法》第40条的规定是用人单位非过失性解除劳动合同的情形在这种情况下,用人单位可以在提前30日通知或者额外支付1个月工资后,解除劳动合同。也就是说,在劳动者有一定不足,用人单位没有过错且作了一些补救措施,劳动者仍不符合工作要求的情况下,允许用人单位解除劳动合同。但为平衡双方的权利义务,用人单位须支付经济补偿。本项经济补偿规定与劳动法的规定一致。

4. 用人单位依照该法第41条第1款规定解除劳动合同的

《劳动合同法》第41条规定的是经济性裁员。经济性裁员中,劳动者没有任何过错,用人单位也是迫于无奈,为了企业的发展和大部分劳动者的权益,解除一部分劳动者的劳动合同。为平衡双方的权利义务,经济性裁员中,用人单位应当支付经济补偿。本项经济补偿规定与劳动法的规定一致。

5. 除用人单位维持或者提高劳动合同约定条件续订劳动合同,劳动者不同意续订的情况外,依照本法第44条第一项规定终止固定期限劳动合同的

根据本项规定,劳动合同期满时,用人单位同意续订劳动合同,且维持或者提高劳动合同约定条件,劳动者不同意续订的,劳动合同终止,用人单位不支付经济补偿;如果用人单位同意续订劳动合同,但降低劳动合同约定条件,劳动者不同意续订的,劳动合同终止,用人单位应当支付经济补偿;如果用人单位不同意续订,无论劳动者是否同意续订,劳动合同终止,用人单位应当支付经济补偿。在《劳动合同法》制定过程中,本项规定引起了较大的争议。有的意见认为,劳动合同期满劳动合同自然终止,合同双方当事人的权利义务已经履行完毕,对这种情况劳动者有明确的预期,因此用人单位不应当支付经济补偿。有的意见认为,有些用人单位利用劳动者的青春期,在固定期限劳动合同终止时,不再续订劳动合同,此时劳动者的年龄和身体对再次求职已有很大影响,用人单位给予一定的经济补偿是合理的。有些劳动者在同一用人单位工作较长时间,劳动合同到期终止不给经济补偿不合情理。为平衡劳动者与用人单位的权利义务,劳动合同法在保留劳动合同期满终止给予经济补偿的规定外,也作了一定限制。较之于劳动法的规定,本项经济补偿是增加规定。

6. 依照本法第44条第四项、第五项规定终止劳动合同的

《劳动合同法》第44条第四项规定,用人单位被依法宣告破产的,劳动合同终止。第44条第五项规定,用人单位被吊销营业执照、责令关闭、撤销或者用人单位决定提前解散的,劳动合同终止。用人单位因为有违法行为而被有关行政机关吊销营业执照、责令关闭、撤销或者用人单位决定提前解散时,劳动者是无辜的,其权益应该受到保护。劳动合同终止时,用人单位应该支付经济补偿。较之于劳动法的规定,本项规定是增加的规定。

7. 法律、行政法规规定的其他情形

有些法律、行政法规中有关于用人单位支付经济补偿的规定。如《国营企业实行劳动合同制度暂行规定》规定，国营企业的老职工在劳动合同期满与企业终止劳动关系后可以领取相当于经济补偿的有关生活补助费。尽管《国营企业实行劳动合同制度暂行规定》于2001年被废止，但2001年之前参加工作的劳动者，在劳动合同终止后，仍可以领取自工作之日起至2001年的生活补助费。

【案例导读】经济补偿的数额确定
【案情简介】
案例1： 冯某于2006年11月3日与某公司签订了为期10年的劳动合同，任销售部经理。2010年3月，该公司与冯某协商解除劳动合同，冯某同意。经协商，该公司向冯某支付经济补偿2.5万元，双方解除了劳动合同。冯某解除劳动合同前12个月的平均工资为1万元。2010年5月，冯某以该公司拖欠经济补偿为由，向当地劳动争议仲裁委员会提请仲裁，要求该公司补发经济补偿2万元并加付50%的额外经济补偿金1万元。

裁决结果：虽然本案中冯某和公司在协商解除劳动合同时约定了经济补偿，但是由于经济补偿不得低于法定经济补偿标准，公司除了解除劳动合同的协议也未另外提交任何有效证据证明冯某主动放弃了差额的部分。仲裁委审理后，裁决支持了冯某的请求。

案例2： 员工小贾于2007年6月进入上海某外贸企业A公司，与公司订立了自2007年6月1日至2010年5月31日的三年期劳动合同，劳动合同约定的工资标准为2 000元。但自2008年下半年起小贾的工作量不够，企业有时安排小贾（包括所在部门其他职工）待工，按最低工资标准计发待工工资，因而小贾每月1 350元到1 980元不等的工资。2008年9月份A公司出台了协商解除劳动合同的政策，小贾所在部门也在政策范围。但考虑到就业形势比较严峻，自己刚毕业工作经验又不足，小贾并未提出协商解除劳动合同。但2008年11月初，A公司以"客观情况发生重大变化"，原工作任务已经没有为由，要求小贾去做统计员，小贾不同意，于是A公司于2008年11月21日向小贾书面发出"解除劳动合同通知书"，并按小贾解除劳动合同前12个月的平均月工资性收入1 782元/月的标准支付了一个月工资的补偿金和提前1个月通知的工资。小贾不服，认为以解除合同前12个月的平均工资性收入作为标准是不合理的，因为前几个月企业都安排了待工，工资收入明显降低，应当按2008年6月以前12个月的工资标准计算，把自己原先的加班等工资全部计算在内，平均工资性收入应当为2 563元/月。并且，企业还应当支付2007年大半年工龄的经济补偿金，计1个月的工资性收入。因此，小贾要求企业补足经济补偿金的差额4 125元。

裁决结果：裁决中，月工资按解除劳动合同之前劳动者12个月的平均工资确认。因此，A公司的计算方法应当是合法的。可是，小贾的经济补偿金直接计算其连续工作年限即可。小贾工作还不到一年半，应当支付他1.5个月工资的经济补偿金。因此A公司仅以小贾2008年以后的工龄计算补偿金是错误的，应当补发小贾半个月工资的补偿金。裁决要求，A公司补发小贾经补偿金891元。

【案例解析】从经济补偿的支付方式和案例中可以看出，经济补偿也可以协商支付，当然支付的数额是不应当少于法定经济补偿的标准的，因为这是劳动者的权利、用人单位的义务。可是，如果用人单位在明确告知劳动者经济补偿的法定标准的情况下，劳动者仍然明确地在合同中放弃了要求补足差额的权利，双方协定的经济补偿也是具有法律效力的，劳动者事后也无权再要回那部分差额。

而在双方没有约定的情况下，应根据劳动者在用人单位的年限来支付其经济补偿。这当中不仅涉及劳动者的工作年限，还涉及作为计算标准的劳动者上年度的平均工资。在此需要明确的是经济补偿计算基数的范围，并不是加班费等都算在里面。显然，案例2中A企业的算法是正确的。一般说来，以下几条是不列入工资计算的：第一，社会保险福利费用，如丧葬抚恤救济费、生活困难补助费、计划生育补贴等；第二，劳动保护费用，如工作服、解毒剂、清凉饮料费用等；第三，按规定未列入工资总额的各种劳动报酬及其他劳动收入，如创造发明奖、国家星火奖、自然科学奖、科学技术进步奖、合理化建议和技术改进奖、中华技能大奖，以及稿费、讲课费、翻译费等。

【案例导读】劳动合同终止的经济补偿金支付
【案情简介】

案例1：赵某2006年7月大学毕业后，与某企业签订为期两年的劳动合同，每月工资2 000元。2008年6月底，劳动合同期满，企业未与赵某续签，双方终止劳动关系。办理离职手续时，赵某要求企业支付相当于2个月工资、共4 000元的经济补偿金，企业没有同意。

裁决结果：劳动争议仲裁委员会认为，企业应按《劳动合同法》的规定支付赵某的经济补偿金，但经济补偿年限自《劳动合同法》施行之日（即2008年1月1日）起计算。2008年1月1日至2008年6月底不满6个月，依据《劳动合同法》第47条，企业应向赵某支付半个月工资的经济补偿1 000元。

案例2：2001年9月13日，深圳某公司（一个效益不错的有几百名员工的中外合作企业——名为合作实为外商独资)突然发出一个"结业通知",称公司已于2001年7月12日经营期满(1989年7月12日开业),因种种原因延期未果,现依法停业清算,员工工作至9月底将全部终止劳动合同。另外,公司将成立一个新公司继续经营,欢迎表现好的员工到新公司申请工作。

裁决结果:当地劳动争议仲裁委员会认为,用人单位故意隐瞒企业经营期限,订立超过企业经营期限的劳动合同,被认定合同无效;而且依照《最高人民法院关于审理劳动争议案件适用法律若干问题的解释》(下称《解释》)第14条的规定,用人单位应赔偿劳动者的经济损失。经济损失应当按照原劳动部《违反〈劳动法〉有关劳动合同规定的赔偿办法》的规定和比照《解释》第14条第2款"根据《劳动法》第九十七条的规定,由于用人单位的原因订立的无效合同,给劳动者造成损害的,应当比照违反和解除劳动合同经济补偿金的支付标准,赔偿劳动者因合同无效所造成的经济损失"的规定计算。

案例3:桑某于1978年10月到北京市某商店工作。双方于1994年10月25日签订了至2004年10月25日为止的劳动合同。2004年10月26日,双方又签订了无固定期限的劳动合同续订书。2007年10月17日,当地工商部门向商店发出行政处罚决定书,吊销了商店的营业执照。2008年3月10日,该商店向桑某送达了双方于2008年4月10日终止劳动合同的通知,并于同日向桑某送达将其档案关系转向街道的通知。同年4月14日,商店通知桑某于当月20日前带上劳动合同至单位领取终止劳动合同补偿金。随即,桑某向当地劳动争议仲裁委员会提出申诉,要求该商店支付解除劳动关系经济补偿金及赔偿金。仲裁委员会于2008年6月17日作出驳回其申诉请求的裁决。桑某又向法院提起诉讼。

裁决结果:人民法院经审理认为,2007年10月17日,该商店被工商行政管理部门吊销营业执照,这就意味着当时这家商店已经丧失了劳动关系的主体资格,双方的劳动关系应该在2007年10月17日就已经终止。而在2008年3月10日用人单位才向桑某送达了终止劳动关系的通知,即终止事由发生5个月以后才作出了终止通知书,因此这份终止通知书在法律上没有任何意义。虽然依据《劳动合同法》第46条规定,在这种情况下导致劳动合同终止的,应当向劳动者支付经济补偿;但是,本案中,由于双方的劳动合同在2007年已经予以终止,应当适用于当时的法律。而《劳动合同法》生效之前,我国并没有相应的劳动法律、法规规定劳动合同终止需要支付经济补偿金,因此,该商店无须向桑某支付经济补偿金。

案例4:陈某于2007年8月20日与公司签订了一份1年期的劳动合同,合同到期日为2008年8月25日。2008年7月8日,公司发给陈某一份征求意见单,意

劳动关系与劳动法

见单写明:"您与公司签订的合同将于2008年8月25日期满,今特提前1.5个月征求您意见。现公司不降低原劳动合同的约定条件,期满后续订劳动合同为3年。请您慎重考虑期满后需要续签合同还是不再需要续签合同,将个人意见记录在个人意见栏内并签名,不认可上述条件或逾期不交此单的视作本人拒签劳动合同,2008年8月25日合同期满后,人事科将办理终止合同手续。"陈某收到此"征求意见单"后,在2008年7月20日前按时递交了征求意见单,并签注"同意续签合同1年"。2008年8月25日,公司以陈某不愿续订合同为由,终止了陈某劳动合同,并不予支付经济补偿金。事后陈某向劳动争议仲裁委员会提出申请,认为用人单位因协商不一致终止劳动合同,请求公司支付相当于1个月工资的经济补偿金。

裁决结果:用人单位应当付给陈某经济补偿金。在劳动合同终止后,陈某的表现不能成为拒付经济补偿金的理由。

【案例解析】 根据《劳动合同法》规定,用人单位解除劳动合同的经济补偿标准是:经济补偿按劳动者在本单位工作的年限,每满1年支付1个月工资的标准向劳动者支付。6个月以上不满1年的,按1年计算;不满6个月的,向劳动者支付半个月工资的经济补偿。又根据《劳动合同法》第46条规定:"有下列情形之一的,用人单位应当向劳动者支付经济补偿:……(五)除用人单位维持或者提高劳动合同约定条件续订劳动合同,劳动者不同意续订的情形外,依照本法第四十四条第一项规定终止固定期限劳动合同的。第四十四条第一项规定的劳动合同终止,即劳动合同期满。"同时,第97条第3款规定:"本法施行之日存续的劳动合同在本法施行后解除或者终止,依照本法第四十六条规定应当支付经济补偿的,经济补偿年限自本法施行之日起计算;本法施行前按照当时有关规定,用人单位应当向劳动者支付经济补偿的,按照当时有关规定执行。"

根据上述的分析和法律规定,案例1中赵某在单位的工作年限自《劳动合同法》实施之日起计算不满6个月,理应获赔1 000元。

根据《劳动合同法》第44条的规定,"有下列情形之一的,劳动合同终止:……(五)用人单位被吊销营业执照、责令关闭、撤销或者用人单位决定提前解散的";第46条第(六)项规定:"有下列情形之一的,用人单位应当向劳动者支付经济补偿:……(六)依照本法第四十四条第四项、第五项规定终止劳动合同的。"由此可以看出,用人单位被吊销营业执照属于劳动合同的法定终止事由。根据这些法律规定,在案例2和案例3中,劳动争议仲裁委员会和人民法院才作出了相应的裁判结果。另外需要关注的一点是,《劳动合同法》自2008年1月1日起施行,在以上案例中关于对劳动者的经济补偿问题都涉及《劳动合同法》实施的时间问题，特别在案例3中，桑某正是由于2007年10月17日《劳动合同法》没有实施，才导致败诉。

（三）经济补偿金的核算

在劳动合同解除或者终止，用人单位依法支付经济补偿时，涉及如何计算经济补偿的问题。根据《劳动合同法》第47条的规定，经济补偿按劳动者在本单位工作的年限，每满1年支付1个月工资的标准向劳动者支付。6个月以上不满1年的，按1年计算；不满6个月的，向劳动者支付半个月工资的经济补偿。如果劳动者月工资高于用人单位所在直辖市、设区的市级人民政府公布的本地区上年度职工月平均工资3倍的，向其支付经济补偿的标准按该地职工月平均工资3倍的数额支付，向其支付经济补偿的年限最高不超过12年。

1. 计算经济补偿中的工作年限

劳动者在单位工作的年限，应从劳动者向该用人单位提供劳动之日起计算。如果由于各种原因，用人单位与劳动者未及时签订劳动合同的，不影响工作年限的计算。如果劳动者连续为同一用人单位提供劳动，但先后签订了几份劳动合同的，工作年限应从劳动者提供劳动之日起连续计算。如果劳动者为同一用人单位提供劳动多年，但中间间隔了一段时间，先后签订了几份劳动合同的，工作年限原则上应从劳动者提供劳动之日起连续计算，已经支付经济补偿的除外。根据原劳动部1996年《关于终止或解除劳动合同计发经济补偿金有关问题的请示的复函》中规定，对于因用人单位的合并、兼并、合资、单位改变性质、法人改变名称等原因而改变工作单位的，其改制前的工作时间可以计算为"在本单位的工作时间"。

另外，根据《劳动合同法》第96条第3款的规定，在《劳动合同法》实施前签订和解除或者终止的劳动合同，依照《劳动法》和原有关国家规定计算经济补偿。在《劳动合同法》实施前签订，实施后解除或者终止的劳动合同，依照《劳动合同法》第46条规定应当支付经济补偿的，经济补偿年限自《劳动合同法》施行之日起计算；该法施行前，按照当时有关规定，用人单位应当向劳动者支付经济补偿的，按照当时有关规定执行。

2. 计算工资基数

计算经济补偿时，工作满1年支付1个月工资。关于1个月工资应是劳动者本人月工资、本企业的职工月平均工资还是当地月平均工资，在《劳动合同法》制定过程中进行了反复讨论和研究，最后规定：月工资是指劳动者解除或者终止劳动合同前12个月的平均工资。之所以如此规定，主要基于以下考虑：第一，保持制度的延续性，原有规定有不足的，适当进行修改。《违反和解除劳动合同的经济补偿办法》第11条规定，"本办法中经济补偿金的工资计算标准是指企业正常生产情况下劳动者解除劳动合同前12个月的月平均工资。用人单位依据本办法第六条、第八条、第九条解除劳动合同时，劳动者的月平均工资低于企业月平均工资的，按企业月平均工资的标准支付"。按照该规定，月平均工资在不同的情形下有不同的内容。这样的规定在一定程度上有利于保护低收入劳动者的权益，但失之于设计过于复杂，不利于劳动者掌握，同时也与其他国家和地区的做法不同。因此，《劳动合同法》统一了月平均工资的内容，这样就便于操作，一目了然。第二，讲究公平性，平衡劳动合同双方的权利义务。《劳动合同法》规定月平均工资为劳动者解除或者终止劳动合同前12个月的平均工资。这样的规定一方面保护了劳动者的合法权益——有的劳动者在用人单位工作年限比较长，最初的工资可能比最后的工资要低得多，考虑到物价等因素，《劳动合同法》规定了以最近12个月的平均工资为标准。另一方面也考虑到用人单位的实际情况。劳动者的经济补偿应与劳动者本人的工资收入相适应。一般来说，某一岗位的工资受市场规律的调节，有的工作岗位的工资水平很高，有的工作岗位的工资水平较低。同一个地区，不同企业之间有着很大差别。如果规定以企业职工平均工资或者当地平均工资为标准，将对用人单位明显不公。

3. 计算封顶

在《劳动合同法》制定过程中，有意见认为有些高端劳动者工资收入较高，谈判能力较强，在劳动关系中并不总处于弱势地位，如果完全适用经济补偿的规定，用人单位负担太重，也体现不出经济补偿的性质和特点，因而建议对劳动合同法作出调整。这种观点有一定的合理性。但目前最迫切的问题是如何更好地保护处于弱势地位的低端劳动者的基本劳动权利，对于高端劳动者，可以通过法律强制性规定和市场调节并举的方式，保护其合法劳动权益。考虑到我国还没有将劳动者区分不同群体并适用不同法律的先例，在立法技术上也较难处理，因此劳动合同法并没有将高端劳动者排除在保护范围之外；但在经济补偿部分对高端劳动者作了一定限制：即从工作年限和月工资基数两个方面作了限制，规定劳动者月工资高于用人单位所在直辖市、设区的市级人民政府公布的上年度职工月平均工资的3倍的，用人单位向其支付经济补偿的标准按该地职工月平均工资3倍的数额支付，向其支付经济补偿的年限最高不超过12年。

【案例导读】高收入者的工资如何确定？

【案情简介】俞某在一计算机公司任财务经理，属于公司的高层管理人员，在该公司已经工作18年。因其与总经理在财务管理制度方面的理念不合而产生了去意,公司方面也想更换一名财务经理,于是公司主动提出与他解除双方的劳动合同,并答应支付其经济补偿金。但双方在俞某是否是高收入者的问题上产生了不同意见:公司认为俞某是高收入者,因为俞某的每月工资是11 070元,而所在城市的上年职工月平均工资是3 590元,该工资的3倍即是10 770元;很显然,以俞某的工资来看,他属于高收入者,其获得的经济补偿金应受到"双封顶"制度的限制,计算经济补偿金的工资基数应为10 770元,工作年限应为12年。而俞某认为这样计算不对,公司给予其每月11 070元的工资是应得工资,扣除税收及其他项目后的实得工资只有9 080元,所以自己不是高收入者。

当地劳动争议仲裁委员会认为公司的认定是正确的,计算俞某经济补偿金的工资基数应按其应得工资。

【案例解析】 由于经济补偿金是根据劳动者在本单位的工作年限以及被解除前12个月的平均工资计算的,工作年限越长、工资基数越大的劳动者获得的经济补偿金越多,以至于出现了一些企业高管在离职时获得几十万、几百万甚至上千万的经济补偿金。尤其在那些破产、改制的企业中,这些高额经济补偿金造成了对其他债权人的不公平。特别在一些国有企业中,高管为了获得高额经济补偿金,故意提高自己的工资水平,结果造成了国有资产的流失。针对这些情况,《劳动合同法》第47条对工资较高的劳动者的经济补偿金作出了一定限制,就是俗称的高收入者经济补偿金支付的"双封顶"制度,即劳动者月工资高于用人单位所在直辖市、设区的市上年度职工月平均工资3倍的,在计算经济补偿金时,实行基数封顶和年限封顶的双重限制。新法规定,经济补偿金基数按职工月平均工资3倍的数额计算,经济补偿金年限最高不超过12年。这实际上是对高收入者补偿的法律调节。经济补偿金的计算基数为劳动者的月工资标准。劳动者的月工资是指劳动者在劳动合同解除或者终止前12个月的平均工资。这里的工资是指劳动者的应得工资,一般包括:计时工资、计件工资、奖金、津贴和补贴、加班加点工资、特殊情况下支付的工资。实践中很多用人单位以劳动者的所谓"最低工资"或者"基本工资"作为工资计算基数是不对的。《劳动合同法实施条例》对此作出了明确规定,即该条例第27条规定:"劳动合同法第四十七条规定的经济补偿的月工资按照劳动者应得工资计算,包括计时工资或者计件工资以及奖金、津贴和补贴等货币性收入。劳动者在劳动合同解除或者终止前12个月的平均工资低于当地最低工资标准的,按照当地最低工资标准计算。劳动者工作不满12个月的,按照实际工作的月数计算平均工资。"

所以，案例中俞某的计算方法是不正确的。

另外，为督促用人单位及时支付经济补偿，《劳动合同法》第85条规定，解除或者终止劳动合同，未依照本法规定向劳动者支付经济补偿的，由劳动行政部门责令限期支付经济补偿；逾期不支付的，责令用人单位按应付金额50%以上100%以下的标准向劳动者加付赔偿金。

第五章 灵活用工制度

第一节 劳务派遣制度

一、劳务派遣的含义、起源及三方关系

(一) 劳务派遣的含义及起源

劳务派遣又称劳动派遣、人才租赁、人才出租、人才派遣等,其基本含义是指劳动力派遣机构与派遣员工签订派遣契约,在得到派遣员工同意后,使其在被派企业指挥监督下提供劳动。[①] 在劳务派遣过程中,劳务派遣单位对劳动者的雇佣权和使用权是分离的,被派遣的劳动者与派遣机构签订劳动合同进而发生劳动关系,却被派往用工单位工作,由用工单位向派遣公司支付劳动租赁的相关费用,形成"有关系没劳动,有劳动没关系"的特殊形态。

劳务派遣约起源于 1920 年。当时 Samuel Workman 开创了租赁支援服务,后来逐渐演变成了劳务派遣服务产业。根据 1999 年的调查结果显示,美国有 4% 的 500 人以下的企业借助 PEO (Professional Employment Organization) 提供人力资源服务。根据全美 PEO 协会统计,全美有 400 万人属于双雇佣关系,而且这种派遣模式在美国以每年 35% 的比例增长。[②] 在我国,劳务派遣出现在 20 世纪 70 年代末,90 年代以来得到迅速发展。

(二) 劳务派遣中的三方关系

1. 三方关系

劳务派遣中的三方关系是以派遣公司、用工单位及被派遣员工作为经济主体的

[①] 孙立如,刘兰. 劳动关系实务操作. 北京:中国人民大学出版社,2009. 111
[②] 董福荣. 劳动关系. 大连:东北财经大学出版社,2009. 103~104

三方博弈关系,是一种特殊的用工关系。三者的关系如图 5—1 所示。

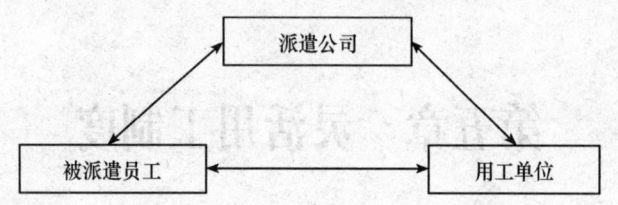

图 5—1　派遣公司、派遣员工以及用工单位之间的三方关系图

(1) 劳务派遣公司与被派遣员工之间的劳动关系

从图中可以看到,派遣公司与被派遣员工之间的法律关系是劳动关系。派遣公司吸纳作为短期求职者的被派遣劳动者,与被派遣劳动者签订劳动合同,并自用工之日起成立劳动关系。从法律意义上来讲,派遣单位是被派遣劳动者的雇主,它向劳动者支付劳动报酬并向劳动者负担劳动法上的义务,劳动者在签订合同的基础上向派遣单位提供劳动。由于劳务派遣关系的存在,被派遣劳动者在派遣单位的指示下前往用工单位工作。在劳动关系存续期间,派遣公司与用工单位就报酬、工作条件等事宜进行协商和谈判,以维护派遣公司和被派遣劳动者的共同利益。此时,派遣公司和被派遣劳动者之间虽然存在着博弈关系,但相对于用人单位来说,他们结成了一个利益共同体。

劳务派遣三方关系的特殊性在于,被派遣员工和派遣公司之间的关系极度不同于传统的劳动关系,主要体现在:劳动力的"雇佣"与"使用"相分离以及作为派遣公司的雇主通过派遣的方式削弱了劳动者对派遣公司"人格上从属"以及"经济上从属"的特性,这两种特性突出地体现于被派遣员工与作为"非雇主"的用工单位的关系中。传统的劳动合同使得劳动者对雇主具有"人格上从属"的特性,即在履行劳动合同的过程中,劳动者需服从雇主的指挥和监督,并且接受雇主合理的惩戒。然而,派遣公司与派遣员工之间签订的劳动合同不具备这种特性,指挥命令被派遣劳动者从事具体生产和劳动活动的并不是与其签订劳动合同的主体——派遣单位,而是用工单位。另外,传统的劳动合同使得劳动者对雇佣公司具有"经济上从属"的特性,即劳动者在劳动过程中不占有生产工具或器械,经济上并不具备独立性;然而在劳务派遣法律关系中,"经济上从属"的特性却更多地体现在了劳动者与用工单位的关系之中。

(2) 劳务派遣公司与用工单位之间的派遣关系

劳务派遣公司与用工单位作为两个独立、平等的民事主体,在自愿、协商的基础上订立劳务派遣协议：通过该协议，派遣公司将符合要求的劳动力交付用工单位使用，用工单位则向派遣公司支付服务费及管理费，二者之间既是一种劳动给付的关系，也是一种派遣关系。通过签订服务契约，用工单位和派遣公司就服务项目、服务费用、人员的技能需求、工作内容、工作地点、工作时间等内容制定规范，派遣公司从用工单位收取佣金，快速、精确地派遣合格的员工给用工单位，定期向用工单位了解派遣员工的工作表现，与派遣员工交流沟通并及时地发放工资。

在分析劳务派遣公司与用工单位之间的关系时，我们必须注意用人单位和用工单位的区别。在传统的劳动关系中，用人单位和用工单位是重合的，即用人单位就是用工单位；但在劳务派遣关系中，用人单位与用工单位是分离的。由于这种分离的关系，在劳务派遣单位和用工单位之间认定谁是雇主的问题尤为重要，因为它涉及雇主责任的划分及承担的问题。目前对此主要存在两种争论：有的学者认为劳务派遣中只存在着一重劳动关系，即认为劳务派遣中仅有派遣单位和派遣劳动者之间形成的劳动关系，雇主责任由劳务派遣单位承担。而用工单位不是雇主，也不必承担雇主责任。有的学者则认为劳务派遣中存在着双重劳动关系，即除了劳务派遣单位与劳动者之间形成的劳动关系外，用工单位与被派遣的劳动者之间也具有一种"特殊劳动关系"，在劳务派遣过程中，劳务派遣公司和用工单位作为共同雇主，对劳动者共同承担雇主责任。根据我国《劳动合同法》的规定，劳务派遣单位被视为用人单位，而接受劳务派遣的单位为用工单位。

（3）用工单位和劳动者之间的劳务关系

用工单位对派遣员工具有工作上的指挥、监督权，派遣员工必须接受用工单位所指派的工作；同时，用工单位所提供的工作必须符合员工所具备的技能且能保证安全的就业环境。如果用工单位提供的工作所要求的技能与被派遣劳动者的技能不相符合，或者其提供的工作场所安全性未达到要求，被派遣员工需向派遣公司反映。

这里需要指出的是劳动关系和劳务关系的区别。劳务派遣公司与被派遣员工之间的关系是劳动关系，即"两个或两个以上的平等主体之间就劳务事项进行等价交换过程中形成的一种经济关系"[①]。而用工单位与被派遣员工之间的关系则是劳务关系，即被派遣员工在用工单位提供的场所向用工单位提供劳务并接受用工单位指挥命令的关系。劳动关系和劳务关系很相似，但是两者仍然存在区别，主要表现在：①主体资格不同。劳动关系的主体是确定的，即一方是劳动者，一方是用人单

---

① 董福荣. 劳动关系. 大连：东北财经大学出版社，2009. 4

位;而劳务关系的主体则可能是法人与法人、自然人与法人等。②在主体地位平等性上有所不同。在劳动关系的主体中,劳动者除了经济上隶属于用人单位,还接受用人单位的行政管理,服从单位的规章制度,双方在法律上地位是平等的,但在实际劳动过程中是存在着附属关系的。而在劳务关系中,主体双方只存在经济关系,即提供服务与支付报酬的关系,彼此间不存在行政隶属关系,地位相对平等。③雇主义务不同。在劳动关系中,用人单位需要向劳动者支付劳动报酬,提供劳动条件、劳动保护、保险及福利等待遇;而在劳务关系中,用工单位一般只支付劳动报酬,劳动者常常使用自己的生产资料来完成劳动。④合同的订立形式不同。劳动关系必须通过书面形式确立劳动合同,且确立的合同具有法律效力;而劳务关系确立的是劳务合同,这种合同既可以是书面的也可以是口头的,法律对劳务关系的合同订立形式没有要求。⑤工会的参与情况不同。劳动关系双方合同的签订需参照工会与用人单位签订的集体合同,而劳务关系合同签订则没有这个要求。⑥承担的法律责任不同。劳动关系当事人违约承担民事和行政上的责任,而劳务关系当事人违约只需承担民事责任。

2. 关于三方权利和义务的法律规定

(1) 劳务派遣单位的权利和义务

《劳动合同法》中规定的劳务派遣单位的权利主要体现于第65条第2款:"被派遣劳动者有本法第三十九条和第四十条第一项、第二项规定情形的,用工单位可以将劳动者退回劳务派遣单位,劳务派遣单位依照本法有关规定,可以与劳动者解除劳动合同。"即规定劳务派遣公司拥有限制解除权,在符合过错性解除、医疗期满解除和不能胜任解除的条件下,用工单位退回被派遣劳动者后,派遣单位具有可以单方面与劳动者解除劳动合同的权利。

《劳动合同法》中对劳务派遣单位的义务主要有以下三方面规定:

• 《劳动合同法》第58条规定:"劳动派遣单位应当与被派遣劳动者订立2年以上的固定期限劳动合同,按月支付劳动报酬;被派遣劳动者在无工作期间,劳务派遣单位应当按照所在地人民政府规定的最低工资标准,向其按月支付报酬。"

这一条规定实际上是劳动合同法为劳动者撑起了一项保护伞。在实际工作中,有些劳务派遣公司为了逃避用人单位的责任,故意在劳动合同中不约定具体的合同期限,而是规定以劳务派遣公司与用工单位之间签订的劳务派遣协议中约定的工作时间或者派遣员工为用工单位提供劳动的实际时间为准。《劳动合同法》的这一条规定既保护了被派遣劳动者的利益,又有效地限制了劳务派遣这种用工形式的不正常发展,避免了劳动关系的短期化和就业不稳定给企业、劳动者个人以及社会造成的负面影响。

• 《劳动合同法》第 60 条规定："劳务派遣单位应当将劳务派遣协议的内容告知被派遣劳动者。劳务派遣单位不得克扣用工单位按照劳务派遣协议支付给被派遣劳动者的劳动报酬。劳务派遣单位不得向被派遣劳动者收取费用。"克扣被派遣劳动者工资的，劳动行政部门可以按照法律规定责令劳务派遣单位向被派遣劳动者支付相当于克扣金额 50%~100% 的赔偿金。

• 《劳动合同法》第 92 条规定，劳务派遣单位违反法律规定，"给被派遣劳动者造成损害的，劳务派遣单位与用工单位承担连带赔偿责任"。

（2）被派遣劳动者的权利和义务

《劳动合同法》中对被派遣劳动者的权利主要有以下三条规定：

• 《劳动合同法》第 63 条规定："被派遣劳动者享有与用工单位的劳动者同工同酬的权利。用工单位无同类岗位劳动者的，参照用工单位所在地相同或者相近岗位劳动者的劳动报酬确定。"《劳动法》和《劳动合同法》都对同工同酬的原则进行了规定，以保证用工单位不会因为派遣行为的临时性而以低于本单位一般职工的标准向被派遣劳动者支付劳动报酬。

• 《劳动合同法》第 64 条规定："被派遣劳动者有权在劳务派遣单位或者用工单位依法参加或者组织工会，维护自身的合法权益。"

• 《劳动合同法》第 65 条第 1 款规定："被派遣劳动者可以依照本法第三十六条、第三十八条的规定与劳务派遣单位解除劳动合同。"

被派遣劳动者的义务主要有以下四点：

• 被派遣劳动者有订立有效劳动合同的义务。因劳动者过错订立无效劳动合同的，劳动者应承担法律责任。过错主要是指劳动者以欺诈、胁迫的手段或者乘人之危，使用人单位在违背真实意思的情况下订立或者变更劳动合同。如果因劳动者过错订立无效劳动合同导致用人单位出现损失的，劳动者应当承担赔偿责任。

• 被派遣劳动者具有依法解除劳动合同的义务。劳动者违反《劳动合同法》第 36 条（协商解除）和第 37 条（预告解除）规定解除劳动合同，对用人单位造成损失的，应当予以赔偿。

• 被派遣劳动者具有按约定保密的义务。按照《反不正当竞争法》第 20 条的规定，劳动者如果违反约定保密的义务，给用工单位造成经济损失的，应依法给予赔偿。按照《刑法》第 219 条规定，劳动者违反保密义务给用工单位造成重大损失或者特别严重后果的，即构成侵犯商业秘密罪，应追究其刑事责任。

• 被派遣劳动者具有服从竞业限制约定的义务。在竞业限制期间，被派遣劳动者如果违反劳动合同关于竞业限制的约定,到与原用工单位生产或经营同类产品、从事同类业务的有竞争关系的其他用工单位工作,或者自己开业生产或者经营与原用工单位有竞争关系的同类产品、从事同类业务,应按照约定向用工单位支付违约金,或赔偿由此给用工单位造成的损失。

(3) 用工单位的权利和义务

《劳动合同法》中规定的用工单位的权利主要体现于第65条第2款,规定用工单位依照法律有关规定可以退回被派遣员工。但用工单位只有退回权,没有解除劳动合同的权利。解除劳动合同的权利应由劳务派遣公司来行使。

《劳动合同法》中对用工单位的义务主要有以下三条规定:

• 《劳动合同法》第60条规定,用工单位不得向被派遣劳动者收取费用。

• 《劳动合同法》第62条规定,用工单位应当履行下列义务:执行国家劳动标准,提供相应的劳动条件和劳动保护;告知被派遣劳动者工作要求和劳动报酬;支付加班费、绩效奖金,提供与工作岗位相关的福利待遇;对在岗被派遣劳动者进行工作岗位所必需的培训;连续用工的,实行正常的工资调整机制。用人单位不得将被派遣劳动者再派遣到其他人用单位。

• 《劳动合同法》第63条规定,用工单位对从事相同工作,付出等量劳动且取得相同业绩的劳动者,应支付与本单位职工大体同等的劳动报酬,即实现同工同酬。《劳动合同法》还规定,对于跨地区派遣的,劳动报酬和劳动条件按照用工单位所在地的标准执行。由于闲置劳动力的跨区转移通常是从经济不发达地区到经济相对较发达的地区,用工单位所在地的工资水平和消费水平一般相对较高,因此,该规定体现了对劳动者权益的保护。

《劳动合同法》还对用工单位接收被派遣劳动者作出了其他相关规定:

• 规定了劳务派遣的适用范围

用工单位只能将被派遣劳动者安排在具有临时性、辅助性或者替代性的工作岗位上。所谓辅助性,即被派遣劳动者所在的岗位须为企业非主营业务岗位。替代性,指正式员工临时离开无法工作时,才可由被派遣劳动者临时替代。临时性,即劳务派遣期不得超过6个月。若企业用工超过6个月,该岗位须用本企业正式员工。劳务派遣的重要特点之一是劳务关系的短期性,在基础上,劳务派遣的目的主要在于为用工单位临时性、辅助性或者替代性的工作的雇工提供便利,减少接收单位的人力资本浪费,同时促进分散劳动力的就业。然而劳务派遣三方关系模式较为复杂,会造成很多问题,如果不限制其工作岗位范围,用工单位有可能为了追求利润的最大化恶意地滥用劳务派遣制度(比如长期雇用派遣员工,并解雇正式员工),

不利于保护员工的利益,同时也恶化了我国的就业环境。

・禁止用工单位自设劳务公司进行内部派遣

劳务派遣公司与劳动者的关系是劳动关系,用工单位与劳动者的关系是劳务关系,两种关系之间存在着质的区别。如果用工单位同时充当劳务派遣公司,那么它与劳务人员实际上只形成了一种法律关系,这不利于对被派遣劳动者在工资、福利、社会保险以及发生纠纷时的法律救济等方面进行法律保护。

・明确用工单位的责任

劳务派遣单位或者用工单位与劳动者发生劳动争议的,劳务派遣单位和用工单位为共同当事人,劳务派遣公司与实际用工单位承担连带责任。因此,派遣公司、派遣员工及用工单位三方需要在派遣协议中明确各自的权利及义务,以保证各方的利益均不被侵害。

【案例导读】劳务派遣中的三方关系与责任承担

【案情简介】2005年1月1日,中复有限责任公司与大华劳动事务咨询服务公司签订了为期一年的派遣协议,委托大华公司提供人力资源,由大华公司与派遣人员签订劳动合同,办理社会保险,发放工资;中复公司与派遣人员之间无任何协议性或事实性的劳动或劳务关系。2005年1月,刘某与大华公司签订劳动合同,约定合同期限为1年。2006年1月5日,刘某与大华公司的劳动合同到期,双方未续签新的劳动合同,刘某也没有被大华公司召回,而是继续在中复下属公司工作。2006年1月14日,中复致电刘某:根据其工作表现,中复认为她不适合担任储备店长职务,欲将其职位调整为组长。但中复未对刘某出具书面降职通知,也未正式降低其薪水。2006年1月27日,刘某向大华公司发出辞职申请,称对其降职行为不能接受,决定离职,并提出赔偿请求,且于当日离开中复不再上班,亦未回大华公司。2006年2月24日,中复向刘某发出通知,称其旷工8天,故受到立即终止服务关系的处分。2006年2月25日,大华公司向刘某发出辞退通知,称因刘某无故旷工,公司不再与其续签劳动合同。2006年3月,刘某向劳动仲裁委员会提出仲裁申请,要求撤销大华公司作出的辞退决定,解除劳动关系,并要求中复、大华两家公司支付经济赔偿金。

【案例解析】对于劳动派遣过程中产生的纠纷,解析的重点应落在分清劳务派遣三方的关系上。本案例凸显了两个方面的问题:一是劳务派遣中三方当事人之间的法律关系、权利和义务问题;二是用工单位管理界限的问题。

(1)劳务派遣中三方当事人之间的法律关系、权利和义务问题

>> 劳动关系与劳动法

从三方法律关系的角度来看,劳务派遣中只存在着一重劳动关系,即劳务派遣单位与被派遣劳动者之间建立的劳动关系。在案例中,刘某和大华公司签订了劳动合同,存在劳动关系,基于这种劳动合同关系,劳务派遣单位(大华公司)应当承担法定用人单位的全部义务——向被派遣劳动者(刘某)支付劳动报酬以及对刘某负有的保护照顾、办理社会保险等义务。2006年1月5日刘某与大华公司的劳动合同就已经到期,且双方并未续签劳动合同,可以认为此时刘某和大华公司的劳动关系已经结束。

在用工单位与被派遣劳动者的关系上,用工单位与被派遣劳动者既不存在劳动关系,也不存在合同关系。但是由于被派遣劳动者是向用工单位实际提供劳动,用人单位的用工行为和管理行为无法相分离,因此用工单位有指挥和监督劳动者工作的权利。用工单位在行使指挥监督权的同时,也对被派遣劳动者负有特殊的保护照顾义务,主要包括:应当向被派遣劳动者提供安全卫生的工作环境和条件;应当保证被派遣劳动者的工资报酬不低于最低工资标准,即与其他正式职工同工同酬;应当保护被派遣劳动者的人格权不受侵害等。在本案例中,中复公司与刘某之间没有劳动合同关系,但中复公司有权接受刘某所提供的劳动,且对刘某具有用工管理和监督指挥的权利。

在用工单位与劳务派遣公司的关系上,用工单位与劳务派遣公司是依据派遣协议成立的民事合同关系,双方的权利义务应遵循私法自治的原则。在本案例中,大华公司和中复之间签订了派遣协议,已经约定了双方的权利义务,则在争议发生时,双方应根据协议进行处理。值得一提的是,无论大华公司和中复在派遣协议中如何分配各自的权利和义务,该约定只对大华公司和中复有效,对于刘某并不生效。

在本案例中,2006年1月5日刘某与大华公司的劳动合同已经到期,刘某在未与大华公司续签劳动合同的情况下继续留在中复工作,实际上是与中复公司建立了事实劳动关系。一旦发生纠纷,刘某与中复公司的权利义务关系应按照事实劳动关系处理,无须经由大华公司进行退回处理或者解除劳动合同;但如果三方均愿意认可劳务派遣三方关系的存在,则仍应按照三方关系的退回解除机制进行处理。

(2) 用工单位管理界限的问题

用工单位对被派遣劳动者的管理思路和处理界限问题在各国各地区的学界和立法实践中一直存在着争议,因此在实践中,用工单位对被派遣劳动者的处理界限经常模糊不清。在本案例中,争议的焦点是:用工单位作为实际指挥和管理被派遣劳动者的主体,其工作规则能否适用于被派遣劳动者以及是否可以对被派遣劳动者行使处分权。争论的一方认为被派遣劳动者没有必要适用用工单位的工作规则，并由此得出用工单位也没有权利根据其工作规则惩戒派遣劳动者的结论。比如，日本现行《劳动派遣法》第44条明文规定"用工单位无劳动基准法有关工作规则规定之适用"，其立法的宗旨是为了使工作规则之适用能够统一集中于派遣公司。日本推行的是一重劳动关系的理论，认为用工单位和被派遣劳动者之间不存在劳动合同关系，用工单位也不付给被派遣劳动者工资，因此，在涉及解雇或者减少工资等实质性内容上，用工单位没有惩戒权。但如果用工单位无法约束被派遣劳动者的行为，当被派遣劳动者出现轻微违反劳务给付义务时，用工单位因无法实施处罚措施，只能采取调换被派遣劳动者等方式来完成工作，容易造成雇佣关系不稳定的局面。另一种观点认为，法律立法并没有明文规定被派遣劳动者具有不遵守用工单位工作规则的权利。台湾地区学者邱峻彦赞同这种观点，他认为，即使用工单位没有特别制订专门适用于派遣劳工的工作规定，至少在有关企业秩序的维持事项方面，派遣劳工应当服从用工单位工作规则的约束。因此用工单位也可以依照自己的工作规则对派遣劳动违反工作规则的行为进行处罚[1]。

  对于本案例，大华公司和中复公司应该在协商的基础上开展对员工的管理。劳务派遣公司一般是通过劳动合同和规章制度来管理被派遣员工的。劳动合同对派遣员工的约束主要是通过双方订立协议的方式进行，而规章制度对派遣员工的约束则主要来自于通过对员工日常行为制定统一的规范，以此处理工作中出现的问题实现。劳务派遣公司可以在劳动合同中约定被派遣劳动者的各种权利、义务和责任，以及劳动合同到期的一般处理原则，并可与用工单位协商，根据用工单位的意见，在劳动合同中约定被派遣劳动者在用工单位应当遵守的规章制度和劳动纪律；还可与被派遣劳动者约定：当派遣期届满而劳动合同未满时，被劳动者应及时回派遣公司报到并处理后续工作安排问题，以减少以后被派遣者与用工单位因派遣期满而出现的各种纠纷。劳务派遣公司可以在本企业的规章制度中写明，派遣员工如果违反用工单位的规章制度和劳动纪律，视为同时违反本单位的规章制度和劳动纪律。另外，如果用工单位有专门管理制度的，派遣员工还需遵守这些专门的管理规范。这样一来，可以通过规章制度的完善避免出现被派遣员工只接受派遣公司的管理而不遵守用工单位规定的情况。

---

[1] 王桦宇，万江. 劳务派遣法律实务操作指引. 北京：中国法制出版社，2008. 135

二、劳务派遣的运行规则

（一）劳务派遣公司的设立

依照《公司法》相关规定，劳务派遣单位的设立须按照公司设立申请程序办理。公司名称一般为"×××劳务派遣有限公司"。设立劳务派遣公司应当依照《劳动合同法》及《公司法》规定，在进行公司登记前依法办理批准手续。

1. 设立有限责任公司性质的劳务派遣单位

《公司法》第23条规定，设立有限责任公司性质的劳务派遣单位应具备如下五条资质：（1）股东应符合法定人数，应由50个以下股东出资设立。（2）股东出资应达到50万元法定资本最低限额。有限责任公司的注册资本为在公司登记机关登记的全体股东认缴的出资额，公司全体股东的首次出资额不得低于注册资本的20%，也不得低于法定的注册资本最低限额。《劳动合同法》第57条规定："劳务派遣单位应当依照公司法的有关规定设立，注册资本不得少于50万元。"而《公司法》第26条第2款规定："有限责任公司注册资本的最低限额为人民币3万元。法律、行政法规对有限责任公司注册资本的最低限额有较高规定的，从其规定。"从《劳动合同法》和《公司法》的规定中可以看出，设立有限责任公司性质的劳务派遣公司时，公司全体股东的首次出资额不得低于50万元。（3）股东应共同制定公司章程。章程应载明下列事项：①公司名称和住所；②公司经营范围；③公司注册资本；④股东的姓名或者名称；⑤股东的出资方式、出资额和出资时间；⑥公司的机构及其产生办法、职权、议事规则；⑦公司法定代表人；⑧股东会议认为需要规定的其他事项。（4）有公司名称，建立符合有限责任公司要求的组织机构。这些组织机构分别是：①股东会；②董事会或者执行董事；③监事会或者监事；④经理；⑤固定营业场所。

2. 设立股份有限责任公司性质的劳务派遣单位

根据《公司法》第77条的规定，设立股份有限公司，应当具备下列条件：（1）发起人符合法定人数。应当有2人以上200人以下的发起人，其中须有半数以上的发起人在中国境内有住所。（2）发起人认购和募集的股本达到法定资本最低限额。根据《公司法》和《劳动合同法》的规定，设立股份有限公司性质的劳务派遣单位时，注册资本最低限额应是500万元。（3）股份发行、筹办事项符合法律规定。股份有限公司发起人应当签订发起人协议，明确各自在公司设立过程中的权利和义务。（4）发起人制定公司章程，采用募集方式设立的需经创立大会通过。章程应载明下列事项：①公司名称和处所；②公司经营范围；③公司设立方式；④公司股份总数、每股金额和注册资本；⑤发起人的姓名或者名称、认购的股份数、出资方式和出资时间；⑥董事会的组成、职权和议事规则；⑦公司法定代表人；⑧监事会的组成、职权和议事规则；⑨公司利润分配办法；⑩公司的解散事由与清算办法；⑪公司的通知和公告办法；⑫股东大会会议认为需要规定的其他事项。(5) 有公司名称，建立符合股份有限公司要求的组织机构。这些组织机构分别是：①股东大会；②董事会；③监事会；④经理；⑤固定营业场所。

3. 设立一人有限责任公司性质的劳务派遣公司

一人有限责任公司指只有一个自然人股东或者一个法人股东的有限责任公司。根据《公司法》的规定，设立一个股东的劳务派遣单位的其他条件包括：(1) 劳务派遣的一人公司的注册资本不得低于 50 万元。另外，股东应当一次足额缴纳公司章程规定的出资额。(2) 一个自然人只能投资设立一个一人劳务派遣有限责任公司。(3) 一人有限责任公司应当在公司登记中注明自然人独资或者法人独资，并在公司营业执照中载明。(4) 一人有限责任公司的股东不能证明公司财产独立于股东自己的财产的，应当对公司债务承担连带责任。

值得一提的是，《公司法》对公司设定的规定并不是专门针对劳务派遣公司的。对于劳务派遣公司的特殊性，法律规定中并没有体现。

（二）劳务派遣的范围和期限

劳务派遣由于其用工的灵活性得到了各国各地区法律的大力支持和鼓励，但是由于它具有灵活性以及劳动力雇佣与使用相分离的特点，也有可能成为企业用于规避法律规定，谋取暴利并侵害劳动者合法权益的一种手段。因此，一些国家和地区也出台法律对被派遣劳动者的岗位范围和派遣期限作了相应的规定。

1. 劳务派遣的范围

目前，有的国家对劳动派遣行业的派遣范围作出了明文规定，例如日本《劳动派遣法》规定：原则上，除了港湾运输业、建筑业、保安业、与医疗有关的业务、直接制造物品的业务等几个特殊行业外，基本放开劳动派遣业务经营范围。严格管制的领域分为两类：一是对劳动者职业安定危害比较大的领域，如建筑业等；二是涉及公共安全的行业，如律师业等。又如，德国只限制建筑业使用派遣员工，而法国则对使用派遣劳工持严格限制态度。有的国家对派遣行业的派遣范围则并没有列出限制，如美国对劳务派遣行业一直采取放任其自由发展的态度。各国不同的规定体现了各国政府干预经济的程度以及对劳动派遣行业的不同态度。

在我国，《劳动合同法》第 66 条规定："劳务派遣一般在临时性、辅助性或者替代性的工作岗位上实施。"对于这"三性"，在立法的过程中就存在着争议。有人认为法律条文规定太模糊，在实践中，对于这"三性"的范围界定，人们也有着各自不同的看法。一般而言，我们可以如此理解《劳动合同法》关于"临时性、辅助性或者替代性"的工作岗位规定：临时性通常是指非用工单位所必需的、关键的、重要的工作岗位；替代性通常是指职工培训、休假以及一段时间不能履行职责，由其暂时替代上岗的工作岗位①。

2. 劳务派遣的期限

劳务派遣期限是可以由派遣单位和被派遣劳动者双方约定的。但在实践中，一些劳务派遣单位为了逃避责任，在劳动合同中故意不约定具体合同期限，使得被派遣劳动者缺乏工作的安全感，劳动权益也因此遭到侵害。由此，各国法律均对劳务派遣期限问题作出了规定。如韩国《派遣工人保护法》第6条规定派遣时间限定为1年，最多可延长至2年；德国劳动派遣期限最初规定为不能超过3个月，后来由于法律将派遣单位与被派遣劳动者之间的关系视为是成立了不定期的劳动合同关系，自2004年起，德国国内劳务派遣的期限被取消了。

在我国，《劳动合同法》第58条第2款规定："劳务派遣单位应当与被派遣劳动者订立2年以上的固定期限劳动合同，按月支付劳动报酬；被派遣劳动者在无工作期间，劳务派遣单位应当按照所在地人民政府规定的最低工资标准、向其按月支付报酬。"第59条第2款规定："用工单位应当根据工作岗位的实际需要与劳务派遣单位确定派遣期限，不得将连续用工期限分割订立数个短期劳务派遣协议。"以上的规定实际上是稳固了劳动关系，给予了劳动者安全感，进而保障了劳动者的权益。

（三）劳务派遣中的解除方式与退回机制

国际上，解雇保护理论主要分为限制解雇权滥用理论和正当事由理论。美国主要采用限制解雇权滥用理论，而欧洲则主要采用正当事由理论。二者对解雇自由的限制水平不同。在解雇保护制度下，员工即使从被用人单位退回，也不一定会被派遣单位解雇，因此解雇保护与员工退回是性质不同的两个问题。在劳务派遣中，解除与退回主要包含三方面的内容，即被派遣劳动者的解除方式、劳务派遣公司的解除方式、用人单位的退回机制及解除方式。

1. 被派遣劳动者的解除方式

各国及各地区均承认劳动者具有依法订立、履行劳动合同及解除劳动合同的权利。我国《劳动合同法》第65条第1款规定："被派遣劳动者可以依照本法第36

---

① 《劳动合同法》起草小组. 劳动合同法问答. 北京：法律出版社，2007. 127

条、第38条的规定与劳务派遣单位解除劳动合同。"对照规定,被派遣劳动者主要有四种解除劳动合同的方式:(1)协商解除劳动合同。这是指只要被派遣劳动者与劳务派遣单位双方就解除合同等事宜达成一致,就可以解除劳动合同。法律一般不对协议解除作出条件方面的规定,只要求解除合同的一致意见在内容、形式和程序上合法。(2)单方随时通知解除劳动合同。根据《劳动合同法》第38条规定,"用人单位有下列情形之一的,劳动者可以解除劳动合同":①若劳务派遣单位"未按照劳动合同约定提供劳动保护或者劳动条件的",被派遣劳动者可以因用工单位未执行国家劳动标准而通知劳务派遣单位解除劳动合同。②劳务派遣单位"未及时足额支付劳动报酬"。如果用工单位没有依法支付加班费、绩效奖金等劳动报酬,被派遣劳动者可与劳务派遣单位解除劳动合同。③劳务派遣单位"未依法为劳动者缴纳社会保险费"。缴纳社会保险是劳务派遣单位的义务,如果劳务派遣单位未依法为劳动者缴纳社会保险费用,被派遣劳动者可以解除劳动合同。但如果是用工单位拖欠劳务派遣单位社会保险费用,则属于两个单位之间的民事纠纷,被派遣劳动者不得以此为由解除劳动合同。④劳务派遣单位的"规章制度违反法律、法规的规定,损害劳动者权益"。值得注意的是,如果用工单位的规章制度违反法律规定,损害被派遣劳动权益,被派遣劳动者也可以与劳务派遣单位解除劳动合同。⑤劳务派遣单位"以欺诈、胁迫的手段或者乘人之危,使对方(劳动者)在违背其真实意思的情况下订立或者变更劳动合同致使劳动合同无效"。⑥"法律、行政法规规定劳动者可以解除劳动合同的其他情形"。(3)单方随时解除劳动合同。根据《劳动合同法》第38条规定,"用人单位以暴力、威胁或者非法限制人身自由的手段强迫劳动者劳动的,或者用人单位违章指挥、强令冒险作业危及劳动者人身安全的,劳动者可以立即解除劳动合同,不需事先告知用人单位"。这里的"用人单位"包括劳务派遣单位及用工单位。(4)解除劳务用工合同。被派遣劳动者与用工单位之间建立的是劳务关系,双方可订立劳务用工合同及用工过程中的约定细则,以作为劳动合同的必要补充。由于劳务用工合同具有附属性,被派遣劳动者需在解除劳动合同的前提下才可以认定劳务用工合同也被解除。另外,劳务派遣协议或劳务用工合同中还应约定由谁来承担解除通知义务。

2. 劳务派遣公司的解除方式

劳务派遣公司主要有三种解除劳动合同的方式:

(1)协商解除劳动合同。《劳动合同法》第36条规定,用人单位与劳动者协商一致,可以解除劳动合同。

(2)单方解除劳动合同。主要包括三种情况:①用人单位即时解除劳动合同,即派遣公司无须征询他人的意见，也无须以任何形式提前告知被派遣劳动者，即可随时通知被派遣劳动者解除劳动合同的行为。这是由被派遣劳动者在劳动过程中的重大过失引起的。根据《劳动合同法》第39条规定，过失性辞退须具备以下几种情形：第一，劳动者在试用期间被证明不符合录用条件的；第二，严重违反用人单位的规章制度的；第三，严重失职，营私舞弊，给用人单位造成重大损害的；第四，劳动者同时与其他用人单位建立劳动关系，对完成本单位的工作任务造成严重影响，或者经用人单位提出，拒不改正的；第五，以欺诈、胁迫的手段或者乘人之危，使对方在违背真实意见的情况下订立或者变更劳动合同的；第六，被依法追究刑事责任的。②派遣公司预告解除劳动合同，也称非过失性辞退。根据《劳动合同法》第40条规定，"用人单位提前三十日以书面形式通知劳动者本人或者额外支付劳动者一个月工资后，可以解除劳动合同"。同时，预告解除劳动合同须具备以下法定情形：第一，劳动者患病或者非因工负伤，在规定的医疗期满后不能从事原工作，也不能从事由用人单位另行安排的工作的；第二，劳动者不能胜任工作，经过培训或者调整工作岗位，仍不能胜任工作的；第三，劳动合同订立时所依据的客观情况发生重大变化，致使劳动合同无法履行，经用人单位与劳动者协商，未能就变更劳动合同内容达成协议的；③用人单位裁员。《劳动合同法》第41条规定了四种可以裁员的条件，有其一即可裁员：依照企业破产法规定进行重整的；生产经营发生严重困难的；企业转产、重大技术革新或者经营方式调整，经变更劳动合同后，仍需裁减人员的；其他因劳动合同订立时所依据的客观经济情况发生重大变化，致使劳动合同无法履行的。

　　(3) 解除劳务派遣协议。劳务派遣协议是劳务派遣公司与用工单位之间明确权利义务关系的契约性文件，是双方事前划分责权、事中依照约定履行和事后解决纠纷的重要依据。协议应约定劳务派遣单位向用工单位派遣劳动者的数量、期限、岗位、劳动报酬和社会保险的数额与支付方式、解除劳务派遣协议的条件、补偿及违约解除的责任等。劳务派遣公司解除协议的方式有三种：①协商解除。劳务派遣公司与用工单位在自愿的基础上协商一致解除劳务派遣协议。②约定解除。劳务派遣公司与用工单位在协议中约定解除条件及违约金，当出现用工单位未按约定提供符合国家规定的劳动条件的情况时，劳务派遣单位可以解除劳动合同。③法定解除。虽然没有明确针对劳务派遣行业的规定，但依据《合同法》第94条的规定，当具备下列情形之一时，劳务派遣公司可以单方解除劳务派遣协议：第一，因不可抗力致使不能实现合同目的；第二，在履行期限届满之前，当事人一方明确表示或者以自己的行为表明不履行主要债务；第三，当事人一方迟延履行主要债务，经催告后在合理期限内仍未履行；第四，当事人一方延迟履行债务或者有其他违约行为致使不能实现合同目的；第五，法律规定的其他情形。以上五种情形中，仅在第一种情形发生时，约定协议的双方都享有解除权。在其余四种情况下，只有非违约方单方享有解除权。

3. 用工单位的解除方式与退回机制

由于用工单位与被派遣劳动者之间存在的是劳务关系，因此，即使用工单位认为被派遣劳动者不符合工作要求，也应由劳务派遣公司对被派遣者进行解除或者调换。用工单位的解除主要是指对劳务派遣协议的解除行为，而退回则是指用工单位将被派遣劳动者退回劳务派遣单位的行为。

用工单位解除劳务派遣协议的方式与上文中所述劳务派遣公司解除协议的方式相同，主要有三种，即协商解除、约定解除、法定解除，此处不再赘述。用工单位退回被派遣劳动者的机制可分为两种，一种是主动退回机制，另一种是被动退回机制。对于主动退回机制，《劳动合同法》第65条规定了两种情况，即在劳动者存在过失或者没有过失情况下的不同退回机制。《劳动合同法》第65条第2款规定："被派遣劳动者有本法第三十九条和第四十条第一项、第二项规定情形的，用工单位可以将劳动者退回劳务派遣单位，劳务派遣单位依照本法有关规定，可以与劳动者解除劳动合同。"《劳动合同法》第39条规定，劳动者有下列情形之一的，用工单位可以将其退回劳务派遣公司：（1）在试用期间被证明不符合录用条件的；（2）严重违反用工单位的规章制度的；（3）严重失职，营私舞弊，给用工单位造成重大损害的；（4）劳动者同时与其他用工单位建立劳动关系，对完成本单位的工作任务造成严重影响，或者经用工单位提出，拒不改正的；（5）因本法第26条第1款第一项规定的情形致使劳动合同无效的；（6）劳动者被依法追究刑事责任的。第39条规定是针对有过失的劳动者的。《劳动合同法》第40条规定，有下列情形之一的，用工单位提前30日以书面形式通知劳动者本人或者劳务派遣公司可以将劳动者退回：（1）劳动者患病或者非因工负伤，在规定的医疗期满后不能从事原工作，也不能从事由用工单位另行安排的工作的；（2）劳动者不能胜任工作，经过培训或者调整工作岗位，仍不能胜任工作的。这条规定是针对被派遣劳动者不存在过失性的情况的。当第40条中的两种情况出现后，用工单位可以将劳动者退回劳务派遣单位，由劳务派遣单位按照劳务派遣协议的约定另行安排其他符合条件的劳动者到用工单位填补岗位空缺。对于用工单位的被动退回机制，目前相关的法律规定不多。当劳务派遣单位发现个别被派遣劳动者可能存在工作能力或工作态度不符合标准的问题，而用工单位又无法依据法律规定实施退回时，被动退回机制就开始发挥作用了。对于劳务派遣单位召回被派遣员工是否要经过用工单位同意的问题,《劳动合同法》并没有明确作出规定。劳务派遣单位应与用工单位在劳务派遣协议中就派遣单位主动召回员工的问题约定好解决方案,派遣单位和用工单位应在被派遣劳动者被退回过程中互相配合,处理好后续问题,不应互相推诿。

【案例导读】退回机制中的雇主责权问题

【案情简介】2008年4月,冯某与S律所上海代表处签订聘用合同,约定冯某在该代表处担任法律顾问。2008年6月,冯某与W公司签订无固定期限劳动合同及派遣协议书,协议书中约定W公司派遣冯某至S律所上海代表处工作。2009年3月,S律所上海代表处告知冯某,因受金融危机影响,客观情况发生重大变化,不得已要减少员工以维持经营,通知冯某聘用制关系将于一个月后终止。2009年4月,S律所上海代表处告知W公司已将冯某退回,W公司即为冯某开具退工证明,解除双方间的劳动合同。后冯某诉至法院,要求S律所上海代表处恢复用工关系,W公司继续履行劳动合同;要求S律所上海代表处支付自终止聘用关系次日起至恢复工作岗位期间的全额工资及赔偿金,并缴纳该期间的社会保险;并由W公司承担连带责任。

法院审理后作出判决:冯某与W公司签订的劳动合同继续履行至劳动合同解除或终止时止,W公司按照上海市同期最低工资标准支付冯某自终止聘用关系次日起至劳动合同解除或终止之日的工资;W公司按照上海市最低工资标准的相应缴费基数为冯某缴纳自2009年4月起至劳动合同解除或终止之月期间的社会保险费;驳回冯某的其他诉讼请求。

【案例解析】本案例来自上海市第一中级人民法院。本案例主要涉及两方面问题:一是用人单位在退回机制中的权限问题;二是用人单位在退回机制中的责任问题。本案争议的焦点是:用人单位在用工单位符合《劳动合同法》规定的情况下退回劳动者时,可否再依据相同的理由解除与劳动者的劳动合同。依据《劳动合同法》第40条第三项的规定:"有下列情形之一的,用人单位提前三十日以书面形式通知劳动者本人或者额外支付劳动者一个月工资后,可以解除劳动合同;……(三)劳动合同订立时所依据的客观情况发生重大变化,致使劳动合同无法履行,经用人单位与劳动者协商,未能就变更劳动合同内容达成协议的。"依据原劳动部《关于〈劳动法〉若干条文的说明》(劳办发〔1994〕289号)第26条第4款的规定,上文所述的客观情况指:发生不可抗力或出现致使劳动合同全部或部分条款无法履行的其他情况,如企业迁移、被兼并、企业资产转移等,并且排除《劳动法》

第 27 条所列的客观情况。从本案例的判决看出，用工单位可以适用《劳动合同法》第 40 条第三项的规定解除与劳动者的派遣协议，即可以将劳动者退回用人单位，但人单位不能依据该规定解除与劳动者的劳动合同；另一种情况是，当出现《劳动合同法》第 39 条和第 40 条第一、第二项所规定的情况时，用工单位可以依据规定将被派遣劳动者退回至用人单位，用人单位也可以依据同一条款解除与劳动者的劳动合同。这是因为，用工单位与劳动者不是劳动关系，在参照适用时，用工单位在劳动法方面受到的限制不应高于劳动法中用人单位受到的限制。所以，用工单位可以适用客观情况发生重大变化退回劳动者，但是用人单位不能直接解除与劳动者之间的关系。

该案例还涉及另一个问题，即退回机制中劳务派遣单位需承担责任的内容。在被派遣劳动者被退回的过程中，有许多问题需要解决，这需要派遣单位与用工单位之间做好衔接处理工作。尤其是用人单位，需承担起对于被退回劳动者应尽的义务。《劳动合同法》第 58 条第 2 款规定："劳务派遣单位应当与被派遣劳动者订立二年以上的固定期限劳动合同，按月支付劳动报酬；被派遣劳动者在无工作期间，劳务派遣单位应当按照所在地人民政府规定的最低工资标准，向其按月支付报酬。"从上海市第一中级人民法院的判决结果中也可以看出，劳务派遣单位在劳动合同期满前不能解除劳动合同，并应在劳动关系存续期间承担支付最低工资以及缴纳社会保险的义务。

第二节 非全日制用工

一、非全日制用工的概念

依据《劳动合同法》第 68 条的规定，非全日制用工是指"以小时计酬为主，劳动者在同一用人单位一般平均每日工作时间不超过 4 小时，每周工作时间累计不超过 24 小时的用工形式"。非全日制用工是一类特殊的用工形式，是一种非标准的劳动关系。与全日制用工相比，非全日制用工的特殊性就在于它形成的劳动关系相对宽松，具有灵活性。具体体现为：首先，非全日制用工的劳动合同形式不拘于书面性，依据《劳动合同法》第 69 条第 1 款，非全日制用工双方当事人可以订立口头协议。其次，非全日制用工的双方享有自由解约权，劳动关系存续时间具不确定性。合同双方均可随时通知对方解除劳动关系，不必提前通知，用人单位无须支付经济补偿。最后，非全日制用工的劳动关系具有多重性。《劳动合同法》第 69 条第 2 款规定："从事全日制用工的劳动者可以与一个或者一个以上用人单位订立劳动合同；但是，后订立的劳动合同不得影响先订立的劳动合同的履行。"因此，在非全日制用工这种形式中，允许同一劳动者同时存在两个或者两个以上的劳动关系。

二、非全日制用工的有关规定

（一）非全日制用工的工作时间规定及待遇

在用工时间方面，国际劳工组织和各国对非全日制用工的工作时间的规定不尽相同，但国际上通常以工作时间的长短作为界定非全日制用工的标准。我国《劳动合同法》规定非全日制用工的劳动者在同一单位平均每日工作时间不超过 4 小时，每周工作时间累计不超过 24 小时。原劳动部 2003 年颁布的《关于非全日制用工若干问题的意见》中将非全日制用工界定为"在同一用人单位平均每日工作时间不超过 5 小时累计每周工作时间不超过 30 小时的用工形式"。

在酬劳给付方面，非全日制用工的工资形式以小时计酬为主要标准。根据《劳动合同法》第 72 条第 1 款的规定，非全日制用工的小时工资不低于用工地所在政府规定的非全日制用工最低小时工资要求，其小时工资通常要高于全日制小时工资，且工资支付周期最长不超过 15 天。在正常工作时间范围内，非全日制用工时间超过了 24 小时间的总额或者 1 天的工作时间超过了 4 小时的，不算加班，无须支付加班工资。但是，非全日制用工被安排在法定节假日工作时，用人单位应当按双方约定小时工资标准的 300% 支付加班工资。

在缴纳社会保险方面，非全日制用工的劳动者可以与多家用人单位形成非全日制用工的劳动关系，用人单位负责为劳动者缴纳工伤保险费，但不负责为劳动者购买养老保险和医疗保险。原劳动部《关于非全日制用工若干问题的意见》文件的第 3 条规定："用人单位应当按照国家有关规定为建立劳动关系的非全日制劳动者缴纳工伤保险费。从事非全日制工作的劳动者发生工伤，依法享受工伤保险待遇；被鉴定为伤残 5~10 级的，经劳动者与用人单位协商一致，可以一次性结算伤残待遇及有关费用。"该文件第 2 条第八项规定，确定和调整小时最低工资标准应当综合参考以下因素：当地政府颁布的月最低工资标准；单位应缴纳的基本养老保险费和基本医疗保险费（当地政府颁布的月最低工资标准未包含个人缴纳社会保险费因素的，还应考虑个人应缴纳的社会保险费）；非全日制劳动者在工作稳定性、劳动条件和劳动强度、福利等方面与全日制就业人员之间的差异。

（二）非全日制用工的合同管理

非全日制用工中，用人单位与劳动者对于用工的有关事项可以进行口头约定，但是用人单位最好签订书面非全日制用工劳动合同，以避免产生争议时用人单位承担不能举证的责任。同时，非全日制用工劳动合同中应当包括工作时间和期限、工作内容、劳动报酬、劳动保护和劳动条件五项必备条款，但不得约定试用期。在解约方面，根据《劳动合同法》第71条规定："非全日制用工双方当事人任何一方都可以随时通知对方终止用工。终止用工，用人单位不向劳动者支付经济补偿。"非全日制用工的双方享有自由解约权，可以随时通知对方解除非全日制用工劳动关系，用人单位不必支付经济补偿金。这里值得一提的是，一般情况下用人单位解除劳动合同时不需要支付经济补偿金，但在有的情况下，用人单位是需要支付经济补偿金的。如《劳动合同法》第46条及对于非全日制用工部分的规定中就指出，除了适用非全日制用工部分的特殊规定不需支付经济补偿金外，出现克扣、拖欠工资等法定情形，用人单位必须依法支付经济补偿金。

（三）非全日制用工中的工作规章制度

用人单位通过民主程序制定的规章制度既适用于全日制用工的劳动者，也适用于非全日制用工的劳动者。非全日制用工的劳动者应当按照用人单位规章制度的要求来进行考勤，给用人单位造成损失的，应按照规章制度进行赔偿。一旦造成损失，用人单位可以根据规章制度的规定或者劳动合同中的约定扣除劳动者一定比例的工资，这个比例不应高于工资的20%。当非全日制用工发生争议的时候，争议的处理方法与一般的劳动合同关系争议处理方法一致。

第三节　弹性工作制

信息化时代的来临，现代社会工作方式的快速变化和生活节奏的加快，使得传统的朝九晚五的工作方式受到挑战，一种更灵活的工作方式，即弹性工作制应运而生。这是一种被视为来自于人力资源激励理论在实践中的应用而得出的新兴的、更适合时代发展的工作方式，它被看做是人力资源管理研究领域里的一大创新。有数据表明，在欧美，超过40%的大公司采用了"弹性工作制"，其中包括惠普公司等著名的大公司；在日本，三菱电机等大型企业也都不同程度地对弹性工作制进行尝试；而在我国，近年来也涌现出越来越多试行该工作制度的工厂和企业。

一、弹性工作制的概念和分类

弹性工作制也称不定时工作制,是指在完成规定的工作任务或固定的工作时间长度的前提下,员工可以灵活自主地安排工作的具体时间的制度。目前,弹性工作制主要有三种形式:一是核心时间与弹性时间结合制。在这种形式下,1天的工作时间由核心工作时间和环绕两端的弹性工作时间所组成。核心工作时间是指每天某几个小时的时间段中所有员工必须到场上班的时间,弹性时间是指员工可以自由选定上下班时间的那部分时间段。例如,一些公司规定每天工作时间为8小时,减去1小时的午餐休息时间,核心工作时间可以由上午9时到下午3时,而办公室实际开放时间为上午6时到下午6时。在核心工作时间内,要求所有员工都来到工作岗位;但在这个核心区段前后的弹性时间内,员工可以任选其中的3个小时工作。Sony公司就是这种核心工作时间的代表之一。它规定早上9点准时上班,员工如果早上8点半来上班,则下午就可以4点半下班;如果员工因故来晚了,9点半才上班,则员工会自觉延长下班时间,到5点半的时候才离开公司。这样的制度使得员工在1天的工作中至少有一段核心工作时间来保证工作任务的完成。二是成果中心制,即公司对职工的劳动只考核其成果,不规定具体时间,只要在所要求的期限内按质量完成任务就付给薪酬。如进入世界500强排名的IBM公司就允许其负责销售与售前服务的多名员工在完成当天任务的情况下自由选择上班时间。在见客户的那一天,员工可以不去公司,自主安排约见客户的时间,不需要到公司打卡上班。三是紧缩工作时间制,即员工可以将1个星期内的工作压缩在两三天完成,剩余时间由自己安排。如微软公司要求的是工作的完成,而不是工作时间的长短,员工可自由选择1天中上班的时间段和1周上班的天数。

二、实行弹性工作制的优点及限制

实行弹性工作制,能有效激励员工。这主要是因为弹性工作制让员工能自己管理上班时间,适度的工作弹性使可以员工灵活地处理个人生活和工作间的关系,更好地安排家庭生活和业余爱好,赢得更多可自由支配的时间。比如在很多国家,弹性工作制就是为了妇女能在工作之余照顾家庭而实施的。弹性工作制可避免因上下班时间统一而造成的交通拥挤,员工可以按照自己的方式和节奏进行工作,免除了因担心迟到或缺勤所造成的紧张感。另外,由于员工感到个人的权益得到了尊重,满足了社交和尊重等高层次的需要,因而会产生更高的责任感,提高了员工的工作满意度和士气。实践证明,弹性工作制很受员工的欢迎。目前,各国在推行弹性工作制上有着便利的环境。随着网络和智能手机等信息技术的高速发展,对于工作人员来说,时间和空间的限制已经逐渐消除,所有员工在同一个时间和地点一起工作已经不再是效率最高的工作方式。

尽管弹性工作制有诸多好处,但若要实施,也有一些条件限制。第一,弹性工作制的推行与各国劳动政策的制定思路有关。在很多国家,弹性工作制主要是为女性制定的,只有在荷兰等少数国家,男性、女性均可采用弹性工作制。因此,推行弹性工作制应与国家政策导向相符合。第二,弹性工作制要求企业必须有能力进行良好的员工工作绩效考核——无法精确地进行考核绩效,弹性工作制就会成为降低企业工作效率的负担。为保证考核的有效性,企业需具有较严密的管理规章制度,并确保各个轮班时间段有监督人员在场,以避免工作轮班时发生混乱,同时便于管理人员进行计划和控制。第三,除了严格的规章制度外,企业能否建立起自律、务实的企业文化也限制着弹性工作制的实行。在弹性工作制度下,如果企业未能建立起足够先进的企业文化去影响、约束员工的行为,往往会出现员工乃至主管对规范认识不清楚的现象,容易形成部门之间产生过大的管理差异。弹性工作制不是仅指员工可以随意上下班,更重要的是使员工高效率地完成规定的上班时间或工作量。"弹性"不是无限制的。第四,弹性工作制的推行需针对具体的岗位,且要求企业的生产工艺流程和技术规范应达到标准化,以允许该岗位实行弹性工作制。一些具有时间安排灵活性的岗位,如售前服务等岗位,是可以采用弹性工作制的。但弹性工作制在适用对象上有一定特殊性,并非所有劳动者都适用。比如处于监督管理岗位的员工,需全程在工作岗位上工作而不能随意安排工作时间,否则会使工作由于缺乏必要监督而影响到公司的整体工作进度。第五,企业的员工素质需达到一定水平,且均需认可弹性工作制的实施。比如各级企业管理人员,尤其是基层管理人员需具有较高的管理水平;企业普通员工也需对这一制度有足够的认识、理解与支持。由于每个员工在不同的时间段远程办公,通过电子、网络进行远程交流有其弊端(比如,缺乏面对面沟通时所反映出的态度、表情和语气,不便于主管进行管理决策),这就要求采取弹性工作制的企业员工之间建立畅通高效的沟通渠道。同时,弹性工作制也需要员工对各自工作职责的划分和工作目标的界定更加明确。因此,推行弹性工作制时,要求企业员工在沟通、负责任等方面有较高的素质。除了运用电话及网络等方式,要很好地推行弹性工作制,需要主管定期召开会议与员工探讨近期的工作任务与工作心得,了解彼此的工作进度及思想状态,避免员工之间出现认知上的落差。如果不满足以上五个条件就盲目推行弹性工作制,势必造成工作中不必要的混乱,导致工作效率低下。特别是在目前的中国国情下,有一些行业还不适合推行弹性工作制。比如，在我国目前以传统制造行业为主的企业中，其生产、装配等流水线上的工作人员是不能采用弹性工作制的——车间小组的工作人员如果不能保证各自按时上班，会导致小组的工作进度放缓。又如，我国机关政府等传统企事业单位的工作人员也不适合采用弹性工作制。虽然韩国在2010年5月对28个机关的1 425名公务员试行了为期2个月的弹性工作制度，但这种制度在各国的公务员岗位上还只是处于尝试摸索阶段，并无成熟可靠的经验可供借鉴。另外，我国国内大多数企业管理者的管理素质还有待提高，还未真正做到"以人为本"并关怀员工兼顾个人与家庭的需要，企业普通员工的诚信意识还有待进一步加强。因此，要在我国全面推行弹性工作制，阻力仍然不小。

三、关于弹性工作制的法律规定

我国法律规定弹性工作制的适用对象具有特殊性，并非所有劳动者都能采取弹性工作制。原劳动部《关于企业实行不定时工作制和综合计算工时工作制的审批办法》规定，企业对符合下列条件之一的职工，可以实行不定时工作制：(1) 企业中的高级管理人员、外勤人员、推销人员、部分值班人员和其他因工作无法按标准工作时间衡量的职工；(2) 企业中的长途运输人员、出租汽车司机和铁路、港口、仓库的部分装卸人员以及因工作性质特殊，需机动作业的职工；(3) 其他因生产特点、工作特殊需要或职责范围的关系，适合实行不定时工作制的职工。法律也规定了实行弹性工作制的条件。《劳动法》第39条规定："企业因生产特点不能实行'劳动者每日工作时间不超过8小时、平均每周工作时间不超过40小时的工时制度'规定的，经劳动行政部门批准，可以实行其他工作和休息办法。"这条规定中"其他工作和休息办法"，就包括弹性工作制。

在弹性工作制的劳动法律纠纷中，最常见的是加班费问题的争议。雇主常常以工作时间的不确定性来排除自己对于加班费用的给付义务。对此，我国的法律也作出了规定，要求企业实行弹性工时制必须报劳动部门审批。原劳动部《关于企业实行不定时工作制和综合计算工时工作制的审批办法》规定："中央直属企业实行不定时工作制和综合计算工时工作制等其他工作和休息办法的，经国务院行业主管部门审核，报国务院劳动行政部门批准。地方企业实行不定时工作制和综合计算工时工作制等其他工作和休息办法的审批办法，由各省、自治区、直辖市人民政府劳动行政部门制定，报国务院劳动行政部门备案。"经过批准实行不定时工作制的，职工工作时间不固定，无法按标准工作时间来计算，因此，不受标准工作时间（每天8小时）的限制，超过8小时的工作不视为延长工作时间，不算加班加点。根据原劳动部《工资支付暂行规定》第 13 条的规定，实行不定时工作制的劳动者，不适用延长工作时间发放加班工资的规定。但是，一旦企业实行弹性工作制时没有报劳动部门审批，企业可能要承担按标准工时制给员工支付加班费用的责任。值得一提的是，企业应对实行弹性工作制的员工支付法定休假节日加班费。劳动部门虽然批准了企业实施弹性工作制，但是也要求实行弹性工作制的企业对在法定休假节日工作的员工支付加班费。对法定休假节日加班费的支付标准，各地法规规定不一。如《深圳市员工工资支付条例》第 20 条规定："用人单位安排实行不定时工作制的员工在法定休假节日工作的，按照不低于员工本人标准工资或者计件工资的 300% 支付员工加班工资。"在非节假日，实施弹性工作制的单位，在工时及加班费的计算方式上也可能引起争议。一位实行弹性工作制的员工当月的纯粹工作时间是 181 小时，比当月标准工作时间 180 小时高出 1 个小时，那么，公司就应支付他 1 天加班工资。但是，这种情况下对于工作时间的计算十分困难，对工作时间的确认往往是企业与劳动者在加班费纠纷问题上争议的焦点。目前，我国法律对于弹性工作制推行中非节假日的加班费问题的规定还比较欠缺。

第六章　集体谈判与集体合同制度

第一节　集体谈判和集体合同制度概述

随着集体劳动关系的发展，各国纷纷用法律形式确立了"劳动者享有集体谈判权"的原则。在严格的规章制度下，劳方可以通过劳方代表与资方或资方代表就劳动和就业条件等进行协商谈判，进而达成并签订集体合同。经过两个多世纪的发展，集体谈判和集体合同制度已经成为调整集体劳动关系的重要手段和机制。

一、集体谈判

（一）集体谈判的含义及特征

"集体谈判"一词由英国学者西德尼·韦伯和阿特丽斯·韦伯首先提出并开始使用。[1] 现在，集体谈判已经成为签订集体合同的必经程序。对这一属于集体劳动关系调整范畴的专门术语，学者们从不同的角度对其进行了表述。赵履宽在《劳动经济学》一书中将集体谈判定义为："管理方与雇员群体通过谈判和签订协议，确定工作条件诸内容的过程。"[2] 国际劳工组织《关于促进集体谈判的公约》指出，集体谈判是单个雇主、雇主群体或组织同单个或若干工人组织之间签订有关劳动条件和其他劳动问题的各项协议的过程。尽管这些表述在谈判主体、谈判内容等方面存在着一定的认识差异，但在对集体谈判主要含义的把握方面则没有本质区别，基本上是一致的。

从世界范围来看，集体谈判具有如下特征：

第一，集体谈判的认识基础是：集体劳动关系发生问题时，当事的劳资双方尽

---

[1] 程延园. 简述集体谈判在我国的发展与完善. 工会博览，2006（3）：13
[2] 赵履宽. 劳动经济学. 北京：中国劳动社会保障出版社，1999. 254

管在权益分配等方面存在冲突，但"进行生产，实现利润"的基本共同利益依然存在。因此，劳资双方是可以通过有诚意的磋商和谈判来调整相互间的关系和解决相互间的矛盾的。

第二，集体谈判的行动目标仍以改善集体劳动条件和调整集体劳动关系为主。尽管实践中集体谈判的对象内容一直在不断扩展，但改善劳动报酬、职业安全状况以及处置集体劳动争议等议题仍然是集体谈判的主要内容。

第三，政府不是集体谈判的直接主体，但当集体谈判的双方不能达成一致，或者谈判结果影响到公共利益时，政府往往会介入，并实施干预。

第四，集体谈判是有法律规制的谈判。一般来看，各国通常会依据本国情况，采用不同级别和形式的法律对集体谈判的主体、内容、程序、执行和监督等进行规范。这使集体谈判更具有规范性和权威性。

（二）集体谈判的发展历史

集体谈判最早出现在 18 世纪末。最早的集体谈判是 1799 年美国费城的制鞋业工人为维护其合理的经济利益与雇主就劳动标准问题进行的集体谈判。后来，费城和纽约等城市的印刷等行业的工人也开始了这种谈判。虽然当时谈判的内容比较简单，这种行为却开启了集体谈判的先河。[1]

19 世纪初，英国某些行业由雇主协会和工会共同成立了专门机构来处置劳资争议的相关事宜。这些行为和过程形成了早期集体谈判的雏形。[2] 此后，一系列法案、法律的颁布引领着集体谈判逐渐进入到法律规制的新阶段。这一时期著名的法案、法律有美国《诺里斯-拉瓜迪亚法案》（1930 年）、《国家劳资关系法案》（1935 年）、《公平劳动标准法》（1938 年）和《美国劳工管理关系法》（1947 年）等。这些法律性文件对集体谈判的主体、内容、程序等作了详细规定，并确认了集体合同的法律效力。由此，集体谈判逐渐发展为一种规范的制度模式。[3]

（三）集体谈判的框架

1. **集体谈判的主体**

集体谈判是劳资双方为处理集体劳动关系而采用的一种手段，因此谈判的直接主体有两个，分别是劳方主体和资方主体。

---

[1] 张喜亮. 集体合同制度的产生与发展. http://www.fwsou.com/falvlunwen/7/20070322/50982html, 2008

[2] 余云霞. 英国的集体谈判. 工会理论与实践（中国工运学院学报），1996（1）：55

[3] 赵炜. 美国的集体谈判. 工会理论与实践（中国工运学院学报），1996（4）：70

(1) 集体谈判的劳方主体

关于集体谈判的劳方主体，大致有代理说、团体说和并合说三种观点。代理说认为：工会只是接受了劳动者群体的委托，作为劳方主体的代理人参与集体谈判和签订集体合同，劳动者才是集体合同的当事人。团体说认为：工会是以自己的名义、能力和投入参与集体谈判的，因此工会本身就是集体合同的主体。并合说则认为：集体合同以工会本身之名义，同时也以所属会员群体之名义订立和约，所以工会与会员都为当事人主体。基于上述观点，我国劳动法学界也分别有工会主体说、劳动者主体说、劳动者和工会共同主体说三派观点。工会主体说的观点是：我国劳动法将集体合同确定为规范性合同，集体合同的当事人就只应当是工会组织，劳动者是集体合同的关系人。劳动者主体说认为：集体合同的主体是"职工一方"而不是工会，工会只是职工代表的角色。劳动者和工会共同主体说认为：集体谈判的劳方主体应该是由劳动者与工会组成的不可分割的主体，其中劳动者群体是意志主体，工会是形式主体。

(2) 集体谈判的资方主体

根据集体谈判级别的不同，分别有雇主和雇主组织两类资方谈判主体。雇主主要在企业级集体谈判中担当资方谈判主体；而雇主组织则主要在行业或地方一级集体谈判中担任谈判主体。

简而言之，我们认为集体谈判存在着两类主体，即集体利益主体和谈判执行主体。这两个主体有时统一于一体，有时则分别由不同的实际主体担当。在集体谈判中，各类主体在享有各自权益的同时也要承担相应的责任。集体利益的所有成员都可以通过一定的组织程序，把自己的利益要求集中地反映出来，组成或推选共同认可的机构或代表来实际参与谈判过程。

2. **集体谈判的内容**

集体谈判的内容非常广泛。在宏观层面，集体谈判的内容可能会涉及国家宏观政策和一些全局性的利益调整。比如，为提高整个产业工人的工资率而展开国家级谈判。在中观层面，集体谈判可能会触及行业性、地区性政策和利益格局。例如，为能否在金融行业实行员工持股计划而展开行业级谈判。在微观层面，企业级集体谈判主要围绕着工资、工时、休息休假、劳动安全卫生、保险福利等内容展开。

3. **集体谈判的结构**

在集体谈判过程，劳资双方代表以不同的组织形态来进行谈判会构成不同的集体谈判结构。集体谈判的结构受产业结构、劳动力市场结构、工会的组织形态、雇主或雇主团体的性质与交涉态度以及政府的劳动政策等多种因素的影响，因此具有复杂性和多样性。

在市场经济国家,集体谈判的结构通常分为两种,即"正式"和"非正式"的谈判结构。正式谈判结构指为集体谈判的目的而设置,受到集体合同覆盖的实际的谈判单位(参见表6—1)。非正式谈判结构体现的是正式谈判单位之间的相互关系。通常情况下,不同的集体谈判之间会相互牵连、相互影响。特别是在同一个雇主面对多个谈判,达成多项集体合同时,非正式的谈判结构表现得会更明显(参见表6—2)。[①] 此外,按照谈判级别分类,分别有国家级、行业或地方级和企业级三类集体谈判。按照谈判聚集度分类,分别有集中性集体谈判和分散性集体谈判。

表6—1　　　　　　　　　　集体谈判的正式结构

谈判结构名称	谈判主体的组织形式	举例
单雇主—多机构—单工会	一个雇主对一个工会(工会会员可能分布在几个机构)	某汽车公司与某地区汽车工人工会进行谈判
单雇主—单机构—单工会	一个雇主对一个工会(雇主与工会同属一个组织)	某大学与该大学的教师工会进行谈判
单雇主—多机构—多工会	一个雇主对多个工会(工会会员可能分布在几个机构,分属几个工会)	某铁路行业协会与分布于各地、代表各工种的工会进行谈判
单雇主—单机构—多工会	一个雇主对多个工会(雇主与工会同属一个组织,但该组织中存在多个工会)	某个雇主先与本组织中的工会1和工会2谈判,然后工会1和工会2再联合起来与雇主谈判,达成一个协议
多雇主—多机构—多工会	多个雇主对多个工会	某地区所有建筑业雇主协会与该地区各工种工会谈判
多雇主—多机构—单工会	多个雇主对单个工会	某地区所有医院组成一个雇主协会与该地区的护士工会进行谈判

表6—2　　　　　　　　　　集体谈判的非正式结构

谈判结构类型	描述
示范性谈判	谈判主体A首先选择与最可能与自己达成最惠协议的谈判对象B进行谈判,达成协议后再以此协议为最低谈判条件同其他谈判对象谈判
协调性谈判	谈判主体A与谈判对象B、C、D等几乎同时展开谈判,第一个协议达成后,A与其他几个谈判对象达成的协议在基本内容、基本条件上都与第一个协议相仿

---

① 吴晓巍. 企业劳动关系管理. 大连:东北财经大学出版社,2009. 245~247

4. 集体谈判的过程

从理论上看，集体谈判是一个多回合的博弈过程（见图6—1）。劳资双方就集体劳动关系事宜进行反复沟通，逐渐调整各自的诉求目标，如能最终达成一致，则签订集体协约。反之，引入第三方进行调解或仲裁，成功则签订集体协约；否则谈判破裂。在集体谈判的各个时期，劳资双方都可以通过实施"压力行动"来对谈判施加影响。劳资双方各自极端的压力行动分别为罢工和闭厂。压力行动通常会迫使谈判双方回到谈判桌。如果集体谈判的过程或结果损害了公众利益，政府可能会介入，干预集体谈判。

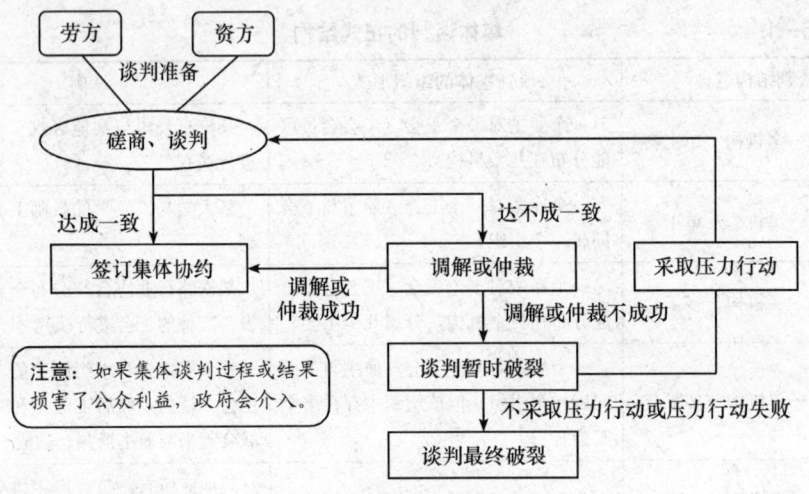

图6—1 集体谈判的过程

5. 集体谈判的程序

各国一般通过法律形式对集体谈判的过程予以规范。集体谈判的程序包括：

（1）谈判准备

一般来说，谈判准备是谈判双方的自发行动。集体谈判双方所进行的各项准备工作包括：确定谈判代表，拟订谈判方案，预约谈判内容、日期和地点，指定谈判记录员等。按照惯例，在集体谈判制度完善的国家，谈判各方还要做很多市场调研和信息收集工作。一旦信息齐备，双方可以将信息公开，依据这些信息来解释各自要求的合理性。当然，在收集信息后并不一定展开公开辩论，有时是直接进行谈判。在有的国家，如美国，谈判准备工作还必须包括对工会、雇主组织作为谈判相对人的资格的承认。① 我国在 2003 年通过的新《集体合同规定》中规定：谈判代表在集体协商前"应熟悉与集体协商内容有关的法律、法规、规章和制度；了解与集体协商内容有关的情况和资料，收集用人单位和职工对协商意向所持的意见"等等。

(2) 谈判

集体谈判是劳资双方依据的各自实力，运用智慧和策略实现各自诉求的过程。工会代表劳动者通过集体谈判将劳动合同中涉及的工资、工作时间、休息休假、解雇保护、雇佣规则等内容规定在集体合同中，从而矫正单个劳动者与雇主在劳动合同中的不平等地位。如果谈判顺利，双方会签署集体合同；如果谈判双方很难达成妥协，则会有不同的应对手段。例如，在德国，一旦谈判双方发现难以达成合意，则开始调解和仲裁。若仲裁失败，则工会信守和平的义务结束，可以组织象征性的罢工，以向资方施加压力。若仍无法达成和解，可诉诸法律，以司法作为最终解决手段，但劳资双方都不允许政府介入。② 而在法国，集体谈判根据集体合同的类型可以或必须在三方性委员会内进行。也就是说，谈判的参与者除了劳资双方代表，还包括劳动事务部长。劳动事务部长拥有一系列程序上的权利，在听取国家谈判委员会的意见后对一些实体事实还拥有最终决定权。若劳资双方发生争议，由劳动部长负责协调；在争议不可调和时，可经国家谈判委员会同意后作出裁定。我国对于集体谈判中所产生的争议，主要通过行政手段解决。新《集体合同规定》中明确指出：对于不能协商解决的争议，当事人单方或双方可以向劳动保障行政部门提出协调处理申请；未提出申请但劳动保障行政部门认为有必要的，可以主动介入进行协调处理。

集体谈判过程通常包括接触、磋商、敲定和扫尾四个阶段。谈判的结果通常受谈判双方力量对比、谈判技巧、利益与价值观、期望值等因素的影响。

(四) 集体谈判与不当劳动行为

不当劳动行为，又称为不公正劳动行为或不公正劳工措施，其含义最初是指雇主凭借其经济上的优势地位，以违反劳动法律原则的手段对抗工会的措施或行为。但在一些国家，不当劳动行为的主体不仅包括资方，也包括劳方。比如在美国，不当劳动行为的内容还包括工会在劳资关系中以不合法手段来对抗雇主的措施或行为。1935 年美国的《国家劳资关系法案》率先对不当劳动行为作出了限制。此后，

---

① 王益英. 外国劳动法和社会保障法. 北京：中国人民大学出版社，2001. 108
② 王益英. 外国劳动法和社会保障法. 北京：中国人民大学出版社，2001. 112

日本、加拿大等国也在其劳动关系立法中对不当劳动行为作出了具体规定。

1. **雇主的不当劳动行为**

各国对不当劳动行为的法律规制主要针对的是雇主的不当劳动行为。雇主的不当劳动行为主要表现为：

(1) 差别待遇（又称不利待遇）

差别待遇是指雇主以其有利的经济地位和权力，通过干涉、限制或施压等手段妨碍劳动者行使团结权，阻止工会的成立与活动的行为。《国际劳工公约》对差别待遇的界定为："由于工人加入了工会或者在业余时间或经雇主许可在工作时间参加了工会活动而将其解雇，或以其他手段予以打击。"① 差别待遇的主要形式包括：第一，经济上的差别待遇，包括解雇、停职、调动、减薪、降职、停止升迁等；第二，精神上的差别待遇，主要是指雇主在工作过程中给予工作原因之外的精神压力或负担；第三，工会活动上的差别待遇，主要是指虽然不影响个人的利益，但却影响工会活动的行为，如以平调甚至提升工会干部的职务来影响和干扰工会活动的行为等。

(2) 黄犬契约

黄犬契约指雇主以不参加或退出工会为条件与劳动者签订的雇佣合同。这种契约肇始且盛行于19世纪20年代的英美诸国。黄犬契约的特点是以劳动合同为手段预先防止劳动者加入工会。

(3) 拒绝集体谈判

拒绝谈判主要表现为雇主对于集体谈判的不作为。对此，日本法律明确规定："雇主无正当理由拒绝同所雇的劳动者代表进行集体谈判"为不当劳动行为。② 在日本，雇主方面负有"回应谈判义务"和"诚实谈判义务"。前者是指在工会提出集体谈判的请求时，雇主没有正当理由不得拒绝；后者是指雇主不得借故刁难、妨碍或中止谈判。

(4) 控制干涉工会（支配介入工会）

控制干涉工会指雇主试图将自己的权力或意图直接作用于工会内部，以改变工会性质或活动方向的不当劳动行为。这是最为恶劣的雇主不当劳动行为。雇主控制干涉工会的行为主要有三种模式：第一，对工会的成立控制干涉。这种模式下的雇主先是阻挠工会的成立，阻挠不成，便公开或暗中指派自己的亲信出面组织所谓的

---

① 国际劳工组织. 组织权利和集体谈判权利原则的实施公约. 国际劳工公约和建议书. 1994：164
② 常凯. 劳权论. 北京：中国劳动社会保障出版社，2004. 256

"御用工会"或"老板工会"。第二，对工会的活动控制干涉。如操纵工会的选举或人事安排；干涉工会的活动内容等。第三，对工会的财政进行介入。主要表现为雇主通过对工会给予经费或其他物质的支持达到控制工会的目的。各国法律一般会对在何种情况下工会可以接受雇主的经济支持进行规定。

2. **工会的不当劳动行为**

工会对于雇主的不当劳动行为主要表现为：强迫雇主加入某个劳工组织或雇主组织；强迫雇主承认某个劳工组织为职工代表或同其谈判；强迫雇主将特定的工作交给特定的劳工组织的成员等。

工会对于劳动者的不当劳动行为有：集体谈判时，通过限制或施压等手段对参与谈判的工会代表进行控制或干涉；拒绝代表劳方同雇主进行集体谈判；造成或企图造成雇主以黄犬契约来对职工进行歧视等。

工会在接受雇主支持方面的不当劳动行为有：劳工组织或其负责人等请求、要求、收取或接受雇主或雇主组织或按雇主利益行事的任何人的任何款项、贷款或赠款等。

工会还有其他不当劳动行为，如劳工组织为政治席位选举而捐款或开支等。

工会违反集体谈判义务应承担法律责任。工会承担此项责任有两种模式：一是前苏联模式。此模式下的工会违反集体谈判义务后不承担物质责任，只对上级工会承担纪律责任，对劳动者承担道义责任。这种模式主要存在于前苏联、我国和部分东欧国家。二是市场经济国家模式。此模式下的工会违反了集体谈判义务，如果给劳动者或企业造成经济损失的，应与企业一样承担物质责任。例如，《法国劳动法典》规定："有资格指控和受控以及受集体劳动协议约束的各个团体，均可以自己的名义对那些受集体劳动协议约束又未履行集体劳动协议所规定义务的团体及其成员或个人进行起诉，以要求其赔偿损失。"[①] 借鉴市场经济国家模式，我国新《工会法》在工会工作人员违反集体谈判义务时，除了规定其要承担行政责任、对错误予以纠正、解除职务和刑事责任外，还增加了经济赔偿责任。

3. **不当劳动行为的救济**

在市场经济国家，法律规定的不当劳动行为的救济措施主要有行政救济和司法救济。日本不当劳动行为救济以行政救济为主，司法救济为次。行政救济机构为准司法性质的劳动委员会。该委员会由雇主、劳动者和公益三方的代表组成，其职权主要为：劳动争议的斡旋、调停、仲裁和不当劳动行为的审查、救济。日本不当劳

---

① 王益英. 外国劳动法和社会保障法. 北京：中国人民大学出版社, 2001. 226

动行为的行政救济程序分为初审和再审两个阶段。① 日本不当劳动行为的行政救济将不当劳动行为的审查与劳动争议的处理结合起来，不仅判断劳资关系以往的是非，而且致力于促进劳动关系未来的发展。美国不当劳动行为救济则以司法救济为主，行政救济为次。美国不当劳动行为行政救济机关为联邦仲裁与调解局。其职责为：通过调节与仲裁解决纠纷；在该局的提议或在纠纷当事人的要求下进行干预；调节失败后采用其他方法解决等。②

二、集体合同制度

（一）集体合同的概念与特征

集体合同，又称团体协约、集体协约或劳资合约。国际劳工组织《集体合同建议书》规定："以一个雇主或一群雇主，或者一个或几个雇主组织为一方，一个或几个有代表性的工人组织为另一方，如果没有这样的工人组织，则根据国家法律和法规由工人正式选举并授权的代表为另一方，上述各方之间缔结的关于劳动条件和就业条件的一切书面协议，称为集体合同。"中国原劳动和社会保障部颁布的《集体合同规定》将集体合同界定为：企业和实行企业化管理的事业单位与本单位职工根据法律、法规、规章的规定，就劳动报酬、工作时间、休息休假、劳动安全卫生、职业培训、保险福利等事项，通过集体协商签订的书面协议。我国一些劳动法学教材将集体合同定义为：企业、事业单位和工会组织（或职工代表）之间就各项具体劳动标准及职工的权利和义务经协商一致而缔结的协议。比较后可以发现，我国理论界、政策界仅将企业级集体合同认定为界定范畴，对于集体合同的界定存在着较大的局限。

集体合同作为一种稳定的、协调劳动关系的法律制度，与其他调整劳动关系的制度相比，具有下述特征：一是主体的特定性。集体合同的当事人是特定的，分别为劳方及劳方代表和资方或资方代表。当事人在权利方面平等、对应，从而构成双方签订集体合同的利益基础和法律基础。二是内容的特定性。集体合同的核心内容是资方提供给劳方的集体劳动条件，主要包括劳动报酬、工作时间、保险福利、安全卫生、集体劳动争议处理等，在实践中，可能还包括职工参与和法律没有明确规定的其他内容。三是义务的不对等性。集体合同通常规定资方对劳方应承担的义

---

① 《日本劳动委员会规则》第五章《小六法》. 劳动旬报社，1995. 1391～1393
② 《美国国家劳资关系法》第八条 A 款（2）项. 见：外国工会法选编. 北京：经济管理出版社，1997. 154

务，对劳方的义务不作规定或规定得很少，以此来纠正劳动者个人由于在劳动关系中的弱势而遭受的权利侵损。四是以集体谈判为前提。集体合同必须经过集体谈判过程才可以达成。由于集体合同涉及劳方群体的共同利益，影响面和重要性超出一般劳动合同，因此必须通过规范化、制度化的集体谈判才能保证其合法性、严谨性和权威性。通过集体谈判方式签订集体合同已经成为国际上通行的做法。五是被监管性。由于集体合同的特殊重要性，各国政府都对集体合同进行严格监管。大多数国家的法律规定，集体合同必须向政府部门登记备案方可生效。

（二）集体合同制度的概念和内涵

集体合同制度是指由劳方代表与资方或资方代表就集体劳动条件、集体劳动关系等事项经过协商或谈判，达成一致并订立书面协议的一项基本制度。它是现代社会协调集体劳动关系的重要法律机制。集体合同制度包含以下内涵：

第一，集体谈判权是集体合同制度的基石。集体谈判权是国际公认的基本的集体劳权之一。集体合同制度的实施是集体谈判权的具体化和落实。

第二，集体谈判是集体合同制度必不可少的程序。集体谈判是签订或变更集体合同的前提性条件，没有集体谈判就没有集体合同。

第三，集体合同往往被赋予劳动基准法的效能。各国法律一般规定，劳动合同中的相关约定不得低于集体合同中赋予劳动者的劳动条件和待遇水平。集体合同中的相关劳动标准实际上成为劳动者的最低劳动标准。可以说，集体合同既弥补了劳动立法中的不足之处，又在一定范围内对劳动合同起到了干预或修正作用。

（三）集体合同制度的历史发展

集体合同制度形成于19世纪初中叶，而现代意义上的集体合同制度则是在20世纪中叶得以完善的。

从世界范围看，集体合同经历了禁止、承认和支持的历程。在集体合同产生之初，政府多采取禁止态度，具体表现为通过制定禁止结社法将工会进行集体谈判和签订集体合同的行为视为违法。政府的这种做法不但没起到什么作用，反而成为更为激烈的劳工运动的导火索。在现实面前，承认工人结社和集体谈判权利逐渐成为各国政府新的立法取向。1871年，英国《工会法》首次承认工会有代表职工与雇主谈判并签订集体合同的权利。1904年，新西兰颁布了最早的集体合同法律。1907年，奥地利和荷兰也相继制订了有关集体合同的法律制度。这些构成历史上最早的集体合同立法。此后，其他重要的资本主义国家也相继颁布法律，最终使集体合同制度化。例如，德国在1918年颁布了《集体合同、劳工及使用人委员会和劳动争议仲裁》，1921年又颁布了《集体合同法》；1919年，法国将集体合同特别法纳入到劳动法典当中；美国1935年颁发的《国家劳资关系法案》也对集体合同的内容作了专门的规定。社会主义国家的集体合同制度始于俄国苏维埃政府于1918年颁布的集体合同法令，1922年《苏俄劳动法典》对集体合同作出了专章规定。此后，东欧国家参照苏联经验也开始在企业内部实行集体合同制度。[1]

国际劳工组织有关集体谈判的公约与建议书对集体合同制度在世界各国的普遍实行发挥了积极的推动作用。它们包括：《组织权利和集体谈判权利公约》98号公约、《关于企业职工代表》135号公约、《关于集体谈判活动》154号公约、《关于雇主动议下的终止劳动关系问题》158号公约、《集体协议建议书》91号建议书等。

（四）集体合同制度的理论学说

随着集体合同的产生和发展，有关集体合同制度的理论也随之产生和发展。历史上先后出现过斗争说、改善说、功能说、无用说、抗衡说、管理说、组织和股东说等多种理论。[2]

1. 集体合同斗争说

马克思和恩格斯是斗争说的提出者。他们认为：劳资关系是一种建立在生产资料私有制基础上的具有阶级斗争性质的关系，劳资双方主体之间存在着不可调和的阶级矛盾。工人们只有通过工会组织起来，运用集体谈判和罢工等手段斗争，才能减轻雇主对自己的剥削。

2. 集体合同改善说

韦布夫妇认为：阶级斗争可能，而且也应该通过雇主和雇员所拥有的交涉权力的均衡而得以解决。由于劳工地位劣于雇主，因此这种平衡是必要的。而通过集体交涉对个人交涉的取代便能达到此种平衡。

3. 集体合同功能说

康芒斯将工会看做工人们联合起来的一种特殊的力量，同时也将它看做一项经济制度。当工会作为一项经济制度的代表，就工资和有关雇佣问题与雇主进行谈判时，便可以将其界定为双边集体行为。该学说最终发展为工会功能和行为理论。

4. 集体合同无用说

新古典学派经济学家认为：工会或工会运动并不是劳动力市场所需要的，从长远来看，它们对就业条件和就业内容没有什么明显影响。工会运动或工会的垄断可

---

[1] 关怀. 略论集体合同制度. 法制与社会发展, 1996（2）：27
[2] 中国劳动网. 集体合同——历史演变、理论评述及利益共享理论提出. http://www.labournet.com.cn, 2008-08-15

以造成暂时的工资率上升，但是，个人生产能力借助于市场力量才是决定工资的基本因素。

5. 集体合同抗衡说

新制度学派经济学家认为：工人个人几乎没有什么力量与雇主进行抗衡，因此工人们需要联合起来形成某种机制，以抵制雇主的专横和某些不合理的行为。工人联合起来的基本方式是组建工会，开展工会化运动。抵制雇主的基本手段是与雇主进行集体谈判。

6. 集体合同管理说

人事管理学派认为：劳动关系双方都希望自己的企业赢利和兴旺发达，劳资双方在本质上不存在固有矛盾，因此，不主张雇员参加工会和以工会组织作为自己的代表进行集体谈判；而是强调要以企业人力资源开发和管理的加强以及企业人事管理制度的健全来代替工会的作用，进而在企业中建立一种新型劳资关系。

7. 集体合同股东说

新马克思学派认为：工人想得到真正公平、合理的利益，必须直接成为企业的所有者和管理者。因此有必要建立一种体制，在这种体制中，工人们也是生产资料的所有者，也能参加企业的有关决策和利润分成。他们认为，工人及其代表必须在政策决策一级有自己的代表席位。

上述学说的产生和发展，是对劳动关系理论的基础性和开创性的研究。现代的劳动法学者进一步完善和发展了集体合同理论。

（五）集体合同的构成

集体合同的构成主要指其条款的编撰模式。就世界范围看，各国的集体合同在条款构成上不尽一致。日本关于集体合同有三部分论和两部分论之分。三部分论认为集体合同包括规范事项、债务事项和制度事项三部分；两部分论认为其仅包括规范事项和债务事项两部分。其中，规范事项是指资方和每个工会会员之间发生规范效力的事项；债务事项是指资方和工会之间发生的债权和债务效力事项。德国学者 Alfred Hueck 认为集体合同包括三类效力不同的条款：一是可为劳动契约之内容、有物权效力的劳动规范；二是人与人之间的债权关系；三是关于集体合同本身的规定。美国的集体合同构成通常包括三个部分，即合同的序言、合同的正式条文部分、合同的结尾部分。我国一些学者认为，完整的集体合同应当由以下几类条款构成：一是标准性条款。它规定了单个劳动关系内容的标准，即单个劳动关系当事人双方的权利义务的标准，如劳动报酬、工作时间、劳动定额、休息休假、保险福利、劳动安全卫生等方面的标准。二是目标性条款。它规定在集体合同有效期内应当达到的目标和实现该目标的主要权利义务。通常适用于基层集体合同，在企业内部集体合同双方履行集体合同的权利义务。三是劳动关系运行条款。它规定集体合同的运行规则，主要规定集体合同的期限，以及关于集体合同的履行、解释、续订、变更、解除、终止，集体合同的协商程序、违约责任、争议处理等方面的规则。

（六）集体合同制度的框架

集体合同制度的框架内容如下：

第一，谈判代表与谈判结构。劳资双方应当相互承认对方代表的合法性和对各自主体的代表性。在发达的市场经济国家，其法律当中都有关于工会承认的规定，各国对谈判代表团的承认形式也不尽相同。根据谈判代表团的组成结构，集体谈判结构可以表现为集中谈判和分散谈判，这种谈判可以是国家级的谈判，也可以是地区和行业级或者是企业级谈判。

第二，集体谈判。签订集体合同必须要进行集体谈判。实际上，集体合同签订过程就是一个集体谈判的过程。集体谈判要求坚持平等协商原则。平等协商签订集体合同的法定程序，是集体合同质量的关键。能否在签约阶段遵循平等协商原则，也关系到集体合同能否得到履行。集体谈判还要求谈判只能在比现有法律法规和上级集体合同所规定的条件更有利，或至少是同等条件的基础上进行。集体谈判的结果不得突破法律中的一些限制条款。

第三，集体合同。集体合同必须是书面形式的。集体合同明确各方的权利和义务，其内容构成用人单位具体的劳动标准。

第四，集体合同的批准。为防止集体谈判代表任意签订不利于工会成员或雇主成员的合同，集体合同签订后，谈判双方还要履行合同批准程序。具体说来，在资方要经过雇主组织会员的投票批准；在劳方，企业级集体谈判一般要经过全体工会会员或者职工代表的投票批准，行业和产业级的谈判要经过其所属工会组织的批准。经过批准后，集体合同才能产生法律效力，反之，劳资双方需要进行重新谈判或诉诸产业行动（罢工或闭厂）。

第五，集体合同的履行、变更和终止。集体合同一旦生效，就具有法律效力，合同双方必须遵守执行。为了保证各自组织的成员切实履行合同，签订合同的工会组织和雇主组织要为各自成员提供足够的信息。对于未认真履行合同义务的成员，要采取措施帮助其实现，甚至运用各种手段加以处理。按照惯例，集体合同生效后，签约双方还必须承担产业和平义务，即在集体合同有效期内，劳资任何一方不得为了合同规定的雇佣条件而采取罢工或闭厂行为。如果订立集体合同所依据的客观情况发生变化，当事人可以依法对尚未履行或尚未完全履行的集体合同进行修改和补充。当发生某种法律事实，进而导致集体协议法律关系消失时，集体合同终止。一般来讲，集体合同终止的条件有以下四个：一是因有效期届满而终止；二是因目的的实现而终止；三是依法或通过协商解除而终止；四是因当事人一方不复存在而终止。

第六，集体合同的监督。为了保证集体合同的履行，工业化市场经济国家大都建立了劳动监督制度并主要由劳工部门负责实施。其基本活动方式是通过设立在各地方监督机构的专兼职劳动监督人员，以不同的监督方式和手段，直接进入劳动或工作现场，了解或调查劳动标准的执行情况，其中也包括集体合同的履行。

第七，集体合同争议处理。关于集体合同争议的处理问题，各国制度模式各异。集体合同争议表现形式不同，处理方式自然会有不同。通常劳资双方会按照集体合同中规定的具体方式来解决。举例来看，在德国，集体合同履行中的争议由劳动法院来解决。在我国，如果一方拒绝履行集体谈判义务，劳动行政部门应组织协调解决。如果在集体谈判中不能达成一致，则可通过休会的办法进行解决。如果对集体合同在理解上存在分歧或恶意违约而导致争议，则应通过劳动争议仲裁机构或人民法院依法予以解决。

（七）**集体谈判与集体合同的关系**

集体谈判与集体合同的联系表现在三方面。一是二者主体相同。都由工会担当劳方代表；由雇主或雇主组织担当资方代表。二是集体合同是集体谈判的结果，集体谈判是集体合同的前提和基础，是签订集体合同的必经法定程序。三是不经过集体谈判，不能单方面修改或拒绝执行集体合同条款。

集体谈判与集体合同的区别表现为：集体谈判不仅仅是签订集体合同的必经程序，同时也是解决集体劳动关系矛盾的一种途径。集体合同是集体谈判的结果，并以书面形式呈现集体谈判的要旨。

可见，集体谈判和集体合同是同一制度不可分割的两个部分。集体谈判是集体合同的前提和准备，集体合同是集体谈判的后果和结论。没有集体谈判制度的推行，就没有集体合同的签订；没有集体合同的签订，集体谈判就没有达到施行目的。集体谈判和集体合同对立统一，密不可分。

（八）**集体合同与劳动合同的区别**

集体合同与劳动合同都是调整劳动关系的重要形式和法律制度，两者存在密切的联系，在合同的目的、合同的内容和形式等方面有许多共同之处。但两者有着各自的特点，其区别主要表现见表6—3。

表 6—3　　　　　　　　集体合同与劳动合同的区别

	集体合同	劳动合同
当事人不同	劳方及其代表对资方或资方代表	单个劳动者对用人单位
目的不同	规范劳动关系，确立资方为劳方群体提供的劳动标准	确立劳动关系
签订时间不同	劳动者与用人单位建立劳动关系之后	劳动者与用人单位建立劳动关系之前
内容不同	调整集体劳动关系，涉及劳方群体的共同权利和义务，可能涉及劳动关系的各个方面；也可能只涉及劳动关系的某个方面（如工资合同、劳动条件等）；以及个人劳动关系中法律、法规未直接规定的一些内容	调整个人劳动关系，涉及单个劳动者工资、工作与休息、社会保险、劳动安全与卫生等内容
形式不同	要式合同	可以是要式合同，也可以是要式合同与非要式合同并存
效力不同	集体合同效力一般高于劳动合同效力。除对集体合同各当事人有效力外，还对其所覆盖的个人劳动合同约束力	劳动合同只对劳动者个人和用人单位有效力
作用不同	为劳动合同规定准据，不确立和终止具体劳动关系	确立劳动关系的形式

第二节　集体谈判制度的社会功能和集体合同制度的作用

集体谈判和集体合同制度在处理市场经济条件下劳资双方的利益矛盾，协调集体劳动关系方面的作用已被证实。理论界认为集体谈判制度的作用主要集中在其社会功能方面；而对于集体合同制度功能的认识大致有两种路径。

一、集体谈判制度的社会功能

1. 彰显集体利益

集体谈判制度的社会功能之一就是能把劳动领域集体型的利益要求通过一定程序显示出来。在市场经济条件下，集体劳动关系建立在劳资双方缔结的集体劳动合同之上。通过集体谈判，劳资双方就集体劳动关系中权利与义务的分配展开博弈。集体谈判制度能够帮助双方通过公开、集中、程序化的机制来表达各自利益，争取合法权益，从而有利于谈判主体之间进行沟通和了解，有利于开展协商和对话，促进双方关系的稳定。

2. **保护劳动者的合法权益**

众所周知，单个劳动者在劳动关系中处于弱势地位。由于缺乏自我保护手段，他们理应得到的经济利益和合法权益经常遭到侵害。建立有效的集体谈判制度，劳动者就可以通过工会，借助集体力量来维护自己的利益，使自己免受雇主侵害，或减轻受侵害的程度。美国1947年《劳工管理关系法》的颁布曾经有力地推动了集体合同的缔结，改善了很多劳动者的待遇。在当时，这些举措使得美国劳动者在劳动权益保护方面的境遇远远优于其他国家的劳动者。可见，集体合同制度在劳工权益保障方面确实能够发挥巨大作用。

3. **促进社会稳定**

西方国家的百年实践表明，集体谈判制度有助于协调劳资关系，缓解劳资冲突，进而化解社会矛盾，促进社会稳定。在集体谈判制度下，劳资双方通过行使集体谈判权共同决定雇佣条件。这使双方利益能够得到兼顾，从而相对减少了极端产业行动的发生。所以，只要集体谈判双方在诚意、善意、合法的基础上保持接触、对话和协商，就有可能达成某种妥协，寻求到一种双方都可接受的解决问题的办法。

4. **提升企业民主管理水平**

企业民主管理是相对于家长集权式管理的一种企业管理模式。它强调普通劳动者通过某种机制有效地将其所属群体的主流意识反映或落实在企业管理决策中。集体谈判制度正是实现这种管理模式的重要途径。在集体谈判制度下，资方和员工群体可以通过权利制衡，为制定或修改劳动标准、解决集体劳动争议寻找到双方共同接受的办法，进而建立起和谐的劳资关系，促进企业和劳动者的共同发展。

二、集体合同制度的作用

关于集体合同制度的作用，目前存在着两种认识路径。

一种认识路径认为，集体合同的作用由其表现出的性质决定。基于此路径的认识大致有三种：第一种观点认为集体合同是一种债权合同。大多数市场经济国家持这种观点。该观点认为集体合同具有债的一般属性，因此具有合同的拘束力，并且其效力高于劳动合同；集体合同的内容可直接成为劳动合同的内容，当劳动合同规定的条件低于集体合同时，应以集体合同为准。第二种观点认为集体合同类似于君子协定。英国学者普遍持这种观点。通过实践观察和理论思索他们认为，缔结集体合同时，双方通常并没有创设法律关系的意思表示，所以集体合同不具有法律上的合同效力。集体合同不能通过司法程序强制执行，违反集体合同的当事人也不承担相应的法律责任，只承担道德和社会责任。第三种观点认为集体合同是管理协议的一种。前苏联及东欧国家一些学者认为，集体合同是一种互助合作合同，是企业管理的重要手段。在社会主义国家的国有和集体企业，工人作为企业的主人通过职工代表大会或集体合同等形式来实现对企业的管理，体现了国家、企业与职工利益的一致性。

另一种认识路径聚焦于集体合同与劳动合同比较时表现出的特性。在这种认识路径下，集体合同制度的功能如下：

第一，弥补劳动法规和劳动合同在调整劳动关系时的不足。劳动关系是多方位、多层次的生产关系，其涉及的内容极为广泛。因此，仅仅依靠劳动法律法规或者个别劳动合同来调整是不全面的。在劳动法规和劳动合同之间，有必要增加通过集体合同调整劳动关系这一层次。集体合同着重调整某个具体劳动群体与雇主或雇主组织间的劳动关系，与劳动法律法规调整相比更具有针对性。集体合同可作为"母合同"供劳资双方在建立个别劳动合同关系时参照，降低签订成本，减少或弥补个别劳动合同的随意性。

第二，有利于从整体上维护劳动者的劳动权益。作为集体谈判制度功能实现的手段，集体合同是保护劳动者个人合法劳动权益的有效途径。集体合同制度具备这一功能的原因有二：首先，由工会代表劳方群体同雇主签订集体合同、对集体劳动标准加以确认的机制可以消弭由于单个劳动者在劳动关系处于弱势而可能遭受的不公平对待，帮助其争取到更高水平的劳动条件。其次，为劳方群体的整体利益提供依据。在劳动过程中，劳方群体除个人利益外，还存在着集体利益，并且后者并不是前者的简单加总。例如，企业薪酬体系中基准工资率的确定，劳方代表能否参与企业民主决策，企业实施经济性裁员的条件和程序等利益诉求都需要通过谈判，最终在集体合同中予以确认。

第三，有利于劳动争议的缓和与疏导。集体合同制度为劳资双方提供了一个可以公开、平等地表达意愿的有效途径。在集体谈判过程中，劳方群体的主流意志和要求可以通过其代表组织得到充分反映，雇主方的实际情况以及对问题的理解等也可以在谈判中讨论和磋商，这样的制度安排非常有利于劳资双方进行沟通，进而能够有效地降低劳动争议的冲突强度，有利于疏导和解决各种劳动争议。

第三节 西方国家的集体谈判和集体合同制度

集体谈判和集体合同制度发轫于早期工业化国家,经过上百年的历史演变,西方国家的集体谈判和集体合同制度已经发展成为一项比较成熟的制度。它在保护劳动者权益、平衡劳资力量、协调集体劳动关系等方面发挥了巨大的积极作用。

一、西方国家集体谈判和集体合同制度的发展概况

(一)行业级集体谈判和集体合同制度概况

行业级集体谈判和集体合同的制度主体是行业级工会组织和雇主组织。按照欧盟法律,劳资关系双方一方提出集体谈判要求时,另一方不能拒绝否则等于放弃决定权。愿谈的一方可以在限定时间内试图说服对方接受谈判,如果未果,则提出谈判的一方直接作出决定。行业级集体谈判的代表国家有德国、意大利、比利时和荷兰。

德国是推行集体谈判制度比较好、起步又早的国家之一。1952年,德联邦的《集体合同法》明确了集体谈判的规则以及集体合同的起因、内容和程序等,将集体谈判和集体合同纳入了规范化轨道。在德国,集体合同条款不但适用于工会会员,也适用于企业、行业的非工会会员。德国的集体谈判大多每年进行一次,分别在国家、产业和企业三级劳资双方之间进行,且以产业级谈判为主。德国政府对劳资谈判采取不干预、不介入的立场。在德国,集体谈判每年都有不同的主题,且基本以工会提出的方案为基础。资方一般在工会提出要求后才制订资方的提议。如果谈判出现僵局,双方都可以宣布谈判失败,然后由双方都能接受的第三方出面调解。如调解无效,则可能发展为罢工或者闭厂。较量过后,劳资双方会重新开始谈判,直至达成一致。经工会联合会和雇主协会申请,某一行业集体合同可以被批准适用于整个行业。在德国,集体合同履行中出现的争议由劳动法院裁定,工会、雇主协会推荐的荣誉法官均可参与审理。

意大利的集体谈判主要在行业雇主协会和工会组织之间进行。只要签订的集体合同协议不与民法相悖即属有效。意大利宪法规定,只有经过注册的工会才具有法人资格,可以代表劳动者签订行业级集体合同。在集体谈判的准备阶段,代表劳方的工会应在上一集体合同到期前3个月内提出新的谈判要求。在谈判期间,雇主协

会和工会积极磋商，反复较量，劳动部从中进行必要调解。集体谈判时间为6个月至1年。谈判取得一致后，双方将集体合同草案向各自成员公布并征求意见。行业集体合同有效期一般为4年，工资等协议有效期为一般为2年。

比利时集体谈判的突出特点在于对劳动争议的预防。目前，每隔两年比利时的劳资政三方就会进行一轮集体谈判。联合委员会达成的集体合同要依法向劳工部登记注册，并以官方形式公布行业和有效期。合同有效性分为无期限的、有期限的、需更新的三类。如果向劳工部长申请并获得认可，可以以皇家法令形式来颁布该行业集体合同。劳动监察可以对被批准的集体合同进行监督和管理。对有司法效力的集体合同，雇员和雇主的劳动合同不能违背。

荷兰行业集体谈判的过程主要有：第一，行业工会组织提出谈判草案并于谈判前6个星期将草案送达雇主组织。第二，谈判双方议定谈判日期。第三，劳资双方确定各自的谈判代表和一名发言人（即首席代表）。其中工会一方的首席代表不是本企业工会会员，而是由行业工会选派的专职人员，与企业没有隶属关系。第四，进行谈判。可能是短期谈判，但也可能是长达1~2年的集体谈判。第五，谈判结果。雇主对集体谈判草案可选择同意、不同意或部分修改。如果雇主选择不同意，工会有权罢工。如果双方在集体谈判中达成一致，双方首席代表签订集体合同。集体合同签订后，报送劳动行政部门登记后才能生效。行业集体合同有效期一般为1~5年，到期后双方可以延期或默认延期，也可以终止。

（二）企业级集体谈判和集体合同制度概况

美国集体谈判的制度思想始于19世纪末20世纪初。到20世纪30年代，集体谈判逐渐成为美国劳资关系法的基石。美国1935年的《国家劳资关系法案》指出，解决劳资争议的最佳途径是通过雇主和雇员代表（劳工组织或工会）开会或集体谈判的程序实施。政府极少介入集体谈判，即使介入也非常慎重。美国集体谈判的谈判结构形式多样，可以分散到各个层次进行，原则是哪种谈判结构实现的利益最大，就采取哪种。美国法律规定，如果谈判陷入僵局，经过调解后仍未能达成协议，则罢工合法。在美国，集体合同的批准方法也多种多样。如果工会会员较少，一般通过投票来决定批准与否。如果是全国性工会，则要经过各地方工会逐一批准后才能生效。在钢铁等行业集体合同批准采取的则是一种间接批准方式，即由工会选出的特别工资委员会批准。关于集体合同履行过程中的争议，美国的《劳资合作法》规定的处理方式有调解、仲裁、和解和非常方式四种，非常方式一般只在前三种未能奏效时才实施。美国约90%~95%的集体合同中都规定采用自愿仲裁的方式来解决双方争议。

20年前澳大利亚以行业集体合同为主，为适应经济全球化的要求，澳大利亚修订了产业关系法，行业性的谈判逐渐下降为企业级的谈判。谈判下放到企业一级后，一般基于企业效益的提高和生产率的增加决定增长工资数额。企业一级的集体谈判有利于改善劳资关系，提高企业经济效益。在澳大利亚，工会会员的工资增长高于非工会会员15%左右。新加坡也有类似情况，工会会员以及享受集体协议待遇员工的工资一般高于非会员。

日本的集体谈判以企业级谈判为主，同时也存在不少行业级谈判。在日本，集体谈判同样要经过提出谈判要约、谈判准备、谈判、签订集体合同，以及集体合同批准、履行及监督等程序。日本法律也规定，经过调解后仍未能达成集体协议的，举行罢工合法。如果在集体合同履行阶段发生争议，通常是通过由人数相等的劳、资、政三方代表组成的各级劳资关系委员会进行斡旋、调停和仲裁来解决劳动争议，一般不会诉诸法律。

二、西方国家集体谈判和集体合同制度发展的特点

（一）集体谈判和集体合同制度是具有弹性的调整集体劳动关系的方法

集体谈判和集体合同制度的弹性特征表现在多个方面：第一，集体合同表现形式多样，既可以是关于工资率的单项合同，也可以是一揽子合同。第二，集体谈判和集体合同可以在不同国家、地区或行业中实践；可以运用于各种政治、经济制度背景下。

（二）集体谈判和集体合同制度是在市场经济条件下凸显"公平"诉求的主要方法

市场经济总的运行法则是追求效率。在没有倾斜性机制安排的情况下，单个劳动者以及整个劳方的权益将受到侵害。权利的失衡必然产生对"公平"的诉求。集体谈判与集体合同制度强调集中劳方力量来分担劳动责任，平衡劳资权益，在实践中已经成为在劳动领域彰显"公平"以及劳动者参与企业决策的主要手段。

三、西方集体谈判制度的发展趋势

20世纪80年代以来，集体谈判和集体合同制度在世界范围内不断演变，表现出来的发展趋势如下[①]：

---

① 黄燕东，杨宜勇. 美、德、日集体谈判制度的比较研究. 首都经济贸易大学学报，2006（6）：50～56

(一) 集体谈判组织机构的卡特尔化

近年来,西方国家普遍出现集体谈判体系力量减弱的趋势,具体表现为各国工会和雇主组织机构的会员日趋减少。以北欧国家为代表,越来越多的工会和雇主组织机构合并。集体谈判组织机构的卡特尔化意味着越来越多的劳动者由于机构合并而归属于同一个工会,这使他们可能为同一个集体合同所约束。

(二) 集体谈判结构的分散化

在欧洲,经典的集体谈判结构是以德国为代表的集中式谈判。随着经济环境的变化和企业竞争的加剧,集中式谈判结构的局限性日益凸显。越来越多的企业开始尝试在企业层面开展集体谈判和签订集体合同。但是这种制度的改良通常是在原有的集中式集体谈判制度框架之内进行的。在德国和奥地利,原有的集体谈判制度中引入了"公开的合同附加条款"机制,允许通过所谓的"附加条款"对集体合同所规定的最低基准进行狭小的偏移,偏移的边界也有严格的限定。例如,1994 年德国的金属工业集体合同的公开附加条款规定:职工委员会和雇主不仅可以制定集体合同,还可以在一定的界限内有所偏离。允许为单个群体或企业中的某些部分签订一个集体协定。这些举措使得集中式集体谈判制度变得更为灵活。这些灵活性改进构成了谈判结构分散化的量变基础。

(三) 集体谈判制度方向的集中化

20 世纪 90 年代以来,许多西方国家在劳、资、政三方间签订"社会公约",政府承诺做出税收让步或者提供失业救济金,为企业员工培训发放补贴等。其目的主要是让劳工就业和企业竞争力这对矛盾能够调和共融于集体合同之中。这就在集体合同制定的方向性和指导原则等方面形成了一种集中化的趋势。社会公约的影响使得各类集体谈判和集体合同制度都能够凸显国家劳动力市场的整体战略。

(四) 国家在集体谈判制度中担当更重要的角色

在西方国家,政府在集体谈判过程中的作用不同。奥地利、德国、爱尔兰、芬兰和瑞典不允许国家机构对于集体谈判进行干涉。但在荷兰,政府总理有在集体谈判发生紧急情况下对其进行干涉的权利。在挪威和丹麦,国会可以对集体谈判的程序进行干涉,并且是集体合同的最终决定的主管机关。丹麦国会在一定情况下可以延长集体合同的有效期。挪威设有一个特别的专门委员会,有权为谈判方规定一个有约束力的协议等。

四、西方集体谈判制度经验对我国的启示

集体谈判和集体合同制度是西方国家实现劳资协调和劳资合作的重要方式,其

发展过程中积累的经验值得中国借鉴。

(一) 构建规范集体谈判和集体合同制度的法律体系

国家通过立法建立集体谈判法律体系，并依此规范劳资双方的行为，是西方各国处理集体劳动关系的普遍经验。没有较为完善法律体系，集体谈判就会缺乏实践依据。按照国际劳工组织专家布朗斯坦的分类，集体谈判立法体制有四种。英国是"君子协定"式，即国家对集体谈判不作规定。美国是"游戏规则"式，即国家只对集体谈判的代表等作出具体限定。瑞士是通过立法只就集体协议的法律效力作出规定。西班牙和法国则对集体谈判的所有问题都通过立法作出规定。在这四种立法体制基础上可能衍生出更多关于集体谈判的立法模式，比如，融合美国和瑞士的立法特点，瑞典和芬兰不仅在立法上承认集体谈判和集体合同的法律效力，同时对代表保护等规则性问题也作了具体规定。总体来看，我国立法模式接近于大陆法系。我国的《工会法》《劳动法》《劳动合同法》和《公司法》对集体谈判制度均作出了原则性规定。有关集体谈判和集体合同较为具体的规定只有一个部颁规章，即《集体合同规定》。这些法律法规，有的缺乏实际操作性，有的立法层次太低，甚至可能还存在矛盾有必要结合国际经验，尽快制定出符合中国国情的、能够保障集体合同有效运行的法律体系和机制。

(二) 立法保障集体争议权

集体谈判机制必须建立在劳动者集体劳权的基础上。从理论上看，如果没有集体争议权，对劳动者和工会来讲，集体谈判就是空谈。在立法方面，西方国家虽然不禁止罢工，但通常会将罢工置于法律控制下。如瑞典和芬兰法律规定：工会组织采取罢工行动前必须经过其所在的中央级工会组织同意，在集体协议有效期内不允许劳资双方采取产业行动，采取产业行动前必须经过国家调解。还有许多国家规定了涉及国计民生利益的重要行业（如铁路、民航、通信、电力等）实行产业行动的程序，以及一般产业行动的审核程序等。集体争议权是劳动者及工会重要的谈判手段。如果法律不承认集体争议权或者对其未作细致、合理的规范，集体谈判制度就会出现重大缺陷。因此我国立法部门应该尽快在相关法律中增加关于集体争议权的规定。

(三) 立法规范不当劳动行为的救济制度

不当劳动行为的立法规制有美国和日本两种类型，制度区别除救济程序外，主要在于是否规定工会的不当劳动行为。出现不当劳动行为后，日本主要依靠完善的劳动委员会制度实施行政救济，而美国则依靠诉讼制度实施司法救济。我国对不当劳动行为的法律规定缺乏罚则。比如，没有对拒绝进行集体谈判或不履行诚实谈判义务的企业规定任何形式的法律责任。这使集体合同制没有应有的法律权威和尊严。

（四）立法规范工会的组建，注重工会代表保护

工会的独立性和代表性是集体谈判制度能否实施的关键。以美国为代表的西方国家会通过法律来确定工会代表的排他性代表权。此外，西方国家在劳动立法中也十分强调对工人和工会代表的保护，规定雇主在作出任何重大决定之前都要征求工会意见等。我国的集体谈判机制中缺乏真正代表劳工利益的工会组织，也缺乏对工会代表的法律保护，这些缺陷直接影响了集体谈判和集体合同制度的实行。

（五）选择恰当的集体谈判结构

集体谈判的结构对谈判的结果具有重要影响。目前，集体谈判结构有分散化倾向。从实践看，分散化的集体谈判固然能适应企业灵活经营的要求，但工会组织力量的分散不利于劳工利益的争取。因此，地区级或产业级谈判也有不可替代的作用。集体谈判要想获得双赢的结果，关键是针对某些议题要有力量对等的谈判主体。因此，集体谈判的结构应根据实际情况来设计。

（六）适当发挥政府作用

西方国家几十年的实践表明，在集体劳动关系方面，单纯依靠劳资双方的自主行为难以灵活地适应外界形势的剧烈变化，也缺乏平衡劳资力量的有效机制。任何一方力量的过度强大都会给社会经济生活带来不必要的损失。我国集体谈判的主体组织还没有真正建立，因此，在一定的历史时期内恰当发挥政府的平衡作用非常必要。当然，采取什么样的干预形式以及在什么时候、如何进行干预，都需要认真研究。

第四节 我国集体谈判和集体合同制度

一、我国集体谈判和集体合同制度的发展历程

集体谈判与集体合同制度在我国的历史可以追溯到 20 世纪初。1924 年，南京国民政府公布的《工会条例》即承认工会有权与雇主或雇主团体缔结协约。1930 年南京国民政府颁布的《团体协约法》成为中国历史上第一部专门的集体合同法。1922 年，中国共产党领导的中国劳动组合书记部发布的《中国劳动法大纲》规定

"劳动者有缔结团体协约权"。《中华苏维埃共和国劳动法》（1931年）中对集体合同的定义、内容、效力等问题进行了明确规定。新中国成立前夕，《中国人民政治协商会议共同纲领》（1949年）规定私营企业为实现劳资两利的原则，应由工会代表工人职员与资方订立集体合同。1956年完成社会主义改造后，集体合同制度在我国逐渐消亡。改革开放以后，为适应社会主义市场经济体制要求，集体谈判和集体合同制度开始重建。1979年，中国工会首先倡议恢复集体合同制度。1986年的《全民所有制工业企业职工代表大会条例》规定：在职工代表大会上，可以由厂长代行政、工会主席代表职工签订集体合同。1992年《中华人民共和国工会法》规定："工会可以代表职工与企业以及行使企业化管理的事业单位进行平等协商，签订集体合同。集体合同草案应当提交职工代表大会或者全职工讨论通过。"1994年的《劳动法》对集体合同的内容、订立程序、争议处理都作了规定，这标志着集体合同制度作为调整劳动关系的一项重要法律制度在我国正式建立。同年，原劳动部发布的《集体合同规定》对集体合同签订、审查和争议处理作了更加明确、具体的规定。2004年修订后的《集体合同规定》增加了专项集体合同的规定，并对集体协商的主体、内容、程序作出了明确规定。2008年《劳动合同法》正式施行，增加了行业性、区域性集体合同的规定，进一步完善了集体合同履行的权利救济方式。

我国当代集体谈判和集体合同制度是伴随着社会主义市场经济体制的建立和发展逐步发展起来的。制度建设的成效主要表现在四个方面：第一，集体合同的适用范围不断扩大。第二，工资集体协商制度得以系统开展。第三，制度的规范程度不断增强。第四，制度中普遍建立了三方协商机制。

二、我国集体谈判和集体合同制度现状及存在的问题

在经济体制转型期，我国集体争议发生率迅速提高，集体劳动争议案件大大增多，且劳资冲突的规模和对抗性有增大趋势。现实表明，集体劳动关系正在成为影响我国劳动关系健康发展的重要因素。当前，我国调整集体劳动关系的制度体系初步建立，还有待完善，劳动者集体谈判权益保障工作在诸多方面存在不足。问题主要表现在以下方面。

（一）对集体谈判制度未形成社会共识

在认识方面，理论界存在着三种观点，分别是经济条件论、市场基础论和政府推动论。经济条件论认为，如果经济状况不景气，签订和履行集体合同比较难，就不如不签。市场基础论认为，劳动力市场中集体谈判双方的主体地位和资格还不明

晰、不独立，集体谈判缺乏制度基础。政府推动论认为，中国的集体谈判制度有赖于党政部门的支持配合，否则集体谈判和集体合同制度难以确立。在实践领域，基于不同的立场和视角，集体劳动关系主体对于集体谈判和集体合同制度各有其看法。首先，在资方，有的企业认为企业与劳动者的利益是一致的，因此集体劳动关系主体间不存在利益冲突。有的企业认为，企业效益好，劳动规章完善，没有必要签订集体合同；企业效益差，签了集体合同也难兑现。其次，工会中有观点认为，集体劳动关系方面的矛盾可以通过职代会等民主管理方式解决，没必要建立集体谈判机制。还有观点认为，企业工会工作应围绕经济发展这个中心来开展，企业经济效益提高了，职工收入增加了，职工的愿望也就得到了满足，也就从根本上维护和发展了职工利益，因而集体谈判不是企业工会的工作重点。第三，在劳动者方面，一些劳动者认为集体谈判只是搞形式，解决不了实际问题；还有的劳动者认为，在资方主导企业运营的条件下，很难形成有谈判能力的劳方谈判组织，签订集体合同更是难上加难。总之，在我国，社会各界尚缺乏对集体谈判制度的基本共识。

（二）集体谈判机制尚待完善

首先，我国集体谈判主体形成机制存在缺陷，尚没有形成能够在实质上代表劳、资双方利益的工会和雇主组织。其次，我国关于集体谈判和集体合同的法律规定只规定了工会和企业"可以签订集体合同"的权利，而未规定双方必须接受对方的提议进行集体谈判的义务；只规定"企业和工会无正当理由不得拒绝履行集体谈判义务"，未规定违反该原则时的罚则。再次，我国集体谈判制度的构建属于政府主导型。政府主要借助行政手段在短期内在较广范围推行集体谈判和集体合同制度。这导致了在实践中"为签合同而签合同""重签约、轻协商"现象的普遍出现。集体合同的履约率不高，集体谈判权实施困难，从而使集体谈判制度流于形式，难以发挥调节集体劳动关系的作用。最后，我国的法律规定中只规定了企业级集体谈判，对行业、产业等层次的集体谈判缺乏规制。

（三）集体合同内容雷同，缺乏针对性和可操作性

我国企业签订的集体合同质量普遍不高，对集体劳动关系的协调作用不明显。集体合同的条款绝大多数照搬现有法律法规的规定。一些上级工会为实现签约数量要求，往往拿着事先拟订好的合同范本说服企业与工会签约；劳动者真正关心的问题，劳动关系中的一些实质性矛盾，并没有被纳入集体协商谈判的范围。

（四）履约兑现率不高，续签集体合同不规范

实践表明，在政府主导下签订的集体合同履约率不高。其原因主要有：部分企业效益不佳，导致部分劳动标准条款难以兑现；集体合同条款照抄法律法规，脱离

企业实际等。经济转轨时期，企业改制、并购、社会保险改革、法人代表不到位等问题的频现导致集体合同的续签率也较低，合同续签中存在许多不规范做法。

（五）集体谈判制度发展不平衡

从总体上看，我国集体合同的签订率低、覆盖面小且在不同所有制企业中发展不平衡。中国企业联合会的调查显示，国有企业、集体企业签订集体合同的比例较大，合资企业次之，私营企业更少。此外，在一些新建企业或者经济困难的企业中推行集体谈判制度难度也很大。造成这种现象的原因既有企业片面追求效益、忽视职工劳动权益等主观原因，又有我国集体谈判机制不健全或企业发展阶段各异等客观原因。

三、我国集体谈判和集体合同制度建设的基本思路

针对我国集体谈判和集体合同制度现状，借鉴西方国家的成功经验，理论结合实际，我们可以提出集体谈判制度建设的基本思路和新型构想。它包括构建立法保障、组织保障和行动保障，实现集体谈判结构多样化四个方面。

（一）构建集体谈判和集体合同制度的立法保障

首先，针对缺乏工会独立性和代表性的法律保障机制，应着力修订《工会法》，制定能够实实在在地加强工会组织的独立性，进而解决其代表性问题的法律规定。其次，应立法规定，集体谈判是工会或职工代表组织以及雇主或雇主组织的强制性义务，而不应该仅仅作为发生集体劳动争议时的解决途径。应建立违反集体谈判义务的认定和裁处机制，以矫正集体合同签订时的"虚化"和"异化"问题。

（二）构建集体谈判和集体合同制度的组织保障

在集体谈判和集体合同制度中，作为主要要约方，工会应当保持其独立的主体身份，它是工会具有代表性的前提。工会如果不能取得独立地位，而是受制于企业或者某些政府组织，工会就不可能真正代表和维护职工的利益。针对我国工会组织，特别是企业工会缺乏独立性的现状，首先应该调整工会的组织机制：调整工会选举程序；禁止行政力量主导的工会组建；限制国有和集体企业负责人及高级管理人员加入工会。其次，应该明确并细化工会维护职工权益的职能。工会代表工会成员进行集体谈判时，应能自主决定集体合同的缔结、修改等。政府不应借口维护企业稳定发展或促进企业经济效益实现来干预工会的正常活动。最后，建立工会自行筹资机制。尽量创设更多的筹资方式，以我国工会帮助解决经济不独立的机制问题。

(三) 构建集体谈判和集体合同制度的行动保障

劳动"三权"包括团结权、谈判权和争议权。这"三权"是增强劳方力量的根本源泉。其中，团结权是前提，谈判权是核心，争议权是行动保障。在我国，劳动者实质上不享有法律保障的集体争议权，这使集体谈判权缺乏行动保障，在集体谈判过程中对雇主的拒绝谈判和不诚实谈判缺乏制约手段。压制集体争议或不保护合法的集体争议权，其结果就是将劳资矛盾转化为劳动者与政府的矛盾，最终影响社会稳定。从国际惯例看，对于罢工这种集体争议的极端表现，各国都通过法律予以规制。我国应尽快着手进行罢工权立法工作。具体思路有：第一，在《宪法》中增加有关罢工的条款。第二，修改完善现行的《劳动法》，增加关于劳动者行使罢工权的相关原则性规定，真正把罢工权作为劳动者的一项实体权利赋予劳动者。第三，制定专门的规制罢工行为的法律法规。规定罢工立法的指导思想、合法罢工的条件、罢工的程序和保护措施等。

(四) 集体谈判结构多样化

国际劳工组织认为，集体谈判和集体合同应该在可能实现的任何级别上举行。从发展趋势看，我国的集体谈判和集体合同仅限于企业级是不够的，建立产业级或地方级甚至国家级的集体谈判制度十分必要。高层次的集体谈判有助于提高劳方的整体谈判力量，避免劳动者在单个企业中因实际力量的不平衡所造成的不平等；有利于集中谈判专家的优势和力量，提出更加公平合理、更能体现劳动者权益的协商方针和方案。总之，多层次的集体谈判消除了单个级别集体谈判中的一些不利因素，有利于多层次地切实保障劳动者的集体劳动权益。

【案例导读】深圳富士康公司启动工资集体谈判[①]

【案情简介】2009年金融危机过后，伴随着经济形势的好转，中国沿海地区劳动力市场发生了明显变化，"用工荒"席卷中国多个城市。在这种背景下，新兴产业工人在工会的帮助下和雇主开展工资集体协商谈判，为合理增长工资而努力。迫于"用工形势"，过去不肯坐下来"谈判"的雇主们，也相继坐到了谈判桌前。

在世界500强之一的富士康公司，一线员工的"底薪"是以当地最低工资为标准的，即每月900元，员工工资增长主要来自加班费，加班工资往往占到员工总工资的一多半。针对员工多次提出的"涨工资"的要求，富士康一位负责人曾算过一笔账：制造业的利润大概只有4%左右，富士康70多万名员工即使每人只增加100

---

① 资料来源：中国劳动法律援助网，http://www.labourlaw.org.cn/ny.asp?id=608

元,都将是一笔"难以承受"的数额。2008年9月,深圳市总工会向富士康公司发出集体谈判要约,但富士康对工资增长一直避而不谈。2009年下半年,富士康公司订单上升,急需增加工人,却因薪酬过低出现招工难。经过多次沟通,富士康终于在2009年12月签订了一个覆盖40余万深圳员工、惠及全国70万富士康员工的集体合同。其中对工资增长作出明确约定:一线员工工资平均增长幅度不低于3%,并将于每年12月定期进行集体谈判。

【案例解析】

1. 劳动者支付劳动换取合理工资报酬是市场经济的客观要求,也是现代法治社会的一项基本人权。工资协商是实现报酬合理性的机制保障。

2. 在市场经济条件下,单个劳动者相对于雇主的弱势地位决定了其工资水平往往由雇主单方面决定。为改变不利局面,劳动者有必要选择能代表其利益诉求的工会组织向其雇主发出工资集体协商要约,通过集体的力量维护其获得合理报酬的权利。

3. 工资集体协商并不表示劳动者的一切报酬要求都能得到满意应答。通过集体协商所确定的工资,本质上属于妥协工资,其合理程度更多地取决于双方谈判的情势。

4. 劳资双方就劳动报酬的确定问题存在不同的甚至根本对立的利益取向。一方面,劳动者常常向雇主抱怨工资太低或涨得太慢,希望企业向自己支付尽可能多的劳动报酬;另一方面,雇主们总是借口企业有困难,希望尽可能维持或降低劳动工资率,以减少劳动力的成本支出。要使潜在的利益差距不激化为显性冲突,必须通过工资集体协商机制才能实现。一般情况下,工资谈判双方通过充分地准备、耐心地协商以及运用技巧谈判,最终能够达成一致意见,确定双方均可接受的工资率。

第七章 劳动争议处理制度

第一节 劳动争议处理制度概况

一、劳动争议的概念

(一) 劳动争议的概念

劳动争议亦称劳动纠纷,是指劳动关系双方当事人之间因劳动权利受到侵犯或劳动权利义务关系发生分歧而产生的争议。劳动争议实质上是劳动关系当事人之间利益矛盾、利益冲突的表现。

(二) 劳动争议的特征

与民事纠纷、劳动行政争议等相比,劳动争议具有如下特征:

1. 劳动争议主体的特定性

劳动争议是用人单位与劳动者之间发生的争议,而且两者之间必须存在劳动关系。因此,劳动争议的主体只能由具有劳动关系的用人单位和劳动者构成。如果当事人不是用人单位与职工,而是用人单位与用人单位或职工与职工,那么彼此之间的争议就不能称为劳动争议。

2. 劳动争议主体关系具有双重性

劳动者和用人单位通过签订劳动合同建立劳动关系,在合同的签订和履行过程中,双方法律地位平等,体现出类似民事法律关系中主体双方地位平等的特点。一旦用人单位与劳动者建立了劳动关系,双方形成了管理与被管理的隶属关系,又体现出类似行政法律关系中双方地位不平等的特点。因此,劳动争议兼具平等性及隶属性双重特性。

3. 劳动争议的内容的限定性

劳动争议的内容是有关劳动权利、义务方面的。劳动权利和劳动义务是依据劳动法律法规、劳动合同、集体合同等确定的。因此，劳动争议在一定意义上说是因实施劳动法而引起的争议（如就业、工资、工时、劳动关系、保险福利、培训、奖惩等各个方面），内容相当广泛。关于劳动争议的范围，不同的国家具体情况有所不同；即使在同一个国家，不同的时期也会有所不同。目前我国劳动争议的范围主要由《劳动争议调解仲裁法》确定。

4. 劳动争议表现形式的特定性

一般的社会关系纠纷表现为争议主体之间的利益冲突，其影响范围通常局限在争议主体之间。而劳动争议具有不同于其他争议的表现形式，如罢工、怠工、解雇、示威、请愿等。尤其是涉及面大的集体争议，较个体劳动争议而言，涉及人数多、规模大、突发性强、影响面广、处理难度大。

二、劳动争议的类型

根据不同的分类标准，劳动争议主要可以划分为以下三类。

（一）个别争议、集体争议与团体争议

根据争议主体的不同，可以将劳动争议划分为个别争议、集体争议和团体争议。如此划分的主要意义在于设定他们在争议处理中的不同程序。

个别争议，又称个人争议，是指单个（仅限于1人或2人）劳动者与用人单位之间的劳动争议。劳动争议处理活动须由职工当事人本人参加，不得由其他人代表参加。

集体争议，又称多人争议，是指多个人或部分（须3人以上）劳动者因共同的利益受到侵犯或与用人单位发生分歧而引起的劳动争议。发生集体争议时，通常由集体争议的各个职工当事人推选代表参与处理。

团体争议，又称集体合同争议，是工会与用人单位或其团体之间因集体合同而发生的争议。发生团体争议时，应由工会作为劳动争议的一方当事人，另一方为用人单位或其团体。

（二）权利争议和利益争议

根据争议的内容，可将劳动争议划分为权利争议和利益争议。这一分类对于把握劳动争议的特点、准确处理劳动争议，具有重要的理论和实践意义。

权利争议，又称既定权利争议、法律争议，指用人单位或其团体与劳动者或团体就劳动法律、法规的规定，或集体合同、劳动合同和规章制度设定的权利而发生的争议。权利争议涉及的是法律问题，其处理主要通过调解、仲裁、诉讼等法律渠道进行。

利益争议，又称确定权利争议、经济争议，是指劳动关系当事人因主张有待确定的权利和义务所发生的争议。利益争议涉及的不是法律问题，通常发生在劳动关系运行过程中集体合同的签订、变更环节，较多地表现为签订、变更集体合同的集体谈判陷入僵局或者失败。利益争议一般不通过调解、仲裁、诉讼程序解决，而是在政府干预下协商解决。

由于我国的劳动争议处理理论比较薄弱，相关制度不健全，这一分类一直以来没有得到重视。近年来为适应市场经济劳动争议发展的需要，这一分类被越来越多的劳动法理论和实务工作者关注。

（三）国内劳动争议和涉外劳动争议

按照当事人国籍的不同，可分为国内劳动争议与涉外劳动争议。

国内劳动争议，是指具有中国国籍的劳动者与具有中国国籍的用人单位之间的劳动争议。其中包括我国在国（境）外设立的机构与我国派驻机构工作的人员之间、外商投资企业与中国职工之间所发生的劳动争议。

涉外劳动争议，是指当事人一方或双方具有外国国籍或无国籍的劳动争议。它包括中国用人单位与外籍员工之间、外籍雇主与中国职工之间、在华外籍雇主与外籍职工之间的劳动争议。涉外劳动争议的处理，应当按照国际惯例，适用雇主所在地法律。凡用人单位在我国境内的涉外劳动争议，都应当遵循我国法律进行处理。

三、劳动争议的范围

劳动争议的范围，在不同的国家有不同的规定。根据我国《劳动争议调解仲裁法》第 2 条规定，劳动争议的范围是：

1. 因确认劳动关系发生的争议。
2. 因订立、履行、变更、解除和终止劳动合同发生的争议。
3. 因除名、辞退和辞职、离职发生的争议。
4. 因工作时间、休息休假、社会保险、福利、培训以及劳动保护发生的争议。
5. 因劳动报酬、工伤医疗费、经济补偿或者赔偿金等发生的争议。
6. 法律、法规规定的其他劳动争议。

四、劳动争议处理的基本原则

劳动争议处理的基本原则是指在劳动争议处理过程中必须遵循的基本准则。我国《劳动争议调解仲裁法》第 3 条规定："解决劳动争议，应当根据事实，遵循合法、公正、及时、着重调解的原则,依法保护当事人的合法权益。"

1. 合法原则

在查清事实的基础上,依法处理劳动争议原则。在处理劳动争议时,劳动争议调解委员会、劳动争议仲裁委员会和人民法院必须对争议的事实进行深入、细致客观的调查分析,同时要依据相关法律法规规定对劳动争议进行处理,处理程序与处理结果必须合法。

2. 公正原则

在处理劳动争议时,劳动争议双方当事人的法律地位是平等的,任何一方都没有超越另一方当事人的特权。在遵循公正原则的同时,因为劳动者在与用人单位发生劳动争议时往往处于弱势,在处理劳动争议时也应当适度对劳动者进行必要的帮助以维护其正当合法的权益。

3. 及时处理原则

劳动争议当事人在劳动争议发生时应当及时协商或者及时申请调解仲裁,避免因超过仲裁申请时效而丧失申请仲裁的权利。同时,劳动争议调解委员会、劳动争议仲裁委员会和人民法院在劳动争议案件处理过程中,必须按照法律规定及时行使权力、履行职责。

4. 调解原则

当事人在发生劳动争议之后首先应当向企业劳动争议调解委员会申请调解,在互谅互让的基础上达成协议。当调解无效时才由仲裁机构解决。当然,调解需要在自愿的前提下进行,调解协议的内容还必须符合有关法律、法规的规定。

五、劳动争议的处理方式

我国《劳动争议调解仲裁法》第4条规定:"发生劳动争议,劳动者可以与用人单位协商,也可以请工会或者第三方共同与用人单位协商,达成和解协议。"第5条规定:"发生劳动争议,当事人不愿协商、协商不成或者达成和解协议后不履行的,可以向调解组织申请调解;不愿调解、调解不成或者达成调解协议后不履行的,可以向劳动争议仲裁委员会申请仲裁;对仲裁裁决不服的,除本法另有规定的外,可以向人民法院提起诉讼。"

根据上述规定,劳动争议的处理方式有当事人协商解决、用人单位劳动争议调解委员会调解、劳动争议仲裁委员会仲裁、人民法院审判解决四种。

(一) 协商

发生劳动争议,劳动者可以与用人单位协商,也可以请工会或者第三方共同与用人单位协商，达成和解协议。与其他纠纷不同的是，劳动争议的当事人一方为用人单位，一方为该单位职工，因双方已经发生一定劳动关系而使彼此之间相互有所了解。双方发生纠纷后最好先协商，通过自愿达成协议来消除隔阂。实践中，职工与单位经过协商达成一致而解决纠纷的情况非常多，效果也很好。但是，协商程序不是处理劳动争议的必经程序。双方可以协商，也可以不协商，完全出于自愿，任何人都不能强迫。

协商和解具有解决问题快捷、成本低、对立情绪小、便于以后继续合作等优势，因而是解决劳动争议的最佳方式。

（二）调解

发生劳动争议，当事人不愿协商、协商不成或者达成和解协议后不履行的，可以向调解组织申请调解。根据《劳动法》规定：在用人单位内，可以设立劳动争议调解委员会负责调解本单位的劳动争议。调解委员会委员由单位代表、职工代表和工会代表组成。劳动争议调解委员会主任由工会代表担任。

劳动争议的调解应当遵循当事人双方自愿的原则。需注意的是，调解委员会只能起调解作用，它本身并无决定权，不能强迫双方接受自己的意见，也无权出具对双方具有法律约束力的文件。但是如果双方经调解达成了调解协议，调解委员会应当制作调解协议书。对于协议书中规定的内容，双方当事人应当自觉履行。

（三）仲裁

发生劳动争议，当事人不愿调解、调解不成或者达成调解协议后不履行的，可以向劳动争议仲裁委员会申请仲裁。我国劳动争议的仲裁由指劳动争议仲裁委员会以第三者身份为解决劳动争议而作出裁决的劳动执法活动，因此兼有行政和司法双重性质。劳动争议仲裁委员会不主动介入劳动争议，发生劳动争议的主体可以向其提出仲裁申请。仲裁委员会在受理案件后，经过开庭审理，在确定事实后，应先进行调解，如调解不成或双方不愿进行调解，可以作出仲裁裁决。该裁决具有强制性。如当事人双方未在法定期限内向法院起诉，则裁决生效，当事人必须履行。如一方不履行仲裁裁决，另一方可以请求强制执行。

虽然仲裁委员会可以对劳动争议作出有法律效力的裁决，但是依照我国的法律，只有法院才拥有对劳动争议的最后决定权。仲裁委员会依法裁决后，如果当事人一方或双方不服，在法定期限内有权向法院起诉。

（四）诉讼

诉讼是劳动争议的最终解决手段。发生劳动争议，当事人对仲裁裁决不服的，除法律另有规定的外，可以向人民法院提起诉讼。当事人起诉后，原裁决即失去约

第七章 劳动争议处理制度

束力，人民法院有权对该劳动争议独立审判，并作出判决。如当事人不服一审法院的判决，还可以提出上诉，由二审法院作出最终裁决。

根据《劳动法》第83条规定："劳动争议当事人对仲裁裁决不服的，可以自收到仲裁裁决书之日起15日内向人民法院提起诉讼。一方当事人在法定期限内不起诉，又不履行仲裁裁决的，另一方当事人可以申请人民法院强制执行。"诉讼程序的启动是由不服劳动争议仲裁委员会裁决的一方当事人向人民法院提起诉讼后启动的程序。诉讼程序具有较强的法律性、程序性，作出的判决也具有强制执行力。

【案例导读】企业年金纠纷是否属于劳动争议

【案情简介】江某等26人原系某免税公司员工。该公司于2000年9月1日制定了《企业年金方案》，规定企业年金与公司的经济效益挂钩，实施范围为具有本市户籍的在职员工，还规定了企业年金的具体缴费办法，方案从即日起开始实施。2001年1月20日市社保局批复同意该方案。免税公司陆续为30多名高管人员办理了参加企业年金的手续，并补缴了1997年1月至2000年8月的企业年金所需费用，但没有为普通员工办理参加手续。

因公司改制，2003年江某等26名普通员工陆续离职，在得知公司没有为他们参加企业年金后，于2003年至2004年期间多次到免税公司上级主管部门市投资控股公司、市国资委以及有关政府部门上访，要求为他们办理企业年金参保手续。因上访未果，2005年9月20日，江某等向劳动仲裁委员会提起仲裁请求，要求公司为原告等人补办企业年金参保手续，补缴1997年1月至离职期间的企业年金所需费用。

处理结果：劳动争议仲裁委员会以原告的诉讼请求不属于劳动争议受案范围以及已过仲裁时效为由，决定不予受理。2005年11月3日，一审法院以原告的诉讼请求不属于法院受理范围为由裁定驳回起诉。原告不服，提起上诉，市中级法院根据《企业年金试行办法》第22条规定，认为属于法院受理范围，指定原审法院审理。

【案例解析】在本案处理过程中有两种观点：一种认为原告要求被告补缴的企业年金属于社会养老保险范畴，根据《社会保险费征缴暂行条例》第26条规定"用人单位逾期拒不缴纳社会保险费、滞纳金的，由劳动保障部门或者税务机关申请法院依法强制征缴"，参加社会保险和缴纳社会保险费是征缴范围内的用人单位和劳动者的法定义务，必须严格按照法律标准执行。同理，法律并没有赋予劳动仲裁机构和法院审理此类争议的权利。

另一种观点认为，企业年金虽为补充养老保险，但它是一种具有福利性质的保险，不属于法律强制缴纳范围，而由企业自愿缴纳，法律、法规并没有赋予社保机构强制缴纳的权利。所以，原告要求被告补缴企业年金不属于社会保险争议，而是福利待遇纠纷。《企业年金试行办法》第22条规定："因履行企业年金合同发生争议的，当事人可以依法提请仲裁或者诉讼；因订立或者履行企业年金方案发生争议的，按国家有关集体合同争议处理规定执行。"依《劳动争议调解仲裁法》第2条规定，福利待遇纠纷属于劳动争议受案范围，劳动仲裁机构和法院均应受理。

企业年金是否属于劳动争议受案范围，首先要区分清企业年金与社会养老保险制度的不同。《企业年金试行办法》第2条规定："企业年金是指企业及其职工在依法参加基本养老保险的基础上，自愿建立的补充养老保险制度。"从性质和功能上看，企业年金不同于社会养老保险，它既不属于社会保险也不属于商业保险，而是企业给予职工的一种特殊的福利待遇，可以由企业自主决定是否建立，具有自愿性和可选择性，国家对其不承担直接责任。因此，企业年金与社会养老保险的法律责任和纠纷解决方式不同。

社会养老保险涉及公法关系，企业不参加社会养老保险将要承担行政法律责任。如果因为企业不给职工办理社会养老保险双方发生争议，职工必须以行政争议解决途径解决纠纷，而不能以劳动纠纷解决途径解决；而企业年金不涉及公法，企业不参加企业年金不用承担行政法律责任，职工可依照劳动争议解决途径解决纠纷。

【本案启示】 企业年金实质上是企业给予员工的一种福利待遇，属于劳动争议的范围。《企业年金试行办法》第22条规定"因履行企业年金合同发生争议的，当事人可以依法提请仲裁或者诉讼；因订立或者履行企业年金方案发生争议的，按国家有关集体合同争议处理规定执行"；同时《劳动法》第84条第2款规定："因履行集体合同发生争议，当事人协商解决不成的，可以向劳动争议仲裁委员会申请仲裁；对仲裁不服的，可以自收到仲裁裁决书之日起15日内向人民法院提起诉讼。"

值得一提的是，本案争议发生时间为2003年，而《企业年金试行办法》于2004年5月1日起生效实施，对本案没有溯及力。而且《企业年金试行办法》属于部门规章，部门规章是无权规定哪些事项应纳入仲裁或诉讼范畴的。

第二节 劳动争议调解制度

一、劳动争议调解的概念

劳动争议调解,是指劳动争议处理机构对用人单位与劳动者之间发生的劳动争议,在查明事实、分清是非、明确责任的基础上,依照国家劳动法律、法规,以及依法制定的企业规章制度和劳动合同,通过民主协商的方式,推动双方互谅互让,达成协议,消除纷争的一种活动。

劳动争议调解有广义和狭义之分,广义的劳动争议调解是指调解贯穿于劳动争议处理的全过程,包括劳动争议调解组织的调解、劳动争议仲裁委员会的调解和人民法院的调解等。狭义的劳动争议调解仅指劳动争议调解组织的调解,也称劳动争议的基层调解。本节所讨论的劳动争议调解,特指狭义的劳动争议调解。

二、劳动争议的调解机构

根据《劳动争议调解仲裁办法》第 10 条的规定,我国劳动争议调解的机构包括企业劳动争议调解委员会、依法设立的基层人民调解组织和在乡镇、街道设立的具有劳动争议调解职能的组织。

(一)企业劳动争议调解委员会

企业劳动争议调解委员会由职工代表和企业代表组成。职工代表由工会成员担任或者由全体职工推举产生,企业代表由企业负责人指定。企业劳动争议调解委员会主任由工会成员或者双方推举的人员担任。《劳动争议调解仲裁法》第 11 条规定:"企业劳动争议调解委员会的调解员应当由公道正派、联系群众、热心调解工作,并具有一定法律知识、政策水平和文化水平的成年公民担任。"

(二)依法设立的基层人民调解组织

这里所指的基层人民调解组织,是指村民委员会和居民委员会下设的调解民间纠纷的群众性组织。根据《人民调解委员会组织条例》的规定,基层人民调解委员会由委员 3~9 人组成,设主任 1 人,必要时可以设副主任。人民调解委员会委员除由村民委员会成员或者居民委员会成员兼任外由群众选举产生,每 3 年改选一次,可以连选连任。为人公正,联系群众,热心人民调解工作,并有一定法律知识和政策水平的成年公民，可以当选为人民调解委员会委员。基层人民调解组织可以对劳动争议进行调解。

（三）在乡镇、街道设立的具有劳动争议调解职能的组织

在乡镇、街道设立的劳动争议调解组织，是一些经济发达地区为了解决劳动争议的实际需要而设立的区域性的调解组织。区域性的劳动争议调解组织一般由地方政府部门或者地方工会参与，与企业调解委员会相比较，立场中立，调解员与企业没有利害关系，调解更有权威性。从实践上看，区域性、行业性劳动争议调解组织的作用发挥得较好，成效比较明显。但是，由于没有统一的法律规范，各地的组织形式不同。目前，在乡镇、街道设立的具有劳动争议调解职能的组织主要有两种模式：一种是依托于乡镇劳动服务站的调解组织，另一种是依托于地方工会的劳动调解组织。《劳动争议调解仲裁办法》肯定了实践中存在的这些地区域性的调解组织，一是鼓励现行的区域性调解组织在调解劳动争议方面继续发挥作用；二是号召它们根据实际需要把现有的调解组织和资源进行整合，形成合力，发挥最大效用。

三、劳动争议调解的原则

（一）自愿原则

自愿原则是劳动争议调解所要遵循的首要原则，这是由劳动争议组织的性质及调解的性质决定的。劳动争议调解组织从性质上说是一种群众性的民间组织，对当事人是否接受调解没有强制力。而调解作为一种解决劳动争议的方式，它必然以当事人达成调解协议、解决劳动纠纷为最终目的，双方当事人必须遵循自愿原则。劳动争议调解遵循的自愿原则具体体现在以下几个方面：

1. 是否向调解组织申请调解，由当事人双方自行决定，对任何一方都不得强迫。调解委员会的调解在我国劳动争议处理程序中不是必经程序，是否向调解委员会申请调解由争议双方自愿选择。当事人一方也可以直接向当地仲裁机构申请仲裁。

2. 在调解过程中始终贯彻自愿协商的原则。调解组织在调解过程中不能强行调解或勉强调解达成协议，更不允许包办代替。在调解过程中，双方当事人的法律地位是平等的，对任何一方均不得强迫。

3. 调解协议的执行是自愿的。劳动争议调解组织调解达成的协议没有强制执行的法律效力。

（二）合法原则

劳动争议调解的合法原则一方面要求劳动争议的调解必须依据现行的劳动法律

法规和政策进行，调解达成的协议内容不得违反实体法的规定；另一方面，劳动争议的调解程序必须符合有关程序规定的要求，即要求调解人员和双方当事人都应严格按照有关法律规定的程序进行调解或接受调解，对依法不得调解的案件进行调解或严重违反法定程序的调解都不能产生法律效力。

（三）民主说服原则

这是由劳动争议调解组织的性质决定的。调解组织既不是国家的审判机关，也不是国家行政机关，因此它没有审判权，也没有行政命令权和仲裁权。因此，调解组织在调解活动中应采取摆事实、讲道理，说服教育的方法开展工作，在双方认识一致的前提下，动员其自愿协商后达成协议。

（四）及时调解原则

调解组织的调解活动在查明事实的基础上，要依据事实及时调解。劳动争议调解人员在接受当事人调解申请后，要在法定期限内，尽快调解完毕。劳动争议涉及当事人尤其是劳动者一方的切身利益，如果不及时加以处理，劳动者合法权益将会受到损害，可能导致更严重的后果。

（五）尊重当事人仲裁权利的原则

由于劳动争议调解不是劳动争议处理的必须程序，劳动争议发生后，劳动当事人可以申请调解，也可以申请仲裁。并且，调解所达成的协议也不具有强制执行力。因此，调解不能代替仲裁。在劳动争议调解的过程中，调解人员应尊重当事人申请仲裁的权利，不得以任何借口或理由妨碍或阻止任何一方当事人申请仲裁。

四、劳动争议调解的程序

根据《劳动争议调解仲裁办法》第二章的相关规定，劳动争议调解的程序包括以下几个阶段。

（一）当事人申请

根据《劳动争议调解仲裁办法》第12条的规定，当事人申请劳动争议调解可以书面申请，也可以口头申请。口头申请的，调解组织应当当场记录申请人的基本情况、申请调解的争议事项、理由和时间。发生争议的劳动者一方在10人以上，并有共同请求的，可以推举代表参加劳动争议调解活动。

（二）受理

调解组织接到调解申请后，应征询对方当事人的意见。对方当事人愿意调解的，应当作出受理的决定；对方当事人不愿意调解的，应当做好记录，以书面形式通知申请人不予受理。

调解组织在受理审查中,要审查申请事由是否属于劳动争议,申请人是否合格,申请方是否明确,调解请求和事实依据是否明确等内容。经审查认为符合受理条件的,予以受理并通知双方当事人。

(三) 调解前的准备

调解组织受理劳动争议后,为保证其顺利和及时调解,应事先做好如下准备:(1) 进一步审查申请书内容,如发现内容缺失,应及时通知申请人补充。(2) 要求双方当事人就申请实体请求、事实、理由提出意见及建议。(3) 指派调解员对争议事项进行全面调查核实,收集有关证据。(4) 拟定调解方案和调解建议。(5) 告知双方当事人调解时间和地点。

调解员中有下列情形时应予回避:(1) 劳动争议当事人或者当事人是近亲。(2) 与劳动争议有利害关系。(3) 与劳动争议当事人有其他关系,可能影响公正调解。

(四) 调解的实施

根据争议事实和调解请求,调解委员应根据劳动争议的不同情况和特点,拟定调解方案,并实施调解。调解方式可以是正式的(如召开调解庭),也可以是非正式的(如各种形式的谈话)。发生劳动争议的职工一方在3人以上,并有共同申诉理由的,应当推举代表参加调解活动。

劳动争议调解的方式主要有两种:一是简易调解方式。由劳动调解组织指派1~2名调解员主持调解,双方当事人参加。对事实清楚、情节简单、双方分歧不大的劳动争议可采用这种方法。二是会议调解方式。由调解员主持召开调解会议,争议双方当事人参加,有关单位和个人可以参加调解会议协助协调,允许群众旁听。这种方式一般适用于案情复杂、影响大、涉及面广或对用人单位和劳动者有教育意义的劳动争议案件。

自劳动争议调解组织收到调解申请之日起15日内未达成调解协议的,当事人可以依法申请仲裁。

(五) 调解协议

经调解达成协议的,应当制作调解协议书。调解协议书由双方当事人签名或者盖章,经调解员签名并加盖调解组织印章后生效。调解协议书对双方当事人具有约束力,当事人应当履行。

达成调解协议后,一方当事人在协议约定期限内不履行调解协议的,另一方当事人可以依法申请仲裁。因支付拖欠劳动报酬、工伤医疗费、经济补偿或者赔偿金事项达成调解协议,用人单位在协议约定期限内不履行的,劳动者可以持调解协议书依法向人民法院申请支付令,人民法院应当依法发出支付令。

第三节 劳动争议仲裁制度

一、劳动争议仲裁的概念

仲裁也称公断,是指当事人在自愿基础上无法达成协议,将纠纷提交司法机构的第三者审理,由第三者作出对争议各方均有约束力的裁决的一种纠纷解决模式。与调解相比,仲裁具有一定的强制力,更接近于诉讼。

劳动争议仲裁也叫劳动仲裁,是指劳动争议仲裁机构对当事人请求解决的劳动争议,依法居中公断的行为,具体包括对劳动争议依法审理、调解、裁决的一系列活动。劳动争议冲裁是解决劳动争议的重要手段,它既有劳动争议调解灵活、快捷的特点,又具有可强制执行的特点,是基层组织调解劳动争议和法院审判劳动争议之间的一个重要环节。在我国的劳动争议处理体制中,一般将它作为诉讼前的法定必经程序。

二、劳动争议仲裁机构

劳动争议仲裁机构是依法成立的、经国家授权依法独立仲裁处理劳动争议案件的专门机构。我国目前的劳动仲裁机构是劳动争议仲裁委员会。劳动争议仲裁委员会是解决劳动争议的专门机构,设在政府内,具有行政机关的属性,依据我国的法制原则,按照法定程序进行仲裁活动,其生效的仲裁决定书和调解书具有法律强制力。

根据《劳动法》规定,劳动争议仲裁委员会由劳动行政主管部门、同级工会、用人单位方面三方代表组成,劳动争议仲裁委员会主任由劳动行政主管部门的负责人担任。劳动行政主管部门的劳动争议处理机构为仲裁委员会的办事机构,负责办理仲裁委员会的日常事务。劳动争议仲裁委员会也可以聘任劳动行政主管部门或者政府其他有关部门的人员、工会工作者、专家学者和律师为专职的或者兼职的仲裁员。其中兼职仲裁员与专职仲裁员在执行仲裁公务时享有同等权利。

《工会法》也明确规定了地方劳动争议仲裁组织应当有同级工会代表参加。劳动争议仲裁是公正合理地处理劳动争议的重要环节,工会代表参加劳动争议仲裁委员会,有助于依法维护职工的合法权益,有利于劳动争议仲裁委员会听取各方面意见，正确行使仲裁权，解决劳动争议。

根据《劳动法》及《企业劳动争议处理条例》规定，县、不设区的市、市辖区应当设立劳动争议仲裁委员会，这是必须的、法定的。而在自治区、直辖市、省一级是否设立仲裁委员会，则由其人民政府决定。这一规定具有强制性、排他性和行政性。强制性指县、市、市辖区都必须设立劳动争议仲裁委员会；排他性指劳动争议案件只能由劳动争议仲裁委员会仲裁，并且在一个县、市、市辖区的范围内，只能设立一个仲裁委员会；行政性指劳动争议仲裁委员会的设立是按行政区划分别设立的，其组成人员和办事机构设置也能表现出其行政性。

按行政区划设立的仲裁委员会并不具有行政性隶属关系。因为劳动争议仲裁为一裁二审制，不存在一级仲裁与二级仲裁的关系。县、市、市辖区或省一级仲裁委员会各自管辖范围不同，有明确的分工，各自完全独立。

鉴于仲裁委员会由三方代表组成，三方代表权利义务相同，仲裁应按少数服从多数的原则进行，故仲裁委员会的组成人数必须是单数，而主任由劳动行政主管部门的负责人担任，办事机构也设在劳动行政主管部门的劳动争议处理机构。仲裁委员会主任没有对仲裁的最后决定权，只是依法行使职权组织仲裁工作。

三、劳动争议仲裁的管辖和受案范围

(一) 劳动仲裁的管辖

劳动争议仲裁管辖，是指确定劳动争议仲裁机构受理劳动争议案件的权限和范围，即各级或同级劳动争议仲裁机构受理劳动争议案件在职权范围上的具体分工。我国现行的劳动争议仲裁管辖以地域管辖为最基本的管辖原则，同时结合级别管辖。

1. 一般地域管辖

《企业劳动争议处理条例》第17条规定："县、市辖区仲裁委员会负责本行政区域内发生的劳动争议。"

地域管辖一般都是按照行政区划确定劳动争议仲裁机关对劳动争议案件的受理范围。劳动争议仲裁地域管辖与我国现行的民事诉讼地域管辖基本上是一致的，这样的话，对仲裁裁决不服的当事人可以根据劳动法和民事诉讼法的规定向有管辖权的人民法院起诉，方便当事人就地就近解决劳动争议。

2. 特别地域管辖（异地用工的管辖）

《企业劳动争议处理条例》第18条规定："发生劳动争议的单位与职工不在同一个仲裁委员会管辖区的，由职工当事人工资关系所在地的仲裁委员会受理。"

铁路、民航、交通等跨地区的企业和联合企业内发生劳动争议，应由职工当事人工资关系所在地的劳动争议仲裁委员会管辖：

第一，"职工当事人工资关系所在地"是指其工资发放单位所在地，而非工资领取地。

第二，劳动部在给北京市劳动局《关于劳动争议案件管辖范围的复函》中明确说明："你局请示中所述职工系北京市居民，其工资关系在上海市，争议双方当事人是在北京签订并履行劳动合同，根据方便职工的原则，对该类争议的管辖问题，可以比照《中华人民共和国民事诉讼法》有关规定，按因履行合同发生的纠纷由合同签订地或履行地人民法院管辖的原则，由劳动合同履行地的劳动争议仲裁委员会管辖，也可以由劳动关系双方当事人在劳动合同有关仲裁条款中约定的劳动争议仲裁委员会管辖。"

第三，原劳动保障部办公厅《关于首钢总公司迁安矿集体劳动争议有关问题的复函》规定："外省企业职工在京履行劳动合同时发生的集体劳动争议，应由企业所在地劳动争议仲裁委员会受理。"

3. 级别管辖

确立级别管辖是为了解决市级与区县级劳动仲裁机构的管辖划分。《企业劳动争议处理条例》第17条规定："设区的市的仲裁委员会和市辖区的仲裁委员会受理劳动争议案件的范围，由省、自治区人民政府规定。"

通常的做法是，各地方仅对市劳动仲裁委员会的受案范围进行明确限定，在限定之外的劳动争议，均依地域原则分属区、县劳动仲裁机构管辖。

(二) 劳动仲裁的受案范围

根据《劳动争议调解仲裁法》第2条规定，劳动仲裁的受案范围包括：(1) 因确认劳动关系发生的争议。(2) 因订立、履行、变更、解除和终止劳动合同发生的争议。(3) 因除名、辞退和辞职、离职发生的争议。(4) 因工作时间、休息休假、社会保险、福利、培训以及劳动保护发生的争议。(5) 因劳动报酬、工伤医疗费、经济补偿或者赔偿金等发生的争议。(6) 法律、法规规定的其他劳动争议。

四、劳动争议仲裁的程序

(一) 当事人申请

申请仲裁是指劳动争议发生后，向仲裁机构提出申请，请求仲裁机构通过仲裁解决劳动争议的活动。

申请人向劳动仲裁委员会申请仲裁时，应当提交申请书。申请书应当载明下列事项：(1) 劳动者的姓名、性别、年龄、职业、工作单位和住所，用人单位的名称、住所和法定代表人或者主要负责人的姓名、职务；(2) 仲裁请求和所根据的事实、理由；(3) 证据和证据来源、证人姓名和住所。书写仲裁申请确有困难的，可以口头申请，由劳动争议仲裁委员会记入笔录，并告知对方当事人。

(二) 受理

劳动争议仲裁委员会收到仲裁申请之日起5日内，认为符合受理条件的，应当受理，并通知申请人；认为不符合受理条件的，应当书面通知申请人不予受理，并说明理由。对劳动争议仲裁委员会不予受理或者逾期未作出决定的，申请人可以就该劳动争议事项向人民法院提起诉讼。

劳动争议仲裁委员会受理仲裁申请后，应当在5日内将仲裁申请书副本送达被申请人。被申请人收到仲裁申请书副本后，应当在10日内向劳动争议仲裁委员会提交答辩书。劳动争议仲裁委员会收到答辩书后，应当在5日内将答辩书副本送达申请人。被申请人未提交答辩书的，不影响仲裁程序的进行。

(三) 组成仲裁庭

劳动争议仲裁委员会裁决劳动争议案件实行仲裁庭制。仲裁庭由3名仲裁员组成，设首席仲裁员。简单劳动争议案件可以由1名仲裁员独任仲裁。

劳动争议仲裁委员会应当在受理仲裁申请之日起5日内将仲裁庭的组成情况书面通知当事人。

仲裁员有下列情形之一，应当回避，当事人也有权以口头或者书面方式提出回避申请：(1) 是本案当事人或者当事人、代理人的近亲属。(2) 与本案有利害关系。(3) 与本案当事人、代理人有其他关系，可能影响公正裁决。(4) 私自会见当事人、代理人，或者接受当事人、代理人的请客送礼。劳动争议仲裁委员会对回避申请应当及时作出决定，并以口头或者书面方式通知当事人。

仲裁员有私自会见当事人、代理人或者接受当事人、代理人的请客送礼的情形，或者有索贿受贿、徇私舞弊、枉法裁决行为的，应当依法承担法律责任。劳动争议仲裁委员会应当将其解聘。

仲裁庭应当在开庭5日前，将开庭日期、地点书面通知双方当事人。当事人有正当理由的，可以在开庭3日前请求延期开庭。是否延期，由劳动争议仲裁委员会决定。

申请人收到书面通知，无正当理由拒不到庭或者未经仲裁庭同意中途退庭的，可以视为撤回仲裁申请。被申请人收到书面通知，无正当理由拒不到庭或者未经仲裁庭同意中途退庭的，可以缺席裁决。

仲裁庭对专门性问题认为需要鉴定的，可以交由当事人约定的鉴定机构鉴定；当事人没有约定或者无法达成约定的，由仲裁庭指定的鉴定机构鉴定。

根据当事人的请求或者仲裁庭的要求，鉴定机构应当派鉴定人参加开庭。当事人经仲裁庭许可，可以向鉴定人提问。

（四）案件审理

1. 当事人申请劳动争议仲裁后，双方可以自行和解。达成和解协议的，可以撤回仲裁申请。

2. 先行调解。仲裁庭处理劳动争议应当先行调解，在查明事实的基础上促使当事人双方自愿达成协议。协议内容不得违反法律、法规。

调解达成协议的，仲裁庭应当根据协议内容制作调解书，调解书自送达之日起具有法律效力。调解未达成协议或者调解书送达前当事人反悔的，仲裁庭应当及时裁决。

3. 裁决。进行仲裁应充分听取申诉人的申诉和被诉人的答辩，然后由仲裁员进行庭审调查最后作出仲裁决定。仲裁庭的裁决一般只对争议标的作出肯定或否定的结论，对属于经济赔偿或补偿的争议标的可作变更裁决，对其他标的可另行向当事人提出仲裁建议。

裁决应当按照多数仲裁员的意见作出，少数仲裁员的不同意见应当记入笔录。仲裁庭不能形成多数意见时，裁决应当按照首席仲裁员的意见作出。

仲裁庭作出裁决后，应当制作裁决书，送达双方当事人。裁决书应当载明仲裁请求、争议事实、裁决理由、裁决结果和裁决日期。裁决书由仲裁员签名，加盖劳动争议仲裁委员会印章。对裁决持不同意见的仲裁员，可以签名，也可以不签名。

（五）结案与履行

1. 结案

仲裁庭裁决劳动争议案件，应当自劳动争议仲裁委员会受理仲裁申请之日起45日内结束。案情复杂需要延期的，经劳动争议仲裁委员会主任批准可以延期，但需书面通知当事人，延长期限不得超过15日。逾期未作出仲裁裁决的，当事人可以就该劳动争议事项向人民法院提起诉讼。仲裁庭裁决劳动争议案件时，其中一部分事实已经清楚，可以就该部分先行裁决。

2. 履行

下列劳动争议，除法律、法规另有规定的外，仲裁裁决为终局裁决，裁决书自作出之日起产生法律效力：（1）追索劳动报酬、工伤医疗费、经济补偿或者赔偿金，不超过当地月最低工资标准12个月金额的争议；（2）因执行国家的劳动标准在工作时间、休息休假、社会保险等方面发生的争议。劳动者对上述仲裁裁决不服的,可以自收到仲裁裁决书之日起 15 日内向人民法院提起诉讼。

用人单位有证据证明仲裁裁决有下列情形之一的,可以自收到仲裁裁决书之日起 30 日内向劳动争议仲裁委员会所在地的中级人民法院申请撤销裁决:(1)适用法律、法规确有错误的;(2)劳动争议仲裁委员会无管辖权的;(3)违反法定程序的;(4)裁决所依据的证据是伪造的;(5)对方当事人隐瞒了足以影响公正裁决的证据的;(6)仲裁员在仲裁该案时有索贿受贿、徇私舞弊、枉法裁决行为的。人民法院经组成合议庭审查核实裁决有上款规定情形之一的,应当裁定撤销。仲裁裁决被人民法院裁定撤销的,当事人可以自收到裁定书之日起 15 日内就该劳动争议事项向人民法院提起诉讼。

当事人对其他劳动争议案件的仲裁裁决不服的,可以自收到仲裁裁决书之日起 15 内向人民法院提起诉讼;期满不起诉的,裁决书发生法律效力。

【案例导读】仲裁时效适用的起算与计算

【案情简介】牛某于 2006 年 10 月到某公司工作。2008 年 4 月,双方协商一致签订了"解除劳动关系协议书",该协议书约定:双方劳动关系解除日为 2008 年 4 月 26 日;公司自协议签订之日起 2 个月内支付牛某劳动所得及失业救济金共计 11 200 元,随后公司只支付了牛某 5 600 元。2008 年 7 月 18 日牛某申诉至北京市劳动争议仲裁委员会,要求公司支付剩余的劳动所得及失业救济金。2008 年 7 月 22 日,劳动争议仲裁委员会以牛某申请超过仲裁时效为由,为牛某出具了不予受理通知书。牛某不服,起诉到法院。

处理结果:法院认为,牛某与公司之间的劳动争议适用《劳动争议调解仲裁法》关于仲裁时效期限的规定,判定公司支付剩余 5 600 元劳动所得及失业救济金。

【案例解析】牛某与公司之间的劳动争议,如果适用《劳动法》第 82 条规定,本案已超过仲裁时效;如果适用《劳动争议调解仲裁法》第 27 条规定,本案未超过时效。按照新法优于旧法、特别法优于普通法的法律原则,适用《劳动争议调解仲裁法》符合法理。

在我国现实生活中,由于劳动争议案件情况的复杂性以及劳动者的法律意识薄弱等原因,许多劳动者未能在《劳动法》规定的 60 日内申请仲裁,致使其合法利益不能得到法律救济。所以,《劳动争议调解仲裁法》第 27 条从有利于保护劳动者的合法权益出发,将《劳动法》规定的 60 日仲裁时效延长至 1 年,还增加了时效中止、中断的规定。本案中的法院从有利于保护劳动者的合法权益出发，适用了《劳动争议调解仲裁法》中1年仲裁时效的规定。

本案的另一个问题是确定牛某与公司之间的劳动争议发生之日。根据最高人民法院《关于人民法院审理劳动争议案件适用法律若干问题的解释（二）》第1条的规定，同时根据最高人民法院《关于解除劳动合同的劳动争议申请期限应当如何起算问题的批复》规定，用人单位依据《劳动法》第25条第四项规定解除劳动合同，与劳动者发生争议，劳动者向劳动争议仲裁委员会申请仲裁的期限应当自收到解除劳动合同书面通知之日起算。

牛某与公司签订的"解除劳动关系协议书"约定，解除劳动关系日期为2008年4月26日，公司在2个月内付清劳动所得及失业救济金11 200元。根据常识判断，这份协议的意思是指只要公司在2008年4月27日至6月26日付清牛某的劳动所得及失业救济金都是符合协议要求的。然而公司在此期间内支付了牛某一半的金额，所以牛某与公司之间的劳动争议发生之日是6月27日，符合上述司法解释规定。

《劳动争议调解仲裁法》是2008年5月1日生效实施的。在该法生效实施前，对于劳动争议的仲裁时效是以《劳动法》第82条规定为依据的。那么，《劳动争议调解仲裁法》生效实施后，是适用该法规的1年仲裁时效，还是继续适用《劳动法》规定的60日的仲裁时效，对劳动权的救济有着重要影响。在我国目前的法制环境下，按照新法优于旧法、特别法由于普通法的法律原则，从有利于保护处于弱势的劳动者角度考虑，应当适用《劳动争议调解仲裁法》规定的1年仲裁时效。

第四节　劳动争议诉讼制度

一、劳动争议诉讼的概念

劳动争议诉讼，指劳动争议当事人不服劳动争议仲裁委员会的裁决，在规定的期限内向人民法院起诉，人民法院依照民事诉讼程序，依法对劳动争议案件进行审理的活动。此外，劳动争议的诉讼，还包括当事人一方不履行仲裁委员会已产生法律效力的裁决书或调解书，另一方当事人请求人民法院强制执行的活动。

劳动争议诉讼是处理劳动争议的最终程序，它通过司法程序保证了劳动争议的最终彻底解决。由人民法院参与处理劳动争议，从根本上将劳动争议处理工作纳入了法制轨道，有利于保障当事人的诉讼权，有助于监督仲裁委员会的裁决，有利于生效的调解协议、仲裁裁决和法院判决的执行。劳动争议诉讼制度首先要解决人民法院受理劳动争议案件的范围以及争议案件的分工和权限问题，即人民法院劳动争议案件的主管和管辖范围。

二、劳动争议诉讼案件的受理范围

我国目前对劳动争议处理实行"一裁两审"制，即对劳动争议，当事人首先必须向劳动仲裁机构申请仲裁；对劳动仲裁机构裁决不服的，可以向人民法院起诉；对一审法院的判决不服的，可以向上一级法院上诉；二审法院的判决是劳动争议的终局判决。

（一）人民法院受理的应是经过劳动仲裁程序的劳动争议案件

一般认为，劳动争议仲裁是劳动争议诉讼的前置程序，人民法院受理的劳动争议案件必须是经过仲裁裁决后的案件。

《企业劳动争议处理条例》第30条规定："当事人对仲裁裁决不服的，自收到裁决书之日起15日内，可以向人民法院起诉。"《劳动争议调解仲裁法》第43条规定："仲裁庭裁决劳动争议案件，应当自劳动争议仲裁委员会受理仲裁申请之日起四十五日内结束。案情复杂需要延期的，经劳动争议仲裁委员会主任批准，可以延期并书面通知当事人，但是延长期限不得超过15日。逾期未作出仲裁裁决的，当事人可以就该劳动争议事项向人民法院提起诉讼。"所以，劳动争议诉讼当事人向人民法院提起诉讼，必须是不服劳动争议仲裁机构裁决，或者仲裁机构逾期未作出裁决的。没有经过劳动争议仲裁机构裁决或未经过仲裁机构仲裁程序的劳动争议案件，人民法院一般不予受理。

（二）《企业劳动争议处理条例》的相关规定

根据《企业劳动争议处理条例》的规定，劳动争议处理机构的受案范围是中国境内的企业和职工的下列劳动争议：（1）因开除、除名、辞退职工和职工辞职、自动离职发生的争议。（2）因执行国家有关工资、保险、福利、培训、劳动保护的规定发生的争议。（3）因履行劳动合同发生的争议。（4）法律、法规规定应当依照本条例处理的其他劳动争议，主要有事实劳动关系、用人单位与退休聘用人员发生的争议、退休人员与原用人单位发生的争议等。国家机关、事业单位、社会团体与本单位职工之间，个体工商户与帮工、学徒之间发生的劳动争议参照本条例执行。

第七章 劳动争议处理制度

(三) 最高人民法院最新的司法解释

最高人民法院于2001年4月30日公布的《关于审理劳动争议案件适用法律若干问题的解释》（以下简称《解释》），适当地扩大了人民法院受理劳动争议案件的范围。2003年8月公布的《关于人民法院审理事业单位人事争议案件若干问题的规定》进一步扩大了人民法院受理劳动争议案件的范围。

(四) 《劳动争议调解仲裁法》《劳动人事争议仲裁办案规则》的最新规定

《劳动争议调解仲裁法》第2条明确了劳动争议的内容。2007年12月29日公布的《劳动人事争议仲裁办案规则》明确合并了劳动人事争议的内容，其第2条规定："本规则适用下列争议的仲裁：(1) 企业、个体经济组织、民办非企业单位等组织与劳动者之间，以及机关、事业单位、社会团体与其建立劳动关系的劳动者之间，因确认劳动关系，订立、履行、变更、解除和终止劳动合同，工作时间、休息休假、社会保险、福利、培训以及劳动保护，劳动报酬、工伤医疗费、经济补偿或者赔偿金等发生的争议；(2) 实施公务员法的机关与聘任制公务员之间、参照公务员法管理的机关（单位）与聘任工作人员之间因履行聘任合同发生的争议；(3) 事业单位与工作人员之间因除名、辞退、辞职、离职等解除人事关系以及履行聘用合同发生的争议；(4) 社会团体与工作人员之间因除名、辞退、辞职、离职等解除人事关系以及履行聘用合同发生的争议；(5) 军队文职人员聘用单位与文职人员之间因履行聘用合同发生的争议；(6) 法律、法规规定由仲裁委员会处理的其他争议。"

三、劳动争议诉讼的管辖

劳动争议诉讼管辖，是指法院受理第一审劳动争议案件的分工和权限。我国规定了劳动争议仲裁的管辖问题，但是，《民事诉讼法》却未明确规定劳动争议案件的管辖如何确定的问题。由于法律尚无明文规定，在2001年《解释》出台以前，司法实践中劳动争议诉讼管辖问题十分混乱，各地法院做法不一。就级别管辖而言，司法实践中主要有两种做法：第一，劳动争议第一审案件一律由基层人民法院管辖；第二，对劳动争议案件采取"分级管辖"的原则，即县（区）级以下（含县区级）的用人单位及其他用人单位与劳动者之间发生的劳动争议案件由被告所在地基层人民法院管辖；市（地区）级以上的用人单位与劳动者之间发生的劳动争议案件由被告所在地中级人民法院管辖。

就地域管辖而言，司法实践中主要有三种观点：第一，因法律无明文规定，遂按照民事诉讼法一般地域管辖之规定，实行"原告就被告"原则，由被告住所地人民法院管辖；第二，由劳动仲裁机构所在地人民法院管辖；第三，由劳动合同履行地人民法院管辖。为了解决劳动争议诉讼管辖的司法混乱问题,最高人民法院在2001年出台的《解释》第8条统一规定:"劳动争议案件由用人单位所在地或者劳动合同履行地的基层人民法院管辖。劳动合同履行地不明确的,由用人单位所在地的基层人民法院管辖。"据此,我国现行劳动争议诉讼的管辖规则是:在级别管辖上,均由基层人民法院管辖;在地域管辖上,由用人单位所在地或者劳动合同履行地人民法院管辖,劳动合同履行地不明确的,由用人单位所在地人民法院管辖。

四、劳动争议诉讼的程序

劳动诉讼(或称劳动争议诉讼)在实践中表现为由若干连续阶段所构成的一个整体过程。一个完整的劳动争议诉讼经历的程序主要有:

(一)起诉

起诉必须符合下列条件:(1)原告是与本案有直接利害关系的公民、法人和其他组织。(2)必须有明确的被告。(3)必须有具体的诉讼请求和事实、理由。(4)属于人民法院受理民事诉讼的范围和受诉人民法院管辖范围。(5)必须在法律规定期限内提起诉讼。

起诉应当向人民法院递交起诉状,并按照被告人数提出副本。

原告应预交案件受理费。如果申请缓交、减交、免交,要提出书面申请,并附有特困证明或其他材料等。

当事人必须依法正确地行使诉讼权利,按法院的要求提供必须提供的诉讼材料。

(二)受理

人民法院接到起诉状,经审查符合条件的,应在7日内受理立案;不符合受理条件的,应在7日之内作出不予受理的裁定。原告对裁决不服的,可以提起上诉。

(三)审理

人民法院审理劳动争议案件应以民事诉讼程序进行。人民法院在受理劳动争议案件后,召集诉讼参加人和其他诉讼参与人正式开庭审理案件。这是全部诉讼的核心环节,是诉讼活动的具体体现和典型形态。

(四)判决

人民法院应该在查明事实、分清责任的基础上,对案件的事实作出认定,并依据所选择适用的法律,对案件争议作出实体判决和程序上的裁定。

(五)上诉

当事人对一审人民法院作出的判决不服的,可以在收到判决书之日起15日内向上一级人民法院提起上诉，二审法院对该案件以及一审法院的裁判进行审查，保证案件最终处理的正确性。二审法院作出的判决是劳动争议的终审判决，一经送达立即生效。对人民法院作出的生效的调解书、判决书，当事人应自觉履行。一方当事人拒绝履行的，人民法院可以根据对方当事人的申请强制执行。

【案例导读】劳动仲裁不予执行当事人能否向法院起诉

【案情简介】原告甲与被告乙公司签订劳动合同，约定甲任乙公司销售业务员，按销售业绩提成，并每月发给工资300元。后乙公司未向甲支付工资。甲申请劳动仲裁委员会仲裁，仲裁委员会裁定乙公司按当地最低生活保障线每月150元的标准发给甲工资。甲对仲裁委员会的裁决不服，但因甲不懂法，于数月后向法院起诉，要求撤销仲裁裁决。法院根据《劳动法》第83条"劳动争议当事人对仲裁裁决不服的，可以自收到仲裁裁决书之日起十五日内向人民法院提起诉讼。一方当事人在法定期限内不起诉又不履行仲裁裁决的，另一方当事人可以申请人民法院强制执行"的规定，以超过起诉期限为由，判决驳回甲的诉讼请求。

判决生效后，甲向法院申请执行仲裁裁决。在执行过程中，乙公司向法院提出执行异议，称仲裁裁决适用法律错误。法院经审查认为乙公司的异议成立，依照《解释》第21条第1款"当事人申请人民法院执行劳动争议仲裁机构作出的发生法律效力的裁决书、调解书，被申请人提出证据证明劳动争议仲裁裁决书、调解书有下列情形之一，并经审查核实的，人民法院可以根据《民事诉讼法》第二百一十七条之规定，裁定不予执行……（二）适用法律确有错误的"的规定，裁定不予执行该仲裁裁决。

裁定生效后，甲按照《解释》第21条第2款"人民法院在不予执行的裁定书中，应当告知当事人在收到裁定书之次日起三十日内，可以就该劳动争议事项向人民法院起诉"的规定，向法院提起诉讼，要求乙公司按劳动合同约定的每个月300元支付工资。

【案例解析】对本案的处理有三种观点：

第一种观点认为，应驳回原告的起诉，理由是一事不再理。该争议原告已向法院起诉过，因超过起诉期限而被法院判决驳回诉讼请求。原告再行起诉，有违一事不再理原则。

第二种观点认为，应当裁定驳回起诉。理由是：仲裁是处理劳动争议案件的必经程序。仲裁裁决不予执行后，仲裁裁决自行失去法律效力，争议又恢复到了原来状态。原告应当重新申请劳动仲裁，对仲裁不服，再向法院起诉。

第三种观点认为,法院应当受理。理由是超过起诉期限,仲裁裁决即产生法律效力。该裁决对当事人的纠纷作了处理,即当事人的纷争已用法律的形式加以固定,对法院、仲裁机构及当事人各方均具有拘束力。而在执行过程中,经审查,该仲裁裁决适用法律错误,人民法院裁定不予执行。实际是人民法院经法定程序否定了仲裁裁决书的效力,争议又回到了原来的状态,当事人的权利义务仍处于不确定状态。根据《解释》第21条第2款的规定,甲向法院起诉,法院应当受理,并依法作出裁判。

《劳动法》第77条规定:"用人单位与劳动者发生劳动争议,当事人可以依法申请调解、仲裁、提起诉讼,也可以协商解决。"这确定了我国解决劳动争议需经劳动仲裁的必经程序。而从《解释》第6条"人民法院受理劳动争议案件后,当事人增加诉讼请求的,如该诉讼请求与讼争的劳动争议具有不可分性,应当合并审理;如属独立的劳动争议,应当告知当事人向劳动争议仲裁委员会申请仲裁"的规定看,仲裁机构的仲裁对于人民法院来说只是形式意义上的仲裁,即程序意义上的仲裁。只要当事人对仲裁裁决不服,在法定期间内向人民法院起诉,仲裁裁决不产生效力。人民法院审理该劳动争议案件,不受该仲裁裁决书认定的事实、内容及裁决结果的影响。

劳动仲裁不同于商事仲裁。商事仲裁采取的是一裁终局制,当事人一旦选择了仲裁,就排除了法院管辖。当事人对仲裁裁决不服,除非符合法定事由,不可申请法院撤销仲裁裁决。而劳动争议仲裁则不同,当事人对仲裁裁决不服的,可以向法院起诉,请求法院重新作出裁判。

对于法院裁定不予执行仲裁裁决的情形,仲裁裁决书的效力如何,法律、行政法规没有作出规定。但从《解释》第21条第2款"人民法院在不予执行的裁定书中,应当告知当事人在收到裁定书之次日起30日内,可以就该劳动争议事项向人民法院起诉"的规定来看,应为否定了仲裁裁决书的效力。因为该规定缘于《民事诉讼法》第217条"被申请人提出证据证明仲裁裁决有下列情形之一的,经人民法院组成合议庭审查核实,裁定不予执行……适用法律确有错误的;仲裁裁决被人民法院裁定不予执行的,当事人可以根据双方达成的书面仲裁协议重新申请仲裁,也可以向人民法院起诉"的规定。该规定中的"重新申请仲裁,也可以向人民法院起诉"显然是否定了仲裁裁决的效力。商事仲裁当事人订有仲裁协议的,仲裁即为法定的必经程序,比劳动争议仲裁更为严格。而劳动仲裁,法院裁定不予执行仲裁裁决后,当事人可以不受仲裁协议的约束,直接向人民法院起诉。此当事人具有选择权,即当事人既可以重新达成书面协议重新申请仲裁,也可以不达成仲裁协议,而

第七章 劳动争议处理制度

直接向法院起诉。

据此,《解释》第 21 条第 2 款"人民法院在不予执行的裁定书中,应当告知当事人在收到裁定书之次日起 30 日内,可以就该劳动争议事项向人民法院起诉"的规定非常清楚,并未规定在此情形下,当事人应当重新申请仲裁,对仲裁不服的再向法院起诉。

第一种观点认为当事人已向法院提起过诉讼,再行起诉属重复起诉,违反一事不再理原则,实际上是没有正确理解一事不再理原则的内涵。因为,此时法律事实发生了重大变更。第一次起诉,属于超过起诉期限而不予保护,因为仲裁裁决已产生法律效力,当事人的争议有了定论。而裁定不予执行仲裁裁决,则仲裁裁决失去法律效力,其争议没有得到解决,当事人当然有权提起诉讼。若裁定当事人不能起诉,是剥夺当事人的起诉权。第二种观点要求当事人重新申请仲裁,是机械地理解法律。因为当事人的争议已经过仲裁机构裁决,只是其适用法律错误而失去法律效力,若再由其仲裁则无任何意义。此时应允许当事人向法院起诉以寻求救济。且《解释》明确规定"当事人可对于人民法院在不予执行的裁定书中,应当告知当事人在收到裁定书之次日起三十日内,可以就该劳动争议事项向人民法院起诉"。鉴于此,第三种观点更加合理、客观,因此此案法院可直接受理,并应依当事人劳动合同的约定进行裁判。

参 考 文 献

[1] 韩伟. 论集体合同制度. 山东教育学院学报，2005（5）
[2] 常凯. 劳权论——当代中国劳动关系的法律调整研究. 北京：中国劳动社会保障出版社，2004
[3] 李琪. 产业关系概论. 北京：中国劳动社会保障出版社，2008
[4] 常凯. 劳动关系学. 北京：中国劳动社会保障出版社，2005
[5] 关怀，林嘉. 劳动法. 北京：中国人民大学出版社，2006
[6] 王全兴. 劳动法. 北京：法律出版社，1997
[7] 王益英. 外国劳动法和社会保障法. 北京：中国人民大学出版社，2001
[8] 黄越钦. 劳动法新论. 北京：中国政法大学出版社，2002
[9] 董保华. 劳动关系调整的法律机制. 上海：上海交通大学出版社，2000
[10] 程延园. 集体谈判制度研究. 北京：中国人民大学出版社，2004
[11] 佘云霞. 市场经济国家的集体谈判制度. 北京：中国经济出版社，1999
[12] 胡信华. 论作为核心劳工标准之一的集体谈判权. 法学杂志，2004（3）
[13] 翟玉娟. 论集体谈判和集体协商. 当代法学，2003（7）
[14] 佘云霞. 对集体谈判的理论分析. 工会理论与实践，2004（1）
[15] 黄爱华，郑柏礼. 美、日、中工会与劳资谈判机制对比分析. 华南理工大学学报（社会科学版），2002（3）
[16] 沈同仙. 中外集体合同制度的比较和分析. 中国法学，1996（4）
[17] 赵曙明，赵薇. 美、德、日劳资关系管理比较研究. 外国经济与管理，2006（1）
[18] 王大庆，焦建国，康晓川. 西方发达国家的劳资关系. 经济研究参考，2004（41）
[19] 约翰·P. 温德姆勒. 工业化市场经济国家的集体谈判. 何平等译. 北京：中国劳动出版社，1994
[20] 杨冬梅. 关于集体合同履行若干问题的研究. 中国劳动关系学院学报，2006（1）